区域国别视域下中国文化的国际传播

尹小菲◎著

中国财经出版传媒集团
中国财政经济出版社
·北京·

图书在版编目（CIP）数据

区域国别视域下中国文化的国际传播 / 尹小菲著．北京：中国财政经济出版社，2025.7. -- ISBN 978 -7 -5223 -4099 -9

Ⅰ. G125

中国国家版本馆 CIP 数据核字第 2025P0T860 号

责任编辑：庄　莉　　　　责任校对：胡永立

封面设计：孙俪铭　　　　责任印制：史大鹏

区域国别视域下中国文化的国际传播

QUYU GUOBIE SHIYU XIA ZHONGGUO WENHUA DE GUOJI CHUANBO

中国财政经济出版社 出版

URL：http：//www. cfeph. cn

E - mail：cfeph@ cfeph. cn

社址：北京市海淀区阜成路甲 28 号　邮政编码：100142

营销中心电话：010 - 88191522

天猫网店：中国财政经济出版社旗舰店

网址：https：//zgczjjcbs. tmall. com

涿州汇美亿浓印刷有限公司印刷　各地新华书店经销

成品尺寸：170mm × 240mm　16 开　22. 75 印张　272 000 字

2025 年 7 月第 1 版　2025 年 7 月河北第 1 次印刷

定价：98. 00 元

ISBN 978 - 7 - 5223 - 4099 - 9

（图书出现印装问题，本社负责调换，电话：010 - 88190548）

本社图书质量投诉电话：010 - 88190744

打击盗版举报热线：010 - 88191661　QQ：2242791300

前言

在全球化深入发展的时代，不同国家和地区间的文化交流日益频繁。中国文化作为世界文化的重要组成部分，其国际传播对于提升国家文化软实力、促进文化多样性发展意义非凡。本书聚焦于区域国别视域下中国文化的国际传播，旨在为这一重要课题提供全面且深入的研究成果。

从理论层面看，区域国别研究与中国文化国际传播研究的融合有其历史渊源，也是时代发展的需求。区域国别研究起源于20世纪初，历经发展，已成为深入了解不同国家和地区的重要学科。而中国文化的国际传播历史悠久，古代丝绸之路、遣唐使等时期，中国文化就已在国际上传播。在全球化背景下，两者的联系愈发紧密，相互影响、相互促进。跨文化传播理论、语言习得理论、文化生态学理论等为中国文化在不同区域的传播提供了坚实的理论支撑。这些理论帮助我们理解文化差异对传播的影响，指导我们根据不同区域的文化特点、受众需求制定传播策略，为中国文化国际传播的实践提供了科学依据。

在实践方面，本书总结了中国文化在亚洲、欧洲、美洲、大洋洲、非洲等地区的传播经验。在亚洲，东南亚国家如新加坡、泰国通过完善教育体系、利用社交媒体等方式，推动中文传播并促进文化交流；东北亚的韩国和日本则借助文化活动和产业优势，探索中文传播的特色路径。在欧洲，英国构建了较为完善的中文教育体系，法国注重文化融合，在中文传播方面各有创新。美洲地区，美国通过多渠道推广中文，加拿大借助多元文化背景促进中文传播。大洋洲的澳大利亚和新西兰，在中文教育和文化融合方面成果显著。非洲的南非和埃及，积极开展中文教育和文化交流活动，提升了中文在当地的影响力。这些实践案例为中国文化在其他地区的传播提供了宝贵的借鉴。

本书的创新之处体现在多个方面。在研究视角上，从区域国别出发，深入剖析不同区域的文化特点、受众需求，实现传播策略的精准定制。挖掘区域共通文化元素，如在家庭观念、自然崇拜、社会议题等方面，结合区域特色创作内容，增强文化传播的亲和力。在传播形式上，融合区域流行文化，与当地影视风格结合创作作品，运用区域社交媒体流行趋势进行传播，融入区域音乐舞蹈元素，提升中国文化的吸引力。在传播渠道拓展方面，整合传统媒体与新媒体资源，借助文化产业合作，依托区域与多边平台，扩大中国文化的传播范围。

中国文化国际传播面临诸多挑战，如文化折扣、文化误读、西方话语霸权压制、传播渠道与平台局限、专业人才与内容创作瓶颈等。但同时也迎来了全球化带来的文化需求增长、国家战略推动与政策支持、新媒体技术创新赋能、国际形象提升等机遇。本书针对这些挑战与机遇，提出了一系列具有针对性的策略。通过强化区域国别研究，深入了解区域文化差异，精准定位受众，整合研究资源，创新研究方法，优化传播基础。创新传播内容与形式，打造区域特色文化活动，提升传播体验。拓展多元传播渠道，实现传统媒体与新媒体的协同发展，借助文化产业合作和区域平台，扩大传播范围。提升传播效果，根据区域受众特征制定精准策略，加强互动，依据受众反馈优化传播策略。构建国际传播话语体系，基于区域差异定制话语策略，塑造中国特色话语符号体系，借助区域平台传播中国话语，培养专业传播人才。中国文化国际传播是一个复杂而系统的工程，需要理论的深度指导和实践的不断探索。本书期望为该领域的研究和实践提供有益的参考，推动中国文化在国际舞台上发挥更重要的作用，促进不同文化间的交流与互鉴，为构建人类命运共同体贡献文化力量。

在本书的编写过程中，笔者得到了许多专家、学者的指导和帮助，他们严谨的治学态度和深厚的学术造诣为本书的完成提供了坚实的理论基础。同时，也要感谢身边的同事和同行们，他们的经验分享和建议，使本书的内容更加丰富和完善。由于作者水平有限，编写时间仓促，书中难免存在疏漏和不当之处，恳请广大读者批评指正。

目录

第一章 区域国别研究概述

第一节　区域国别研究 的理论基础

区域国别研究作为一门综合性学科，其理论基础广泛且多元，涉及多个学科领域的知识与理念。这些理论基础不仅为研究世界其他地区和国家的社会、经济、政治、文化等方面提供了分析框架，也在不断的发展演变中，适应着时代的需求和研究的深入。

一、西方人文社会科学发展脉络中的理论根源

（一）近代西方社会科学和人文学科对普遍性和特殊性的追求

西方最早发展起来的是以哲学为代表的人文学科，在启蒙运动的影响下，自然科学被界定为对“超越时空、永远正确的普遍自然法则的追寻①”，而人文科学则被视为想象性的、虚假的知识（曹意强、孔令伟，2015）。随着近代国家对精确知识需求的增长，历史学、古典学和民族文学等学科推动了大学的复兴和改造，同时法国大革命引发的文化巨变促使学者们发展精确的、具

① 路书红．教学理论建设的方法论比较［M］．济南：山东人民出版社，2010. 07.

有实证性的社会科学。

19 世纪在欧美发展起来的历史学和社会科学，在某种意义上具有“区域国别研究”的性质。历史学以民族进而以民族国家为中心，主要研究英、法、德、美、意等国的历史，部分历史学家对历史真实和发展规律的追求使其类似于社会科学。社会科学（社会学、政治学、经济学）同样以民族国家为中心，致力于研究发达国家的现代性。从区域研究视角看，“1945 年以前欧美地区的外国研究经历了从研究‘文明世界’的古典学、历史学、社会科学到研究‘非西方的高等文明’的东方学和研究‘所谓原始民族的殖民地世界’的人类学的演变①”，这种演变体现了西方文科的学科划分受欧洲中心主义以及 19 世纪西方进步论、进化论等思潮的影响，同时也反映了新的学科体系与大学复兴及国家支持的紧密联系。

（二）近代社会科学体系的形成及其对区域国别研究的影响

19 世纪，西方社会科学体系正式形成，其标志为学科化、制度化、独立化和国际化。学科化使得各科学分支在学术界达成广泛共识，具备统一名称和明确界定，各学科之间存在着现代/文明世界与非现代世界、过去与现在、社会科学内部不同研究领域的分界。制度化表现为这些学科逐渐成为大学的主要科目，学生修完相关课程可获得学位，还成立了全国性甚至国际性学会，拥有时代性的代表人物。独立化意味着学科摆脱了神权和王权的束缚，与思辨哲学分道扬镳，获得相对独立的学术地位。国际化则借助便利的交通，使学者间的交流、科学期刊的发行与学术会议

---

① （美）伊曼纽尔·沃勒斯坦著；冯炳昆译．所知世界的终结 二十一世纪的社会科学［M］．北京：社会科学文献出版社，2003.12.

的召开更加便捷，尽管这种国际化主要局限在欧美。学科的形成对区域国别研究产生了深远影响。一方面，它为区域国别研究提供了较为成熟的学科框架和研究方法借鉴，例如社会学、政治学和经济学的研究方法可以应用于对特定区域国家的社会、政治和经济现象的分析。另一方面，不同学科的独立发展也在一定程度上导致了研究的割裂，区域国别研究需要跨越这些学科界限，整合不同学科的知识来进行综合研究。

（三）1945 年以后新的学科格局对区域国别研究理论的重塑

1945 年以后，世界政治格局变化、世界人口增长、大学发展及社会科学家人数增加，打破了原有的学科格局，形成了新的学科格局。历史学和社会科学的研究范围扩大到第三世界，欧洲中心主义色彩削弱，研究范围从国家扩展到地区甚至全球。历史学家开始注重普遍规律的研究，借鉴社会科学的研究工具，加强社会文化批判。经济学、社会学和政治学向史学领域扩张，形成了社会科学型史学和历史社会学等不同类型，同时历史学与社会科学开展讨论与合作，各社会科学学科日益重合，形成了具有跨学科色彩的新学科，如传播学和行为科学，并且越来越多地采用定量分析法甚至建立数学模型。自然科学和人文社会科学领域都出现了强调横向发展的跨学科方法论和新兴学科，如复杂性科学和文化研究。复杂性科学实现了自然科学与社会科学的真正整合，文化研究结合多学科研究工业社会中的文化现象，对传统社会科学的理论范式构成挑战。这种新的学科格局对区域国别研究理论产生了重塑作用，促使区域国别研究更加注重跨学科研究，打破传统学科界限，综合运用多学科的理论和方法来研究区域和国家的各种现象。文化研究对社会科学所有学科的影响，使得区域国别研究更加关注文化因素在区域发展和国际关系中的作用，为区域国别研究提供了新的研究视角和理论维度。

二、区域国别研究自身发展过程中的理论构建

（一）区域国别研究的定义与内涵演变中的理论发展

区域国别研究是“对某一国家或者区域的政治、经济、文化、社会等开展的全方位综合研究①”，其定义在发展过程中不断演变，反映了研究的深入和拓展。早期区域国别研究可能侧重于对特定地区的地理、历史等方面的描述性研究，而随着时代的发展逐渐涵盖了更广泛的领域和更深入的分析。从起源来看，无论是中国古代的《史记》《大唐西域记》，还是西方的古典学研究，都为区域国别研究奠定了基础。司马迁的《史记》开创了中国纪传体史书的先例，对中国周边国家的历史、地理、民族等方面进行了记载，体现了早期中国对外部世界的认识和研究。而西方的古典学以古希腊罗马文明尤其是典籍为主要研究对象，涉及文学、历史、哲学等多个领域，为后来的区域国别研究提供了研究范式和思路。在现代，区域国别研究的内涵不断丰富。美国著名的区域研究学者大卫·萨顿认为区域研究包括精深的语言学习、运用方言进行深入的田野调查、密切关注本地的历史观点材料和解释、通过细致观察验证阐释批评或提出基础理论以及时常跨越社会科学与人文学科的边界展开多学科对话，这一定义强调了区域国别研究的多学科性、实证性和对本土知识的重视，反映了现代区域国别研究在理论上的发展和进步。

---

① 张蔚磊编．区域国别学跨学科研究的理论与方法［M］．北京：中国人民大学出版社，2024.01.

（二）区域与国别概念界定中的理论思考

1. “区域”概念的界定与理论依据

学术界一般依据地理、历史、文化、经济和政治几个因素来划分区域，但对具体地区所包含的国家存在不同看法，且这种划分受到国际政治的影响。以亚洲为例，其划分为东亚、东南亚、南亚、西亚、中亚，但各国在区域归属上并非完全固定，如阿富汗在区域划分中的变化，以及墨西哥在北美和拉丁美洲划分中的不同定位。“中东”“近东”和“远东”这些欧洲中心主义影响下的地理概念，也体现了区域划分的相对性和历史性。此外除了常规的区域划分，还存在一些特殊的“区域”，如历史上形成的区域（如伊斯兰“乌玛”概念、阿拉伯帝国对当代阿拉伯国家联盟的影响）、近代西方国家殖民征服形成的殖民帝国及后续的国际组织（如英联邦、法兰西共同体）、移民社团、跨国宗教和国际经济活动形成的区域以及二战后出现的跨地区国际组织（如不结盟运动、七十七国集团等）。这些特殊区域的存在表明，区域的界定不仅要考虑地理等传统因素，还需要从历史、文化、政治和经济等多方面进行综合考量，这为区域国别研究中的区域界定提供了更丰富的理论思考方向。

2. “国别”概念的界定与理论争议

“国别”一般指现代的主权国家、民族国家，但国家内部的族群、教派冲突，国际形势的变动和外来势力的干预可能导致国家内部的剧烈动荡和解体，这使得“国别”的界定并非如想象中那么稳定。在国别研究领域，中国与西方国家存在差异，西方国家主要以苏东国家和亚非拉国家为研究对象，而中国把大量研究精力集中在西方国家和苏联，这与中国的国家利益、国际地位以及研究队伍的构成等因素密切相关。这种差异反映了不同国家在进行区域国别研究时，基于自身需求和背景的理论选择和侧重点不同。

3. 超越“区域”和“国别”的理论意义

在国际政治经济和世界史研究中，很多问题超越了一般的国别和区域，涉及跨地区、跨海洋甚至全球性的领域。研究这些超越传统区域和国别的问题，有助于打破狭隘的区域和国别界限，从更宏观的角度理解世界的整体性和相互关联性。研究跨国宗教、国际经济组织等现象，可以揭示不同国家和地区之间在文化、经济等方面的深层联系和互动模式，为区域国别研究提供更广阔的理论视野和研究框架，推动区域国别研究从单一国家或区域的研究向更综合、更系统的方向发展。

（三）区域国别研究特点所蕴含的理论基础

1. 特殊的研究对象与多学科融合理论

区域国别研究的对象包括世界各地区和国家的社会、经济、政治、军事、宗教、文化、语言文学、国际关系等各个方面，这种多元性决定了研究方法的多学科性。北京大学王缉思教授提出区域国别研究的学科基础可分为空间、历史、文化和社会四个维度，这些维度相互交融，难以截然划分，且需要不同学科的学者共同参与（北大区域国别研究编委会，2022）。这体现了多学科融合的理论基础，即不同学科的理论和方法相互补充，能够更全面、深入地理解研究对象。在研究一个国家的政治制度时，不仅需要政治学的理论，还需要结合历史学了解其政治制度的演变，运用社会学分析其社会基础，借助文化学探讨其文化对政治制度的影响等。

2. 研究方法中的多种理论支撑

（1）跨学科方法。从区域国别研究的起源看，历史上欧洲认识外部世界的重要途径之一是以博物学的方法搜集域外人文与自然知识，如拿破仑远征埃及的随军成员包括考古学家、东方学家等众多跨学科专家，负责调查埃及的地理、动植物、当地人生活习俗和古代建筑物等。现代社会科学不同学科相互影响的趋势，也促使区域国别研究必然走多学科研究之路。跨学科方法的理论基础在于，不同学科的研究视角和方法可以相互印证、补充，从多个角度揭示研究对象的本质。在研究区域生态环境与社会发展的关系时，结合地理学、生态学、社会学和经济学等多学科的理论和方法，可以更全面地理解生态环境对社会经济的影响以及社会经济活动对生态环境的反作用。

（2）比较研究。比较研究是区域国别研究的重要方法，通过对不同地区和国家的社会、政治、经济的独特形态进行比较，可以确定区域模式并相互比较，检验学科和区域研究中关于发展的理论和概念的普遍性。德国学者马蒂亚斯·巴泽道和帕特里克·克尔纳提到区域内比较、区域间比较和跨区域比较三种类型（李国栋，2024）。区域内比较如对拉丁美洲劳工运动与政治制度联系的研究；区域间比较关注影响世界不同地区的转型过程，如民主化、工业化等；跨区域比较则涉及不同区域分析单位的比较，如对韩国、巴西、印度和尼日利亚在经济发展中作用的比较。比较研究的理论基础在于，通过对比不同对象的异同，可以发现普遍性规律和特殊性差异，为理论的构建和验证提供依据。

（3）现代化理论和发展理论。现代化理论本身具有跨学科性，包括经济学、政治学、社会学、心理学和历史学等学科，它发源于西方，具有鲜明的意识形态色彩。中国学者罗荣渠先生提出现代化的实质是向现代化工业社会的全球性转变过程。在区域国别研究中，现代化理论和发展理论可以用于分析不同国家和地区的发展进程和趋势。研究一个国家的现代化进程时，可以从经济增长、政治制度变革、社会结构转型、文化观念变迁等多个方面，运用现代化理论的相关概念和模型进行分析，探讨其发展模式和面临的问题。

（4）民族国家构建理论。“民族国家构建”包括“国家构建”和“民族构建”两大进程，反映了近代以来世界范围内，尤其是第三世界现代民族国家和基于民族国家的“民族”的形成发展过程。在第三世界，多数现代国家是在近代特别是二战后才形成的，“国家构建”与“民族构建”同步展开。这一理论在区域国别研究中具有重要意义，通过研究不同国家的民族国家构建过程，可以深入理解这些国家的政治、社会和文化发展，以及国际关系中的民族和国家问题。研究非洲国家在独立后的民族国家构建过程，可以分析其在整合不同族群、建立国家认同、发展国家经济等方面的努力和面临的挑战。

（5）其他理论。除了上述理论，学者们还运用后殖民理论、民主化理论、全球化理论、文明交往理论等进行区域国别研究。后殖民理论可以帮助分析殖民历史对当代国家和地区的影响，包括文化、经济和政治等方面；民主化理论有助于研究不同国家的政治发展和民主建设进程；全球化理论关注全球范围内的经济、文化和政治联系及其对区域和国家的影响；文明交往理论则强调不同文明之间的交流、互动和相互影响。这些理论从不同角度为区域国别研究提供了分析框架和理论视角，丰富了区域国别研究的理论体系。

3. 对田野调查的重视与实证研究理论

与早期强调古代历史研究、注重文献资料的东方学不同，区域国别研究强调对现实问题的研究和对实证资料的使用，因而高度重视田野调查的开展。例如美国福特基金会发起的海外地区奖学金项目资助了大量人文社会科学领域的博士研究生在第三世界国家进行田野调查、搜集资料。田野调查的理论基础在于实证研究的理念，即通过直接观察和参与研究对象的生活和实践，获取第一手资料，从而更真实、准确地了解研究对象的实际情况，验证和完善理论研究。在研究一个地区的民族文化时，通过田野调查可以深入了解当地居民的生活方式、风俗习惯、宗教信仰等，这些第一手资料能够为文化研究提供更坚实的基础，避免单纯从文献资料出发可能产生的偏差。

4. 对语言的特殊要求与文化理解理论

从事区域国别研究的人员需要掌握至少一门当地语言（除国际通用语言外），这是因为语言是文化的重要载体，掌握当地语言有助于深入理解研究对象的文化、社会和思维方式，获取更准确的第一手资料。美国从事中东研究的大多数大学院系要求申报博士专业的学生掌握阿拉伯语，中国在 1964 年建立北京第二外国语学院开展亚非拉语言教学。从理论层面看，语言与文化密切相关，不同的语言反映了不同的文化内涵和思维模式。掌握当地语言可以打破文化交流的障碍，深入理解当地文化的深层意义，促进对研究对象更全面、深入的认识，这也是区域国别研究中对语言有特殊要求的理论依据。

5. 强烈的应用性与实践导向理论

区域国别研究一般围绕国家政治、经济、外交等方面的需要展开，具有重要的现实意义，这体现了实践导向的理论基础。区域国别研究的成果可以为国家的政策制定、外交决策、经济合作等提供参考依据，帮助国家更好地应对国际事务和处理与其他国家的关系。对某个国家的政治局势和经济发展进行研究，可以为政府制定相应的外交政策和经济合作策略提供支持；对特定地区的安全形势进行研究，有助于国家制定合理的安全战略。这种实践导向使得区域国别研究与国家的现实利益紧密结合，具有很强的现实应用价值。

三、区域国别研究与社会科学关系中的理论互动

（一）西方社会科学特点对区域国别研究理论的影响

西方社会科学具有探讨“人类行为的一般法则”、把握各种“个案”现象、划分人类社会“部类”作为研究对象、采用“严格的科学方法”开展研究以及重视系统获得的证据和“受控的观察”而轻视一般文献等特点，这些特点对区域国别研究理论产生了多方面的影响（李惠国、何培忠，2003）。西方社会科学追求普遍法则的特点，促使区域国别研究在分析不同国家和地区的现象时，也试图寻找一些具有普遍性的规律和模式。在研究不同国家的政治制度时，借鉴西方社会科学中关于政治制度分类和发展的理论，尝试对研究对象的政治制度进行归类和分析其发展趋势。但同时，这种追求普遍性的倾向也可能导致忽视区域和国别的特殊性，需要区域国别研究在借鉴西方社会科学理论时，注重结合具体研究对象的实际情况进行调整和完善。

（二）解决社会科学普遍化知识与本土知识矛盾的理论探索

对西方社会科学中欧洲中心论的挑战始于20世纪60年代后半期，包括认识论和政治两个方面。政治挑战与大学内部人员补充方式有关，学术共同体人员来源范围的扩大导致研究对象范围的扩大。更重要的是，新的声音认为社会科学理论存在先验偏见和推理方法，需要改变造就现存社会科学的特定制度化形态的各种权力关系。解决这一矛盾的途径之一是开展对西方以外地区的研究，在非西方知识的基础上提炼新的人文社会科学理论。区域国别研究在这一过程中发挥着重要作用，通过对亚非拉国家的社

会、经济、政治和文化的学术研究，可以获得丰富的本土知识，为理论提炼提供素材。研究非洲国家的社会结构和文化传统，可以发现与西方社会科学理论不同的现象和规律，从而对现有的社会科学理论进行补充和修正，推动人文社会科学理论的多元化发展，缓解普遍化知识与本土知识之间的矛盾（黄民兴，2024）。

（三）区域国别研究引发的社会科学理论变化

区域国别研究把对特殊性文化的研究与对学科的一般性理解结合起来，推动了一些学科的发展，尤其是比较政治学。一些出色的区域研究提出的概念和理论推动了理论革新，如基于非洲研究的现代化理论，基于拉美研究的依附论、官僚威权主义、合作主义理论，基于东亚研究的政治文化理论、新兴工业国家理论，基于东欧和苏联研究的极权主义理论、民主转型理论等。这些理论的产生，丰富了社会科学的理论体系，使人们对不同国家和地区的政治、经济、社会发展有了更深入的理解。

西方的一些区域研究学者还用更具关联性的理论取代了西方中心论的常识和既有理论，具有代表性的成就包括鲁道夫的“传统的现代性”、格尔兹的“剧场国家”、安德森的“想象的共同体”、特纳的“阈限空间”和斯科特的“弱者的武器”等。这些理论从不同角度挑战了传统的学术观点，强调了文化、社会结构、权力关系等因素在国家和区域发展中的重要性，为区域国别研究提供了新的理论视角和分析框架，也促使社会科学理论更加关注不同地区的特殊性和多样性，推动了社会科学理论的多元化发展。

（四）社会科学界与区域国别研究学界的辩论

在西方，尽管社会科学与区域研究开始互相影响，但双方的矛盾依旧存在。从事区域研究的学者认为，社会科学家沉溺于概念和理论框架的构建，而无法解释复杂的行为模式或事件。这是因为社会科学往往忽视了人类社会事物的独特性和多样性，试图用普遍化的理论去解释所有现象，却忽略了不同地区和国家的特殊历史、文化和社会背景。在研究某些发展中国家的政治现象时，传统社会科学理论可能无法充分解释当地复杂的政治生态，因为这些理论往往是基于西方发达国家的经验构建的。

社会科学家则指出区域研究学者对运用普遍化的社会科学理论兴味索然，而且区域研究的概念和研究方法粗糙落后。在他们看来，区域研究缺乏严谨的理论框架和科学的研究方法，只是提供了大量描述性的信息，难以进行深入的理论分析和概括。西方有学者认为，社会科学学科的学生瞧不起区域研究的同行，将后者视为提供"大量描述"（低级政治）的"本土情报员"，其作用仅仅是便于"上级"成员进行关于世界（高级政治）的宏大理论概括。这种辩论反映了双方在研究理念、方法和目标上的差异，也促使区域国别研究学界不断反思和改进自身的研究方法和理论体系，加强与社会科学其他领域的交流与融合。

（五）区域国别研究引发的社会科学组织变化

区域国别研究的发展引发了社会科学在组织方面的变化，主要表现在两个方面。

第一，西方研究型大学拥有专门的区域国别研究院系和地区（或国别）研究中心，区域研究由此在大学中确立了制度化的体系。这些院系和中心整合了不同学科的研究力量，为区域国别研究提供了专门的研究平台，促进了多学科研究的开展。哈佛大学的东亚研究中心，汇聚了历史学、政治学、经济学、社会学等多个学科的专家，共同开展对东亚地区的研究，推动了东亚区域国别研究的发展（北大区域国别研究编委会，2022）。

第二，区域研究专业学会的建立也是重要的组织变化。美国的五大区域研究专业学会，如斯拉夫研究促进学会、亚洲研究学会、非洲研究学会、拉丁美洲研究学会和中东研究学会，拥有各自的刊物、年会和专职人员。这些学会为区域研究学者提供了交流和合作的平台，促进了学术成果的传播和学术资源的共享，推动了区域国别研究的专业化和规范化发展。学会组织的年会和学术研讨会，吸引了众多学者参与，促进了不同观点的碰撞和学术思想的交流，推动了区域国别研究的不断进步。

第二节　区域国别研究的发展历程

区域国别研究作为人类认识世界的重要学术活动，其发展历程与全球历史演进紧密相连。从古代文明的早期探索，到近现代在全球化浪潮下的蓬勃发展，再到当代呈现出的新趋势与变革，区域国别研究不断拓展其边界、深化其内涵，为人们理解不同国家和地区的政治、经济、文化等方面提供了丰富的视角和知识体系。

一、古代文明时期的区域认知起源

在人类文明的早期阶段，受限于有限的交通和通信技术，人们的活动范围相对狭窄，但对周边世界的好奇促使他们开始了对区域的初步探索和认知。古代中国与古代西方在这一时期都展现出了对周边区域的关注，并留下了丰富的记录，成为区域国别研究的重要源头。

（一）古代中国的区域认知

古代中国在区域认知方面有着悠久的历史。《尚书·禹贡》将天下划分为九州，详细描述了各州的山川、土壤、物产、贡赋等情况。这种划分体现了当时对国内不同区域差异的认知，以及对地域与资源关系的思考，为后续的区域研究奠定了基础。例如，书中提到冀州“厥土惟白壤，厥赋惟上上错，厥田惟中中①”，通过对冀州土壤和贡赋等级的记载，可以推测当时该地区的农业生产水平以及在国家经济中的地位。这种对区域经济和资源的关注，反映了古代中国对不同地区特点的初步认识，也为后续的区域经济研究提供了早期的素材。

《史记》中的“匈奴列传”“大宛列传”等篇章，对周边民族和国家的地理环境、政治制度、经济生活、风俗习惯等进行了较为详细的记载。“匈奴列传”生动描绘了匈奴的游牧生活方式、军事组织以及与汉朝的复杂关系，展现了古代中国对边疆民族的深入观察。文中记载匈奴“逐水草迁徙，毋城郭常处耕田之业②”，形象地描绘了匈奴的游牧经济特征，以及这种经济模式对其生活和军事活动的影响。这些记载不仅为研究古代民族关系提供了珍贵资料，也反映了当时中国与周边地区的交流与互动。通过与匈奴的交往，汉朝了解到了不同的文化和生活方式，促进了双方的文化交流和经济往来。

---

① 常怀颖著．夏商时期古冀州的考古学研究 文化谱系篇 下［M］．上海：上海古籍出版社，2022.05.

② （西汉）司马迁著．史记 下［M］．长春：吉林大学出版社，2015.02.

（二）古代西方的区域认知

在古代西方，古希腊文明对周边区域的认知也十分丰富。希罗多德的《历史》堪称西方区域认知的经典之作，这部著作不仅讲述了希腊与波斯之间的战争，还广泛涉及波斯、埃及、巴比伦等众多国家和地区的历史、文化、风俗等内容。希罗多德通过实地考察和与当地人的交流，收集了丰富的一手资料，以生动的笔触描绘了当时地中海周边地区的多元风貌。他对不同地区文化差异的呈现，体现了早期希腊人对区域多样性的尊重和理解。他在书中对埃及金字塔的描述，引发了希腊人对埃及文明的浓厚兴趣，也为后世研究古代地中海地区的历史和文化提供了宝贵资料。希罗多德在描述埃及的宗教习俗时，提到埃及人对动物的崇拜，如猫在埃及文化中的特殊地位，这种对不同文化独特现象的记录，展示了古代希腊人对外部文化的开放态度和好奇心。

古罗马时期，随着帝国的扩张，罗马人对周边地区的了解进一步加深。罗马的地理学家绘制了详细的地图，对欧洲、非洲和亚洲的部分地区进行了标注和描述，这些地图为罗马的军事行动、贸易往来和行政管理提供了重要支持。罗马的历史学家也记录了与周边民族和国家的交往历史，为研究古代欧洲的政治格局和文化交流提供了重要线索。例如，塔西佗的《日耳曼尼亚志》对日耳曼民族的生活方式、社会组织和风俗习惯进行了深入研究，成为了解古代日耳曼社会的重要文献。书中记载日耳曼人重视荣誉，战斗中勇敢无畏，这种对不同民族精神特质的观察，有助于理解当时欧洲不同民族之间的差异和相互影响。

二、中世纪时期的区域研究发展与局限

中世纪时期，欧洲处于封建割据状态，宗教在社会生活中占

据主导地位；而东方的中国则经历了唐宋时期的繁荣，对外交流频繁。这一时期，东西方在区域研究方面都有一定的发展，但也存在着明显的局限。

（一）欧洲的区域研究发展

在中世纪的欧洲，基督教的传播以及十字军东征等活动，在一定程度上促进了欧洲人对外部世界的了解。传教士们前往遥远的地区传教，他们的旅行记录和书信成为当时欧洲人获取外部信息的重要来源。尽管这些记录不可避免地受到宗教观念的影响，但其中关于当地地理、文化和社会的描述，仍为欧洲人打开了了解外部世界的一扇窗。例如，马可·波罗的《马可·波罗游记》详细记载了他在中国和亚洲其他地区的所见所闻，书中描绘的东方世界的繁华与神秘，引发了欧洲人对东方的强烈向往，对后来的大航海时代产生了重要影响。不过，由于当时交通不便和信息传播困难，欧洲人对外部世界的了解往往是片面的、不准确的。而且，宗教观念对这些认知的影响较大，使得对不同地区的描述可能存在偏差。马可·波罗在游记中对东方城市的描述可能存在夸大的成分，以迎合当时欧洲人对财富和神秘东方的想象。同时，由于宗教观念的影响，对一些地区的文化和习俗的理解可能存在误解，将不符合基督教教义的现象视为怪异或邪恶。

（二）中国的区域研究发展

在东方，中国经历了唐宋时期的繁荣昌盛，对外交流频繁。通过丝绸之路和海上贸易，中国与中亚、西亚、欧洲以及东南亚等地的联系日益紧密。唐代玄奘法师的《大唐西域记》，详细记录了他西行取经途中所经过的众多国家和地区的情况，涵盖地理、历史、宗教、文化等多个方面，为研究古代中亚和南亚地区的历史和文化提供了珍贵资料。宋代海外贸易发达，相关文献对东南亚、南亚等地的记载更为细致，反映了当时中国对周边区域经济、文化交流的重视。然而，这一时期中国的区域研究也存在一定局限。虽然通过贸易和文化交流获取了不少外部信息，但在研究方法上较为传统，主要依赖于旅行者的见闻和简单的记录，缺乏系统性和科学性。对一些地区的认知也受到当时政治、文化观念的影响，存在一定的片面性。玄奘在《大唐西域记》中对一些国家的记载，可能受到佛教信仰的影响，更侧重于宗教方面的描述，而对其他方面的关注相对较少。宋代对海外贸易的记载，更多地关注经济利益，对贸易伙伴国家的社会文化等方面的了解不够深入。

三、大航海时代的区域研究重大变革

15 世纪末开启的大航海时代，是人类历史上的一个重要转折点，对区域国别研究的发展产生了深远的影响。这一时期，西方列强的航海探险活动极大地拓展了人类的视野，同时，随着殖民扩张的推进，区域研究也发生了重大变革。

（一）航海探险与区域认知拓展

西方列强为了寻求新的贸易路线、拓展海外市场和进行殖民扩张，纷纷开展航海探险活动。航海家们的日记、报告以及绘制的地图，详细记录了所到之处的地理环境、物产资源、居民生活等情况。例如，哥伦布发现新大陆的航海日志，不仅为欧洲人开辟了通往美洲的新航线，也为后续的区域研究提供了关键的第一手资料。这些航海探索活动使人们对世界的认知发生了根本性的转变，认识到世界的广阔和多样性，为区域国别研究注入了新的活力。航海活动还促进了不同地区之间的文化交流，欧洲人接触到了世界各地的独特文化，丰富了区域研究的内容。哥伦布在航海日志中对美洲原住民的生活方式、服饰、建筑等进行了记录，让欧洲人第一次了解到美洲大陆的独特文化。这些记录引发了欧洲人对新大陆的好奇和研究兴趣，推动了区域国别研究在欧洲的发展。同时，航海家们还带回了各地的物产和动植物样本，丰富了欧洲人的知识储备，为进一步研究不同地区的生态环境和经济资源提供了实物依据。

（二）殖民扩张与区域研究深化

随着殖民扩张的推进，西方列强对殖民地的研究逐渐深入。为了更好地统治和掠夺殖民地，他们开始系统地研究殖民地的历史、文化、语言、经济等方面。传教士、商人和官员成为这一时期区域研究的主要力量。传教士通过学习当地语言、了解当地文化，撰写了大量关于殖民地社会和宗教的报告；商人们关注殖民地的经济资源和贸易机会，对当地的经济状况进行了详细调查；官员们为了更有效地管理殖民地，开展了对殖民地政治、法律等方面的研究。这些研究成果为西方列强的殖民统治提供了有力支持，同时也促进了区域国别研究的发展。在这一过程中，西方逐渐形成了一套以殖民利益为导向的区域研究体系，对殖民地的研究更加深入和系统。例如，英国对印度的研究，涉及政治、经济、社会、文化等多个方面，为其殖民统治提供了全面的信息支持。英国东印度公司在印度进行了大量的调查研究，包括土地制度、税收政策、宗教信仰等方面。这些研究成果帮助英国更好地制定殖民政策，加强对印度的统治。同时，也使得英国对印度的了解更加深入，推动了区域国别研究在英国的发展。在研究过程中，西方学者逐渐形成了一些研究方法和理论，如人类学中的田野调查方法在对殖民地社会的研究中得到广泛应用，为区域国别研究的科学化奠定了基础。

四、近现代区域国别研究的发展

（一）西方区域国别研究的专业化与制度化

19 世纪，随着工业革命的推进和资本主义的发展，西方的区域国别研究逐渐走向专业化和制度化。各国纷纷建立专门的研究机构和学术团体，推动区域研究的深入开展。在英国，皇家地理学会成立于 1830 年，该学会致力于地理研究和探险活动，对英国的殖民扩张和区域研究起到了重要的推动作用。学会组织了多次探险考察活动，收集了大量关于殖民地的地理、地质、生物等方面的资料，促进了对不同区域的科学认识。法国也在这一时期加强了对区域研究的投入，其研究范围涵盖了非洲、亚洲等广大地区。法国的学者们在语言学、历史学、人类学等领域开展了深入研究，为法国的殖民统治提供了理论支持。同时，法国还建立了一系列研究机构，如法国远东学院，专注于对亚洲地区的研究，培养了一批专业的研究人员。

美国的区域国别研究在第二次世界大战后迅速发展。战争期间，美国为了满足军事和外交的需要，对特定区域和国家展开了全面深入的研究。战后，随着美国国际地位的提升，区域国别研究得到了进一步的重视和支持。美国政府加大了对相关研究的投入，各高校和研究机构纷纷建立区域研究中心。例如，哈佛大学的俄国研究中心、中东研究中心等，这些中心汇聚了众多优秀学者，开展了多学科交叉的研究，涵盖了政治、经济、文化、历史等多个领域，为美国政府制定对外政策提供了重要的参考依据（任晓、孙志强，2020）。美国还通过设立奖学金、资助研究项目等方式，培养了大量专业的区域研究人才，推动了区域国别研究的发展。

（二）中国近现代区域国别研究的兴起与曲折发展

中国近现代区域国别研究的发展与国家的命运紧密相连。近代以来，在西方列强的侵略下，中国面临着深刻的民族危机。为了救亡图存，有识之士开始积极了解西方世界，推动了中国区域国别研究的兴起。林则徐主持编译的《四洲志》，介绍了世界各国的地理、历史、政治等情况，成为中国人了解西方的重要开端。魏源在此基础上编写的《海国图志》，提出"师夷长技以制夷①"的思想，对中国近代的区域国别研究产生了深远影响。这部著作不仅介绍了西方的科技和军事，还涉及西方的政治制度、经济模式等内容，为中国近代的思想解放和区域国别研究提供了重要的思想源泉。

随着中国半殖民地半封建社会的加深，中国的区域国别研究逐渐发展。在这一时期，一些学者开始对西方的政治、经济、文化等方面进行深入研究，翻译了大量西方的学术著作，为中国的区域国别研究提供了理论和方法的借鉴。同时，中国的留学生也纷纷走出国门，到欧美、日本等地学习，他们回国后积极传播西方的知识和思想，推动了中国区域国别研究的发展。例如，严复翻译的《天演论》，将西方的进化论思想引入中国，对中国的思想界产生了巨大冲击；容闳的《西学东渐记》，详细记录了他在美国的留学经历和对西方社会的观察，为中国人了解西方提供了第一手资料。

新中国成立后，中国的区域国别研究进入了一个新的发展阶

---

①　刘兴豪著．魏源与中国近代化的早期进展［M］．北京：光明日报出版社，2017.01.

段。在计划经济体制下，中国的区域国别研究主要服务于国家的外交政策和经济建设。这一时期，中国建立了一批专门的区域国别研究机构，如中国社会科学院的世界经济与政治研究所、东欧中亚研究所等，开展了对苏联、东欧以及其他国家和地区的研究。同时，中国的学者也积极参与国际学术交流，与国外学者开展合作研究，推动了中国区域国别研究的发展。然而，在文化大革命期间，中国的区域国别研究受到了严重的冲击，研究工作基本停滞。

改革开放以来，中国的区域国别研究迎来了新的发展机遇。随着中国经济的快速发展和国际地位不断提高，中国与世界各国的联系日益紧密，对外部世界的研究需求也不断增加。在这一时期，中国的区域国别研究机构不断增多，研究队伍不断壮大，研究领域不断拓展。同时，中国的学者也积极借鉴国外的研究方法和理论，推动了中国区域国别研究的现代化和国际化进程。进入21世纪，特别是"一带一路"倡议提出后，中国的区域国别研究得到了进一步的推动。对沿线国家的研究成为热点，为中国的对外政策制定、经济合作和文化交流提供了重要的智力支持。

五、当代区域国别研究的新发展

（一）全球化背景下区域国别研究的转型

21世纪以来，全球化进程加速，世界各国之间的联系日益紧密，相互依存度不断提高。在这种背景下，区域国别研究呈现出一些新的发展趋势。研究对象和范围不断扩大，不再局限于单个国家或地区，而是更加关注跨区域、跨国界的问题，如区域经济一体化、全球治理、跨国犯罪等。研究视角也更加多元化，强调从全球视角审视区域和国别问题，关注不同地区和国家之间的相互联系和相互影响。在研究区域经济一体化时，不仅要研究单个国家的经济政策和发展模式，还要研究区域内各国之间的经济合作机制、贸易往来和投资流动等情况，以及区域经济一体化对全球经济格局的影响。

研究方法不断创新，大数据、人工智能、地理信息系统（GIS）等新兴技术手段逐渐应用于区域国别研究中。大数据分析可以帮助研究者处理海量的信息，挖掘隐藏在数据背后的规律和趋势；GIS 技术可以直观地展示区域的地理特征、资源分布等信息，为研究提供更有力的支持；人工智能技术可以辅助文本分析、图像识别等工作，提高研究效率和准确性。跨学科研究成为主流，区域国别研究融合了政治学、经济学、社会学、历史学、文化学等多个学科的理论和方法，以更全面地理解复杂的国际现象。在研究跨国移民问题时，需要运用经济学分析移民的经济动机和影响，运用社会学研究移民的社会融入和文化适应问题，运用人类学探讨移民的文化认同和身份建构等问题。

（二）中国区域国别研究的蓬勃发展与国际合作

在当代，中国的区域国别研究取得了显著的成就。随着中国综合国力的不断提升和国际地位的日益提高，中国在区域国别研究领域的投入不断加大，研究机构和研究队伍不断壮大。目前，中国已经建立了覆盖全球各个区域和主要国家的研究网络，研究成果在国内外产生了广泛的影响。

中国的区域国别研究注重服务国家战略需求。在“一带一路”倡议的推动下，对沿线国家的研究成为重点。通过深入研究沿线国家的政治、经济、文化、社会等方面的情况，为中国与沿线国家的合作提供了科学依据，促进了“一带一路”建设的顺利推进。同时，中国的区域国别研究也积极参与国际学术交流与合作，与世界各国的学者共同探讨区域发展问题，分享研究成果，提升了中国在国际区域国别研究领域的话语权和影响力。例如，中国举办了一系列国际学术会议和研讨会，吸引了众多国际知名学者参与，为中外学者提供了交流与合作的平台。中国还与沿线国家的研究机构开展合作研究项目，共同解决区域发展中面临的问题，促进了不同文化之间的交流与理解。

然而，中国的区域国别研究也面临着一些挑战。一方面，与发达国家相比，中国的区域国别研究在研究方法、理论体系等方面还存在一定的差距，需要进一步加强学习和借鉴。另一方面，中国的区域国别研究在服务国家战略的同时，也需要更加注重学术研究的独立性和创新性，避免过度功利化。未来，中国的区域国别研究需要在加强基础研究、推动学科建设、培养高素质人才等方面下功夫，不断提升研究水平，为推动构建人类命运共同体贡献中国智慧和力量。

第三节　区域国别研究的价值与影响

区域国别研究作为深入探究世界不同国家和地区的重要学术领域，其价值与影响广泛且深远，体现在学术、政策、社会文化等诸多方面。在全球化进程加速的当下，这种研究对于增进人类对世界的认知、推动国际合作、促进文化交流与理解具有不可替代的作用。

一、学术价值

（一）深化对各国各地区的认知

区域国别研究为人们打开了认识世界多样性的窗口，通过对各国各地区全方位、多维度的研究，极大地丰富了人类的知识宝库。从古代起，人们就开始了对周边地区的探索和记录，如中国古代的《史记》，其中的《匈奴列传》《大宛列传》等篇章，详细记载了周边民族和国家的地理环境、政治制度、经济生活、风俗习惯等。这些早期的记载为后人了解当时世界的多元面貌提供了珍贵的资料，也体现了古人对外部世界的探索精神。

在现代，区域国别研究借助多学科的研究方法，对特定国家或地区进行更为深入和全面的剖析。以日本研究为例，研究者不仅从历史学角度梳理日本从古至今的发展脉络，了解其政治体制的演变、经济发展的阶段特点，还运用社会学方法研究日本的社会结构、家庭关系、社会规范等，从文化学视角探究日本的宗教信仰、艺术形式、价值观念等。通过综合运用多学科知识，我们能够更全面、深入、准确地认识日本这个国家，把握其在不同历史时期、不同领域的发展特点和内在逻辑。这种对各国各地区细致入微的研究，使我们能够深入了解每个国家和地区的独特性，从而更好地理解世界的多样性，为学术研究提供了丰富而具体的研究对象和素材。

（二）为理论构建提供实证基础

区域国别研究在学术领域的重要价值之一，是为各种理论的构建提供了坚实的实证基础。许多具有重要影响力的理论都源于对特定区域或国家的深入研究。美国政治学家查默斯·约翰逊对日本经济高速增长进行了深入剖析，提出了“发展型国家理论①”。他通过研究发现，日本政府在经济发展过程中发挥了积

① 闫振坤著．发展型产业政策演化的国际比较与理论逻辑［M］．广州：中山大学出版社，2019.12.

极且关键的引导作用，制定了一系列有效的产业政策，推动了技术创新和产业升级，从而实现了经济的快速增长。这一理论的提出，不仅为解释日本的经济发展模式提供了新的视角，也为其他国家在制定经济发展战略时提供了重要的参考和借鉴。

在比较政治学领域，区域国别研究同样发挥着重要作用（任晓，2019）。通过对不同国家政治制度、政治发展过程的比较研究，学者们可以总结出政治发展的一般规律以及不同国家的独特路径。研究不同国家的选举制度、政党制度、政治参与等方面的差异和共性，有助于我们深入理解政治制度的多样性及其背后的影响因素，从而推动比较政治理论的发展和完善。区域国别研究还为社会学、经济学、文化学等众多学科的理论构建提供了丰富的素材。在社会学研究中，通过对不同国家社会结构和社会变迁的研究，可以验证和完善社会分层、社会流动等理论；在经济学中，对不同国家经济发展模式和经济政策的研究，为宏观经济学和发展经济学的理论发展提供了实践依据；在文化学研究中，对不同国家文化传承与创新的研究，有助于丰富文化传播、文化认同等理论。

（三）推动跨学科研究的发展

区域国别研究天然地具有跨学科的属性，它打破了传统学科之间的壁垒，促进了不同学科之间的交流与融合，有力地推动了跨学科研究的发展。由于研究对象的复杂性和多样性，区域国别研究需要综合运用多个学科的理论和方法。在研究东南亚地区的发展问题时，历史学家可以通过梳理该地区的历史发展脉络，为当下的发展提供历史背景和经验教训；地理学家可以分析其地理环境对经济发展的影响，如地理位置、自然资源等因素对产业布局和贸易往来的作用；政治学家可以研究该地区的政治制度、政策法规以及政治局势对发展的影响；经济学家则可以从经济结构、市场机制、产业发展等方面进行分析；社会学家关注社会结构、社会变迁以及社会文化因素对经济发展的影响；文化学家则深入研究该地区的文化传统、价值观念等对经济和社会发展的作用。

通过跨学科的研究方法，不同学科之间相互借鉴、相互补充，形成了新的研究视角和方法。这种跨学科的融合不仅能够更全面、深入地理解研究对象，还能催生新的学术增长点。在研究非洲某国的发展问题时，结合经济学中的发展经济学理论和社会学中的社会资本理论，研究者发现该国社会中存在的特殊社会关系网络对经济发展既有促进作用，也存在一定的制约因素。这一发现拓展了传统发展经济学和社会学的研究视野，为解决发展问题提供了新的思路。跨学科研究还促进了学科之间的交叉融合，催生了一些新兴的学科领域，如区域经济学、政治生态学等，进一步丰富了学术研究的体系。

二、政策价值

（一）为外交政策提供依据

区域国别研究在外交政策制定中发挥着至关重要的作用。通过对不同国家和地区的政治、经济、文化、社会等方面进行深入研究，能够为国家的外交决策提供准确、全面的信息和深入的分析。在制定对美政策时，区域国别研究可以提供关于美国政治体制、外交政策走向、经济实力、社会文化特点等方面的详细信息，帮助决策者了解美国的国内政治动态、对外政策目标以及可能采取的行动，从而制定出更加符合国家利益的外交政策。在处理中美贸易摩擦问题时，通过对美国经济结构、贸易政策以及相关利益集团的研究，可以更好地理解美国的立场和诉求，为中国制定应对策略提供有力支持。

区域国别研究还可以帮助国家预测国际形势的变化，提前做好应对准备。通过对国际政治格局、地缘政治关系、国际组织作用等方面的研究，能够分析国际形势的发展趋势，预测可能出现的危机和挑战。在研究中东地区局势时，关注该地区各国的政治局势、宗教矛盾、地缘政治利益等因素，能够预测该地区可能出现的动荡和冲突，为国家在该地区的外交行动和利益保护提供预警和决策依据。区域国别研究还可以为国家参与国际组织和多边外交活动提供支持，帮助国家更好地理解国际规则和国际合作机制，提高在国际舞台上的话语权和影响力。

（二）助力国际合作与发展

在全球化的背景下，国际合作日益紧密，区域国别研究为各国之间的合作提供了重要的支撑。通过深入了解不同国家的经济结构、市场需求、产业优势以及政策法规等，能够帮助各国找到合作的契合点，制定更加科学合理的合作策略，推动国际合作的顺利开展。

以“一带一路”倡议为例，中国与沿线国家在基础设施建设、贸易投资、人文交流等多个领域展开广泛合作。在此过程中，区域国别研究发挥了不可或缺的作用。对沿线国家的政治局势研究，有助于中国企业了解当地的政治稳定性、政策连续性以及潜在的政治风险，从而合理规划投资项目，避免因政治因素导致的损失。研究发现某些国家存在政权更替频繁的情况，企业在投资时就可以更加谨慎地评估风险，采取相应的风险应对措施。通过对当地经济结构和市场需求的分析，能够明确合作的重点领域和项目。例如，了解到一些国家在能源领域具有丰富的资源但缺乏开发能力，而中国在能源开发和基础设施建设方面具有技术和经验优势，双方就可以在能源合作领域实现优势互补。对于当地社会文化的研究也至关重要，它能够帮助中国企业和人员更好地适应当地的文化习俗，避免文化冲突，促进人文交流与合作。在与一些伊斯兰国家合作时，了解其宗教信仰和文化习俗，有助于企业在项目实施过程中尊重当地的文化传统，赢得当地民众的支持和信任。

区域国别研究还能够为国际组织和多边合作提供决策依据。世界银行、国际货币基金组织等国际组织在制定发展援助计划、促进全球经济合作时，需要参考区域国别研究的成果，了解不同国家和地区的发展需求和潜力，从而合理分配资源，推动全球共同发展。在应对全球性问题如气候变化、公共卫生危机时，区域国别研究可以帮助各国了解不同地区的应对能力和需求，促进国际社会在相关领域的合作与协调。在新冠疫情防控中，对不同国家的医疗体系、公共卫生政策、社会应对能力等方面的研究，有助于国际社会制定针对性的援助方案和合作策略，共同抗击疫情。

（三）服务国家安全战略

国家安全是国家生存和发展的重要保障，区域国别研究在国家安全战略制定和实施中具有不可替代的作用。通过对周边国家和地区的军事、政治、经济等方面的研究，能够及时掌握外部安全威胁，为国家制定有效的安全战略提供情报支持。在军事方面，对周边国家军事力量的规模、装备水平、战略布局等进行研究，可以帮助国家评估自身面临的军事威胁，制定相应的军事战略和国防政策。了解到某邻国在边境地区加强军事部署，国家就可以根据实际情况调整军事力量配置，加强边境防御。在政治方面，关注周边国家的政治局势变化、政权稳定性以及政治势力的发展趋势，有助于国家及时应对可能出现的政治风险，维护国家的政治安全。如果某个国家出现政治动荡，可能会对地区稳定产生影响，国家可以提前制定应对预案，保护本国在该地区的利益和公民安全。

区域国别研究还可以为国家的情报工作提供支持。通过对特定国家或地区的深入研究，了解其社会结构、文化特点、民众心理等，有助于情报人员更好地开展情报收集和分析工作，提高情报的准确性和时效性。在网络安全领域，对不同国家的网络技术发展水平、网络安全政策以及网络犯罪态势等进行研究，能够帮助国家制定有效的网络安全战略，防范外部网络攻击，保障国家的信息安全。随着信息技术的发展，网络安全威胁日益严峻，通过区域国别研究了解其他国家的网络安全状况，可以为国家的网络安全防御提供借鉴和参考。

三、社会文化价值

（一）增进不同文化间的理解与尊重

区域国别研究有助于打破文化隔阂，促进不同文化之间的理解与尊重。通过对不同国家和地区文化的深入研究，人们能够了解到各种文化的独特价值和内涵，认识到文化的多样性是人类社会的宝贵财富。在研究西方文化时，了解到西方的艺术、文学、哲学等方面的成就，能够让我们欣赏和尊重西方文化的独特魅力；在研究东方文化时，深入了解中国、日本、印度等国家的传统文化，如儒家思想、佛教文化、印度教文化等，也能够让其他国家的人们更好地认识东方文化的博大精深。这种对不同文化的深入了解和认识，可以减少因文化差异而产生的误解和偏见，促进不同文化之间的交流与融合。

在跨文化交流中，区域国别研究的成果可以为人们提供指导，帮助人们更好地理解和应对文化差异。了解不同国家的礼仪规范、沟通方式、价值观念等，能够避免在跨文化交往中出现冲突和误解。在与日本企业进行商务谈判时，了解日本的企业文化和商务礼仪，如注重团队合作、等级观念较强、注重细节等，能够帮助我们更好地与对方沟通和合作，提高谈判的成功率。区域国别研究还可以促进文化的传播与交流，通过研究成果的分享和交流，让更多的人了解不同国家的文化，增进文化之间的相互欣赏和认同。

（二）推动文化传承与创新

区域国别研究对于各国文化的传承和创新具有重要意义。通过对不同国家和地区文化的研究，可以深入挖掘和整理文化遗产，保护和传承人类的文化瑰宝。在对非洲文化的研究中，发现了许多珍贵的口头传说、传统艺术形式和手工艺技术，通过研究和记录这些文化遗产，能够使其得到更好的保护和传承，避免因时间的推移和社会的变迁而消失。区域国别研究还可以促进文化的创新，不同文化之间的交流和碰撞能够激发新的文化创意和思想。在全球化的背景下，不同国家的文化相互影响、相互借鉴，为文化创新提供了丰富的素材和灵感。中国的传统文化与现代西方文化的融合，产生了许多新的艺术形式和文化产品，如融合了中国传统元素和西方音乐风格的音乐作品、结合了中国水墨画和西方油画技巧的绘画作品等。

区域国别研究还可以为文化产业的发展提供支持。了解不同国家的文化市场需求和消费习惯，能够帮助文化企业开发出更具市场竞争力的文化产品。在电影产业中，了解不同国家观众的喜好和文化背景，能够制作出更符合国际市场需求的电影作品，促进文化产业的国际化发展。区域国别研究还可以推动文化旅游的发展，通过对不同国家旅游资源和文化特色的研究，开发出更具吸引力的旅游产品和线路，促进文化与旅游的深度融合。

（三）培养全球视野与跨文化人才

在全球化的时代背景下，培养具有全球视野和跨文化交流能力的人才至关重要，区域国别研究在这方面发挥着重要作用。通过区域国别研究的学习和实践，人们能够了解不同国家和地区的历史、文化、社会、经济等方面的知识，拓宽自己的视野，增强对世界的整体认识。在学习过程中，接触到不同国家的研究资料、学术观点和研究方法，能够培养人们的批判性思维和创新能力，提高综合素质。

区域国别研究还注重培养人们的跨文化交流能力。通过学习不同国家的语言、文化和社会习俗，人们能够更好地与不同文化背景的人进行沟通和交流，理解他们的思维方式和行为习惯，避免文化冲突，建立良好的跨文化关系。这种跨文化交流能力在国际商务、外交、教育、文化交流等领域都具有重要的应用价值。在国际商务活动中，具备跨文化交流能力的人才能够更好地与国外合作伙伴沟通，拓展国际市场；在外交工作中，能够更好地理解其他国家的立场和诉求，促进外交关系的发展；在教育领域，能够培养具有国际视野的学生，推动教育国际化的发展；在文化交流中，能够促进不同文化之间的相互理解和融合，增进各国人民之间的友谊。

第四节 区域国别研究的难点与学术启示

一、区域国别研究的难点

（一）一般性与特殊性的关系

区域国别研究是一项致力于获取普遍性知识与探究特定性问题相融合的学术活动，不过在侧重点上更倾向于研究对象所具有的特殊性。在对研究对象的独特性进行诠释与剖析的过程中，规范性因素同样占据着不可或缺的地位。学者任晓明确指出，区域国别研究拥有提炼出具有普遍意义的理论观点的可能性，而中国源远流长的历史以及丰富多样的现实发展经验，更是为这一可能性提供了坚实的基础与广阔的空间。

然而在实际的理论构建进程中，研究者常常会面临这样的困境：由于理论本身在解释特殊性方面存在一定的局限性，使得他们往往倾向于将特殊事务排除在考量范围之外，而更多地关注那些具有一般性特征的事务。这是因为理论研究的核心目标在于，通过对大量的经验事实进行深入分析和系统的实证研究，挖掘出隐藏在现象背后的规律，进而得出具有普遍适用性的结论，以此来服务于特定的政治与战略目的。

与理论研究有所不同，区域国别学更加强调对一般性规律适用的具体条件进行深入探究。它通过对研究对象的历史脉络、文化内涵以及复杂的现实环境进行全面而细致的挖掘，力求精准地揭示出对象所具有的特殊性，从而为解决实际问题提供切实有效的方案。从这个角度来看，区域国别研究应当积极拓展一般性知识的边界，以这些普遍性的基础知识作为坚实的支撑，开展基于实际需求和具体问题导向的专门研究，将普遍性知识灵活地应用于特定问题的解决过程之中。

尽管不同的区域和国别之间存在着显著的差异，但积极探索一般性理论依然具有重要的意义。这是因为一般性理论能够帮助研究者发现隐藏在各种现象背后的规律性和逻辑性关系，如通过一般性理论的研究，我们可以深入了解一国对外行为以及对外政策制定过程中的诸多考量因素，进而将在研究过程中所获得的大量全面且整体性的知识进行一般化处理，使其具有更广泛的应用价值。

在对待特殊性与一般性的关系上，我们必须坚决摒弃非此即彼、二元对立的简单思维模式。事实上，一般性知识是在对众多研究单元特殊性进行深入提炼和总结的基础上形成的，而特殊性则能够在不同单元的比较过程中更加清晰地展现出来。只有当我们对同类事物的一般性特征有了深入且全面的认识之后，才能够更加准确地把握其中各个个体所具有的特殊性。需要注意的是，不同区域国别的特殊性只是在程度上有所不同，并不存在绝对特殊、完全无法与其他区域国别进行比较和归纳的情况。

（二）单一学科与跨学科的关系

一门学科若要真正成为一门具有权威性和专业性的学科，就必须对自身的能力边界有清晰的认识，避免将自己视为能够解决所有问题的万能钥匙，同时还应当明确区分对现实情况的客观分析和对理想状态的主观追求。以区域国别研究中的经济合作议题研究为例，如果在研究过程中仅仅从经济学的单一视角出发，忽略了政治、历史、社会和文化等多方面因素的综合影响，那么研究者很容易受到“愿望思维”的干扰，从而得出片面且不符合实际情况的结论（朱翠萍，2023）。在现实世界中，我们常常可以看到这样的例子，某些国家之间在经济层面上具有很强的互补性，按照经济学理论推断，它们之间应该能够顺利地开展深入的经济合作。然而，由于受到政治因素或者战略考量的影响，这些国家之间的合作往往难以达到预期的效果，甚至可能无法开展合作，这充分说明区域国别研究在追求对研究对象进行全面、深入的知识生产的同时，必须高度重视并妥善处理好单一学科与跨学科之间的关系。

就目前的研究现状来看，区域国别研究在方法和理论运用上，较多地依赖政治学、经济学和社会学等学科。然而需要明确的是，跨学科研究并不存在一种固定不变、放之四海而皆准的统一模式。在交叉学科研究中，争论哪一学科更为重要，或者哪一学科应该作为深入研究的主导学科，就如同在国际政治理论领域中争论结构、制度和文化哪一个因素更为关键一样，从实际研究价值的角度来看，这种争论并没有太大的意义。实际上，在区域国别研究中，学科的重要性排序以及在研究过程中更侧重于学理性探究还是实用性分析，这些问题的答案并不是固定的，而是取决于研究者所关注的具体研究问题、选择的切入视角以及设定的研究维度。

在跨学科研究中，通常需要确定一个主干学科，而其他与之交叉的学科则如同从主干上生长出来的分支，这就要求研究者在具备扎实的主干学科专业知识的基础上，尽可能广泛地涉猎其他相关学科的知识，成为一专多能的综合型人才。只有这样，研究者才能够在跨学科研究中充分发挥不同学科的优势，从多个角度对研究对象进行全面而深入的分析，从而得出更加科学、准确的研究结论。

（三）基础研究与政策研究的关系

在区域与国别的研究领域中，基础研究和应用对策研究之间的关系一直是学术界讨论的热点话题，并且存在着诸多争议。从某种意义上来说，判断区域国别学是否成熟和成功的一个重要标志，就在于该学科能否有效地推动基础理论研究与应用对策研究实现深度融合与协同发展。基础研究在整个研究体系中起着至关重要的基石作用，如果缺乏扎实的基础研究作为支撑，那么政策研究和决策咨询研究就如同无本之木，难以深入开展并取得具有实际价值的成果，这是因为基础研究能够为政策研究提供理论依据和分析框架，帮助研究者更好地理解研究对象的本质特征和发展规律，从而为政策制定提供科学合理的建议。

然而如果在研究过程中仅仅专注于基础研究，而忽视了将基础研究成果转化为实际的决策咨询研究，那么这样的学术研究也是不完整的，无法充分发挥其应有的社会价值。另外，倘若过度强调对策研究，研究人员在研究过程中就有可能受到主观意愿的过度影响，陷入愿望主导思维的陷阱。在这种思维模式的影响下，研究人员可能会过于关注自己期望得到的结果，而忽视了对客观事实和证据的收集与分析，从而得出脱离实际的预期的和想象的结论。

区域国别研究的核心任务之一是进行知识生产，而要实现这一目标，就必须将基础研究与应用研究紧密结合起来，使两者之间形成良好的互动和协同效应。只有这样，区域国别研究才能够真正为国家战略的制定和实施提供有力的支持和保障，切实发挥其服务国家战略的重要作用。

（四）区域研究与国别研究的关系

区域研究与国别研究之间既存在着明显的区别，又有着千丝万缕的紧密联系。区域研究不仅需要从宏观层面进行整体把握，对区域的整体发展趋势、战略环境等进行深入分析，同时也离不开对区域内各个对象国的微观层面的细致研究作为基础支撑。如果区域研究缺乏对国别层面的深入了解，就如同只看到森林而忽视了树木，无法深入挖掘区域发展过程中存在的深层次问题。反之，在进行国别研究时，如果仅仅局限于对单个国家的孤立研究，缺乏区域视角甚至全球视角的宏观考量，那么研究者就很容易陷入“不识庐山真面目，只缘身在此山中①”的困境，无法全面、准确地把握该国在区域乃至全球格局中的地位和作用。

区域国别学作为一门一级学科，其研究方法需要将宏观研究与微观研究有机结合起来，同时兼顾规范研究与实证研究。在研究内容上，区域研究更侧重于关注宏观层面的问题，例如区域的战略环境、经济发展趋势、气候变化对区域的影响以及安全治理等综合性问题；而国别研究则主要聚焦于对象国的微观个体层面，对对象国的政治体制、外交政策、经济运行模式以及社会文化等具体问题进行深入分析。

在研究方法上，国际政治、国际关系的研究方法与经济学研究方法既有共性，也存在一些差异。共性在于它们都遵循从规范研究的角度出发，先提出研究问题，然后建立相应的分析框架，接着通过实证检验来验证理论假设，最后得出研究结论的基本研究流程；不同之处在于在实证检验环节，经济学通常会运用计量

---

① 上海辞书出版社文学鉴赏辞典编纂中心编．苏轼诗文鉴赏辞典（上）［M］．上海：上海辞书出版社，2024.01.

模型进行量化分析，而政治学则更多地采用历史经验和案例分析的方法。在国别研究中，除了借鉴政治学和经济学的研究方法之外，还可以充分借鉴社会学的田野调查方法，深入到对象国的实际社会环境中，获取第一手资料，从而更加真实、准确地了解对象国的实际情况。

需要注意的是研究方法的选择并非一成不变，而是要根据研究的性质来确定，如理论研究可能更侧重于运用逻辑推理和理论分析的方法，政策研究则需要更加关注实际政策的制定和实施效果，战略研究则更注重从宏观战略层面进行综合考量。此外区域研究和国别研究在研究重点上也有所不同。区域研究的重点在于深入研究某一区域的构成要素、独特特征以及运行规律，同时还要充分考虑区域内各个单元之间的互动关系以及行为体的对外战略和外交政策对区域发展的影响；而国别研究的主要任务则是针对特定国家行为体，在政治、经济、历史、社会和文化等多个领域进行全方位的知识生产，并构建起完善的知识生产体系，以便为深入了解该国提供全面、系统的知识支持。

二、区域国别研究的学术启示

（一）避免夸大语言和侵入式体验的重要性

跨学科性是区域与国别研究最为显著的特征之一，它打破了传统学科之间的壁垒，致力于构建对特定地区或国家的全面、深入的认识。在区域国别研究中，基于田野调查的现实问题和政策研究占据着重要地位，因为这能够使研究更加贴近实际情况，增强研究成果的实用性和针对性。然而在重视田野调查的同时，我们不应过分夸大掌握对象国语言和进行侵入式体验的重要性。

事实上并非所有的区域国别研究都必须依赖于对对象国语言

的精通以及深入的侵入式体验。在很多情况下，短期的调查与访谈，结合对大量文献资料的系统解读和分析，同样能够为研究提供坚实的依据，帮助研究者实现预期的研究目标。比如在对一些涉及决策者心理认知等观念性因素的研究中，由于这些因素本身具有较强的主观性和难以直接观测性，无法通过传统的经验验证方法进行研究，但这并不意味着这些研究没有价值。相反，通过对相关文本资料的深入挖掘和分析，研究者依然能够对这些观念性因素进行深入探讨，从而为理解国家的国际行为提供重要的视角。

不可否认，田野调查以及基于侵入式体验的实地考察所获得的直接知识和信息具有独特的价值，它们能够让研究者更加直观地感受和了解研究对象的实际情况。然而对于研究过程中的现象解释、行为逻辑分析以及发展趋势研判等关键环节来说，仅仅依靠直接知识是远远不够的，还需要研究者深入挖掘和研读大量的文本资料，从中获取丰富的间接知识和具体信息。这是因为间接知识能够为直接知识提供更为广阔的背景和理论支持，帮助研究者从更宏观的角度对所获取的信息进行分析和解读，从而做出更加准确而有价值的判断。如果缺乏大量间接知识的支撑，研究者就很难从直接知识所获得的有限信息中得到充分的启发，进而难以对研究对象进行全面、深入的理解和分析。

（二）避免过度追求知识的全面性和整体性

区域国别研究的目标之一是针对特定区域尤其是对象国进行全面、系统的知识生产，以构建起完整的知识体系。以印度洋地区研究为例，该区域涵盖了政治、经济、军事、文化等多个领域，对这些领域进行全面而深入的研究，对于国家制定相关战略具有极其重要的意义。然而我们必须认识到，这些研究领域涉及众多关联学科，包括政治学、经济学、历史学、地理学、社会学等，每个学科都有其独特的研究方法和知识体系。

在实际研究过程中，研究者并不需要追求对所有相关学科知识的全面精通，成为无所不知的杂家，这是因为不同学科之间存在着较大的差异性，要求研究者对每个学科的所有知识都做到事无巨细和面面俱到的掌握是不现实的，也是不必要的。在更多情况下，研究者可以选择专注于某一学科领域，对该学科进行深入研究，同时对其他相关学科领域的综合性知识有一个概括性的了解和整体性的把握。通过这种方式，研究者能够将不同学科的知识有机结合起来，使其有助于对区域国别研究中的某一特定领域的问题展开持续深入的研究，避免在研究过程中出现以偏概全的问题，从而更好地发挥区域国别研究服务国家战略的功能。

（三）避免迷恋西方理论和过度追求理论与方法创新

理论创新和研究方法的选择是区域国别研究面临的重要挑战之一。在区域和国家的发展过程中，确实存在一些具有普遍意义的规律，西方的一些理论，如共同体理论、依附理论、地缘政治理论、地缘经济理论和区域一体化理论等，在一定程度上揭示了这些规律，为我们的研究提供了有益的借鉴。然而我们必须清醒地认识到，西方理论是在其特定的历史、文化和社会背景下形成的，不可避免地受到不同历史阶段的影响，同时也受到研究者自身意识形态和偏见的左右，具有较强的主观性。

在社会科学研究领域，存在着一种错误的认知，即认为只有不断向自然科学靠近，采用自然科学的研究方法和标准，才是科学的研究方式，才能体现研究的创新性。在这种认知的影响下，如果研究者过度迷恋科学主义，试图以宏大的科学理论和狭隘的科学主义方法来分析世界不同区域和不同国家的问题，很容易陷入科学悖论，具体表现为研究者在追求科学的概念、数据、方法和解释的过程中，逐渐脱离了区域国别的实际情况，导致研究成果无法真实反映研究对象的本质特征。

在研究实践中还容易出现另一个问题，即研究者为了便于采用实证主义方法，往往会选择那些有用的和可量化的变量进行研究，而忽视甚至抽象掉那些自己不熟知的领域或者不可量化、证据不足的变量。这种做法虽然在一定程度上满足了实证研究的要求，但却可能遗漏了许多重要的信息，导致研究结果的片面性和局限性。因此区域国别研究需要积极推动理论和方法的创新，但绝不能盲目迷恋西方理论，更不应将过度追求方法创新作为研究的唯一目标，而应始终坚持从区域国别的实际情况出发，选择合适的理论和方法进行研究。

（四）避免盲目追求交叉学科研究

以环印度洋地区研究为例，其研究对象涵盖了全球视野下的印度洋研究、印度洋区域视野下的五个地区（东南亚、南亚、西亚中东、非洲和大洋洲）以及印度洋沿岸 38 个经济体，形成了一个具有多层次、多维度和多领域特征的复杂体系。在对这样一个由多个国家组成的整体区域进行研究时，研究者首先应该重视研究的学科性，遵循学术研究的基本规律，通常可以先从单一学科的角度切入，对研究对象进行深入细致的分析。如果盲目追求从多学科进行研究，在研究初期就试图融合多个学科的理论和方法，很可能导致研究浮于表面，无法深入探究问题的本质。

在实际研究过程中存在一种误解，即认为只要在研究中借用了其他学科的一个概念，就属于交叉学科研究，比如在国际政治研究中使用“对冲战略①”这一来自金融学的概念，但如果仅仅是借用概念，而没有运用金融学的研究方法对其进行深入分析，那么这种研究并不能称之为真正意义上的交叉学科研究。同样，在国际关系研究中使用经济学的概念或者基本的经济数据也不能简单地认为就是运用了经济学研究方法，更不能将其归结为交叉学科研究。这是因为国际政治学和世界经济学本身就具有交叉学科的特点，国际政治学是以政治学为主要学科，融合了其他相关学科的研究方法；世界经济学则是以经济学为主，同时借鉴了其他学科的理论和方法。与这两门学科相比，区域国别学的跨学科特征更为明显，其研究对象既涉及人与人文现象，也涵盖社会现象与变化规律，既是一门探讨应该是什么的规范性学问，也是一门研究是什么的实证性学问。因此区域国别学的研究方法需要综合运用人文科学、社会科学，甚至在某些情况下还需要借助自然科学的方法。

虽然运用自然科学方法研究政治与社会问题的实证主义在理论价值上具有一定的意义，能够为研究提供更加精确的分析工具和方法，但在实际研究过程中，研究者不宜过度追求高大上的实证主义分析方法。这是因为如果单纯采用普遍意义上的政治学或经济学研究方法来研究国际政治或国际经济问题，往往会忽视区域与国别的差异性，尤其是不同对象国的政治行为与社会生态的差异化对经济产生的复杂性影响。在多学科和跨学科基础上实现交叉学科研究，关键在于如何实现不同学科之间的有机融合，而这种融合绝非简单的硬性嫁接与合并，而是要以基于现实需求的问题为导向，进行深入的思考与实践，从而选择最合适的研究方法和理论，实现对研究对象的全面、深入的理解和分析。

---

① 王健主编．国际关系中的变局与治理［M］．上海：上海社会科学院出版社，2021.

第二章
中国文化国际传播的意义与现状

第一节　中国文化的内容概述

中国文化源远流长、博大精深，是中华民族在漫长历史发展过程中创造的精神财富和物质财富的总和，其涵盖范围极为广泛，从思想观念、文学艺术到科技工艺、民俗传统等多个领域，每一部分都承载着中华民族的智慧、情感与记忆，在不同的历史时期发挥着独特作用，对中国乃至世界文明的发展都产生了深远影响。

一、思想观念与哲学体系

（一）儒家思想

儒家思想是中国传统文化的主流，历经数千年的发展演变，深刻塑造了中国人的价值观和行为准则，其创始人孔子倡导“仁、义、礼、智、信”，“仁”为核心，强调人与人之间要相互关爱、尊重和包容，这种仁爱思想贯穿于社会伦理和个人修养之中。如在家庭关系里，子女对父母尽孝，父母对子女慈爱，是“仁”在家庭伦理的体现；在社会交往中，关心他人、乐于助人也是“仁”的外在表现。

孟子继承和发展了孔子的思想，提出“仁政”学说，主张统治者应以仁爱之心治理国家，关注百姓的福祉，“得民心者得天下”的理念影响了后世无数的政治家。儒家的“礼”则规定了社会秩序和行为规范，大到国家的祭祀、朝会仪式，小到个人的言行举止、服饰穿着，都有相应的礼仪要求，通过“礼”来维护社会的和谐稳定。儒家的教育思想同样影响深远，“有教无类”打破了贵族对教育的垄断，让平民子弟也有机会接受教育；“因材施教”则注重根据学生的不同特点进行培养，挖掘每个人的潜力。在儒家思想的熏陶下，中国古代培养出众多道德高尚、学识渊博的文人志士，他们秉持着儒家的理想和信念，积极参与社会事务，为国家和民族的发展贡献力量。

（二）道家思想

道家以老子和庄子为代表，主张“道”为宇宙万物的根源和本质。老子提出“道可道，非常道；名可名，非常名①”，认为“道”是一种超越人类语言和概念的存在，人们应该顺应自然规律，“无为而治”。这里的“无为”并非什么都不做，而是不刻意去违背自然规律行事，让事物按照自身的规律发展。道家追求个体的精神自由，庄子在《逍遥游》中描绘了一种超越世俗束缚，达到“至人无己，神人无功，圣人无名②”的境界，鼓励人们摆脱功名利禄的羁绊，回归到自然纯真的状态。

道家思想在中国人的生活态度和艺术创作方面有着重要体现。在生活中，当人们遭遇挫折和困境时，道家思想能给予心灵慰藉，让人学会以豁达的心态面对；在艺术创作中，道家的自然审美观念影响了绘画、书法、文学等诸多领域，许多艺术家追求作品中体现出的自然意境和空灵之美，如中国传统山水画常常描

① 张海清编．老子名言名句［M］．北京：中国石化出版社，2010.02.

② 张希峰著．走近庄子［M］．济南：济南出版社，2020.08.

绘高山流水、云雾缭绕的自然景观，传达出一种超脱尘世、与自然合一的精神追求。

（三）佛教思想

佛教自东汉传入中国后，经过长期的传播和融合，逐渐与中国本土文化相互渗透，形成了具有中国特色的佛教文化。佛教的基本教义包括“四谛”（苦谛、集谛、灭谛、道谛）和“十二因缘”等，揭示了人生的苦难本质以及解脱之道。佛教强调通过修行，摆脱欲望的束缚，达到涅槃寂静的境界。

在中国，佛教的发展呈现出多种宗派，如禅宗、净土宗、华严宗等，各宗派有着不同的修行方法和教义侧重点。禅宗主张“不立文字，直指人心，见性成佛①”，注重个体内心的顿悟，通过日常生活中的点滴修行来实现心灵的觉醒，这种简洁明快的修行方式深受中国文人雅士的喜爱，对中国的哲学、文学、艺术等领域产生了独特影响。比如在诗歌创作中，许多诗人的作品蕴含着禅意，王维的诗常常营造出宁静悠远、充满禅机的意境，使读者在欣赏诗歌的同时，也能感受到心灵的净化。佛教的寺庙建筑、佛像雕塑等艺术形式也成为中国文化的重要组成部分，这些艺术作品不仅具有宗教价值，还展现了高超的艺术水准，反映了不同历史时期的社会风貌和审美观念。

二、文学艺术

（一）诗词歌赋

中国古代诗词歌赋是文学艺术的瑰宝，从《诗经》《楚辞》

---

① 冯友兰著；赵复三译．中国哲学简史［M］．北京：民主与建设出版社，2021.09.

到唐诗、宋词、元曲，再到明清的诗词创作，每个时期都有独特的风格和成就。《诗经》是中国第一部诗歌总集，收录了西周初年至春秋中叶的诗歌，内容丰富，涵盖了爱情、劳动、战争、祭祀等诸多方面，其以四言诗为主，采用赋、比、兴的表现手法，语言简洁明快，韵律和谐优美，具有很高的艺术价值。如《关雎》，通过对男子追求女子过程的描写，展现了古代人民纯真的爱情观，“关关雎鸠，在河之洲。窈窕淑女，君子好逑①”，短短几句诗，将男子的爱慕之情表达得淋漓尽致。

《楚辞》则以屈原的作品为代表，具有鲜明的楚地文化特色，其想象丰富奇特，语言华丽绚烂，情感真挚深沉。屈原在《离骚》中，以浪漫主义的手法，抒发了自己对祖国的热爱和对理想的追求，“路漫漫其修远兮，吾将上下而求索②”成为千古名句，激励着无数后人在追求真理的道路上不断前行。

唐诗是中国诗歌发展的鼎盛时期，李白、杜甫、王维等众多诗人留下了大量经典之作。李白的诗豪放飘逸，充满了浪漫主义色彩，如《将进酒》中“君不见黄河之水天上来，奔流到海不复回③”，气势磅礴，展现出诗人豁达的胸怀和对人生的豪情壮志；杜甫的诗沉郁顿挫，反映了社会的现实和人民的疾苦，《茅屋为秋风所破歌》里“安得广厦千万间，大庇天下寒士俱欢颜④”，体现了诗人忧国忧民的高尚情怀。

宋词分为婉约派和豪放派，婉约派以柳永、李清照等为代

---

① 方铭校注．诗经精选［M］．北京：华龄出版社，2023. 05.

② （战国）屈原，（战国）宋玉著，廖晨星注译．楚辞［M］．武汉：崇文书局，2020. 06.

③ 上海辞书出版社文学鉴赏辞典编纂中心编．李白诗歌鉴赏辞典［M］．上海：上海辞书出版社，2024. 01.

④ 赵丽宏著．杜甫和草堂［M］．武汉：长江文艺出版社，2023. 09.

表，词风委婉细腻，多描写男女爱情和个人情感，李清照的《如梦令·常记溪亭日暮》“常记溪亭日暮，沉醉不知归路。兴尽晚回舟，误入藕花深处①”，用清新自然的语言描绘出少女时期的欢乐场景；豪放派以苏轼、辛弃疾为代表，作品气势恢宏，意境开阔，苏轼的《念奴娇·赤壁怀古》“大江东去，浪淘尽，千古风流人物②”，通过对赤壁古战场的描写，表达了对历史英雄的敬仰和对人生的感慨。

元曲包括散曲和杂剧，关汉卿、马致远等元曲作家创作出许多优秀作品。马致远的《天净沙·秋思》“枯藤老树昏鸦，小桥流水人家，古道西风瘦马。夕阳西下，断肠人在天涯③”，用简洁的语言勾勒出一幅深秋晚景图，抒发了游子的思乡之情。这些诗词歌赋不仅在当时广泛流传，而且对后世文学的发展产生了深远影响，成为中华民族文学宝库中璀璨的明珠。

（二）书法与绘画

中国书法是一门独特的艺术形式，以汉字为载体，通过笔墨的运用展现书法家的个性情感和审美追求。从殷商时期的甲骨文到金文、篆书、隶书、草书、楷书、行书，书法的字体不断演变，每种字体都有其独特的艺术风格。甲骨文是中国最早的成熟文字，其笔画简单、古朴，多刻在龟甲和兽骨上，记录了当时的占卜活动；篆书线条圆润流畅，结构对称规整，具有很高的装饰性；隶书的出现使汉字书写更加简便快捷，笔画变得更加规

① 孟祥静编．诗人与诗 李清照 花自飘零水自流［M］．北京：台海出版社，2022.01.

② 子金山著．苏东坡［M］．北京：华龄出版社，2023.02.

③ （元）关汉卿著，唐家龙译．元曲选［M］．北京：五洲传播出版社，2018.06.

整，蚕头燕尾的特征使其富有节奏感；草书则强调笔画的连绵和气势，书法家在书写时能够自由发挥，表达强烈的情感；楷书笔画规整，结构严谨，是日常生活和书法学习中最常用的字体；行书介于楷书和草书之间，兼具实用性和艺术性，书写流畅自然，如王羲之的《兰亭集序》被誉为“天下第一行书”，其字体飘逸洒脱，笔画之间呼应连贯，体现了极高的艺术水准，整篇作品不仅书法精妙，而且文字内容也充满了对人生的思考和感悟。

中国绘画注重意境的营造，分为人物画、山水画、花鸟画等多个门类。人物画以描绘人物形象和生活场景为主，早期的人物画多为宗教、政治服务，如东晋顾恺之的《洛神赋图》，以曹植的《洛神赋》为蓝本，通过细腻的笔触和丰富的色彩，生动地描绘了曹植与洛神之间浪漫而又凄美的爱情故事，人物形象栩栩如生，线条优美流畅，展现了画家高超的绘画技巧。山水画是中国绘画的重要组成部分，画家们通过描绘山水自然景观，表达对大自然的热爱和对人生的感悟。北宋范宽的《溪山行旅图》，以雄浑壮阔的笔触描绘出北方山水的雄伟气势，画面中高山巍峨，瀑布飞泻，行旅之人在山间小道上缓缓前行，使观者仿佛身临其境。花鸟画则以花鸟等动植物为题材，借物抒情，表达画家的情感和志趣，如清代八大山人的花鸟画，常常以独特的构图和夸张的手法，抒发自己内心的愤懑和对现实的不满。中国绘画强调笔墨的运用，通过笔墨的干湿、浓淡、疏密等变化来表现物体的形态和质感，追求意在笔先、画尽意在的境界，将画家的思想情感与自然物象融为一体。

（三）音乐、舞蹈与戏曲

中国古代音乐有着悠久的历史，从原始社会的简单乐器到后来的编钟、琴、瑟等复杂乐器，音乐的形式和内容不断丰富。古代音乐注重与自然、社会的和谐统一，“八音”分类法将乐器分为金、石、土、革、丝、木、匏、竹八类，不同的乐器演奏出不同的音色和情感。编钟是中国古代重要的打击乐器，曾侯乙编钟的出土震惊世界，其规模宏大，制作精美，能够演奏出丰富的旋律，展示了中国古代高超的青铜铸造技术和音乐水平。琴在中国古代文人心中有着特殊的地位，被视为高雅艺术的象征，伯牙与子期“高山流水遇知音”的故事流传千古，体现了音乐在人们精神交流中的重要作用。

中国舞蹈同样历史悠久，在不同的历史时期有着不同的表现形式。原始舞蹈多与祭祀、劳动等活动相关，通过简单的肢体动作表达人们对神灵的敬畏和对生活的热爱。随着时间的推移，舞蹈逐渐发展为具有一定表演性质的艺术形式，如唐代的宫廷舞蹈，风格华丽大气，动作优美舒展，融合了音乐、诗歌等多种艺术元素，展现了大唐盛世的繁荣景象。

戏曲是中国传统艺术的集大成者，融合了音乐、舞蹈、文学、美术等多种艺术形式。京剧是中国戏曲的代表剧种，形成于清代，其唱腔优美，表演细腻，角色行当分为生、旦、净、丑四大类，每个行当都有独特的表演风格和技巧。京剧的脸谱艺术极具特色，通过不同颜色和图案的脸谱来表现人物的性格特征，如红脸代表忠勇，白脸代表奸诈等。除京剧外，还有越剧、豫剧、黄梅戏等众多地方戏曲剧种，它们各具特色，反映了不同地区的文化风情和人民的生活状态。越剧以其委婉细腻的唱腔和优美的表演风格深受观众喜爱，代表剧目《梁山伯与祝英台》讲述了一段感人至深的爱情故事；黄梅戏则以清新自然的风格和通俗易懂的唱词赢得了广大观众的喜爱，《天仙配》中“树上的鸟儿成双对，绿水青山带笑颜①”的唱段家喻户晓。

三、科技工艺

（一）四大发明

造纸术、印刷术、火药、指南针被誉为中国古代的四大发明，对世界文明的发展产生了深远影响。造纸术发明前，人们使用竹简、丝绸等记录文字，竹简笨重，丝绸昂贵，都不利于文化的传播。东汉蔡伦改进造纸术，用树皮、麻头、破布等原料制造出轻便、廉价的纸张，大大促进了信息的记录和传播，使得知识能够更广泛地流传，为文化的传承和发展奠定了基础。

印刷术经历了从雕版印刷到活字印刷的发展过程。雕版印刷在唐代已广泛应用，它将文字或图像雕刻在木板上，然后涂上墨汁进行印刷，这种印刷方式虽然提高了复制效率，但存在着刻板制作耗时、成本高且不易修改等缺点。北宋毕昇发明活字印刷术，用胶泥制成活字，排版印刷，大大提高了印刷效率，降低了成本，使书籍的大量印刷成为可能，推动了文化的传播和学术的繁荣。

火药是中国古代炼丹家在炼丹过程中偶然发现的，唐代时火药开始应用于军事领域，出现了火药武器，如火球、火炮等。火药传入欧洲后，对欧洲的军事、工业等产生了巨大影响，改变了战争的方式和社会的发展进程。

指南针在战国时期被称为司南，是利用天然磁石制成的指示方向的仪器。随着技术的发展，指南针逐渐演变成更加精确的航

① 徐高生主编．中国黄梅戏优秀唱腔全集［M］．合肥：安徽文艺出版社，2020.01.

海仪器，为中国古代的航海事业提供了重要保障。在宋代，指南针广泛应用于航海，中国的商船凭借指南针远航至东南亚、南亚、阿拉伯半岛乃至非洲东海岸，促进了中外贸易和文化交流，也为世界航海事业的发展做出了重要贡献。

（二）天文历法

中国古代天文学成就斐然，古人通过长期的观测和记录，积累了丰富的天文知识。早在夏朝，就有关于天象的记载，《夏小正》中记录了一年中不同时节的星象和物候变化。战国时期的甘德和石申分别著有《甘石星经》，是世界上最早的天文学著作之一，书中记录了大量恒星的位置和名称。

为了更好地指导农业生产和社会生活，中国古代制定了完善的历法。农历是中国传统历法，它兼顾了太阳和月亮的运行周期，以朔望月为一个月，以回归年为一年，通过设置闰月来调整两者之间的差异。农历中包含了二十四节气，每个节气都对应着特定的气候和物候变化，如“春雨惊春清谷天，夏满芒夏暑相连，秋处露秋寒霜降，冬雪雪冬小大寒①”，生动地概括了一年中二十四个节气的顺序和特点。二十四节气准确地反映了季节的变化，指导着农民进行播种、收获等农事活动，对中国农业的发展起到了至关重要的作用。

古代还建造了许多天文观测仪器，如浑仪、简仪等。浑仪是一种复杂的天文观测仪器，能够测量天体的位置、运动等多种参数；简仪则是在浑仪的基础上简化改进而来，提高了观测的精度和效率。这些天文仪器不仅体现了中国古代高超的科技水平，也

---

① 秋霖．图说二十四节气与北方农事［M］．西安：西北大学出版社，2021. 11.

为天文学的发展提供了重要的工具。

（三）建筑与手工艺

中国传统建筑具有独特的风格和丰富的文化内涵，从宫殿、寺庙到民居，都体现了中国人的审美观念和哲学思想。宫殿建筑是古代皇权的象征，规模宏大，气势恢宏，如北京故宫，作为明清两代的皇家宫殿，其建筑布局严格遵循中轴线对称原则，红墙黄瓦，金碧辉煌，彰显了皇家的威严和尊贵。宫殿中的建筑装饰精美，采用了木雕、石雕、砖雕等多种工艺，图案丰富多样，寓意吉祥。

寺庙建筑则充满了宗教氛围，多选址在风景秀丽的山林之中，追求与自然的和谐统一。中国的佛教寺庙建筑融合了中国传统建筑风格和佛教文化元素，如大雄宝殿是寺庙的核心建筑，供奉着佛像，建筑造型庄重肃穆。寺庙中的塔也是重要的建筑形式，不同类型的塔有着不同的用途和造型，如楼阁式塔、密檐式塔等，它们不仅是宗教信仰的象征，也具有很高的艺术价值。

民居建筑因地域、民族的不同而各具特色。北方的四合院，以庭院为中心，房屋围绕庭院布局，体现了家族聚居的特点，同时也注重防寒保暖；南方的徽派建筑，以白墙黑瓦为主要特色，建筑造型错落有致，马头墙不仅具有防火功能，还增添了建筑的美感。此外，福建的土楼、陕北的窑洞等都是具有代表性的民居建筑，它们反映了当地的自然环境、社会文化和生活方式。

中国古代手工艺精湛，涵盖了陶瓷、丝绸、刺绣、玉器等多个领域。陶瓷是中国的伟大发明之一，中国的陶瓷制作历史悠久，技术高超。从原始的彩陶到后来的青瓷、白瓷、青花瓷等，陶瓷的种类不断丰富，工艺水平不断提高。宋代是中国陶瓷发展的鼎盛时期，汝窑、官窑、哥窑、钧窑、定窑五大名窑的瓷器各具特色，造型优美，质地精良，装饰精美，不仅在中国备受推崇，还远销海外，成为中国文化的代表符号之一。

丝绸是中国传统的纺织品，以其柔软光滑的质地和绚丽多彩的图案而闻名于世。中国的丝绸生产技术早在汉代就已经相当成熟，通过丝绸之路，丝绸源源不断地运往中亚、欧洲等地，受到了各国人民的喜爱。丝绸的制作工艺复杂，包括养蚕、缫丝、织造、印染等多个环节，每个环节都凝聚着工匠们的智慧和心血。刺绣作为丝绸装饰的重要手段，针法多样，图案精美，苏绣、湘绣、蜀绣、粤绣被誉为中国四大名绣，它们各具独特的风格和特点，苏绣以精细素雅著称，湘绣色彩鲜艳、针法多变，蜀绣针法严谨、富有立体感，粤绣构图饱满、针法明快。

玉器在中国文化中具有特殊的地位，被视为吉祥、美好、高贵的象征。中国古代玉器制作工艺源远流长，从新石器时代的简单玉器到后来造型复杂、工艺精湛的玉器，反映了中国古代玉器制作技术的不断发展。玉器的雕刻题材广泛，包括人物、动物、植物、几何图案等，雕刻工艺细腻，线条流畅，能够将玉石的天然之美与工匠的精湛技艺完美结合。

四、民俗传统

（一）传统节日

中国传统节日作为中华民族文化的重要标识，深深扎根于历史长河，承载着丰富的文化内涵与民族情感。春节，作为中华民族最为隆重的传统佳节，其历史可追溯至远古时期的岁首祭祀仪式，蕴含着辞旧迎新、祈福纳祥的美好愿景。进入腊月，年味儿便逐渐浓郁起来，人们开始忙碌地筹备年货，打扫房屋，寓意着除旧布新。到了除夕，阖家团圆，共品年夜饭，饭桌上摆满了象征吉祥如意的美食，如鱼代表年年有余、饺子形似元宝寓意招财进宝等。一家人围坐在一起守岁，共同迎接新的一年。大年初一，人们穿着新衣，走亲访友，互道新年祝福，传递着亲情与温暖。期间，放鞭炮、贴春联、挂年画等习俗，营造出热闹非凡的节日氛围，寄托着人们对美好生活的向往。

元宵节，在每年农历正月十五，是春节后的第一个重要节日。这一天人们会举行赏花灯活动，街头巷尾挂满了各式各样的花灯，五彩斑斓、造型各异，有寓意吉祥的福字灯、生动可爱的生肖灯，还有蕴含神话故事的人物灯，将夜晚装点得绚丽多彩。猜灯谜是元宵节独具特色的活动，人们把谜语写在纸条上，贴在花灯上，供人猜射，既充满趣味，又考验智慧，为节日增添了浓厚的文化氛围。而吃元宵则是元宵节的重要习俗，元宵由糯米粉制成，内馅多样，如芝麻、豆沙、花生等，口感软糯香甜，象征着团圆美好。

清明节，兼具自然节气与传统节日的双重属性。它是二十四节气中标志着仲春和暮春之交的重要时节，此时大地回春、万物复苏，人们纷纷外出踏青，欣赏大自然的美景，感受生命的律动。同时清明节也是传统的祭祖节日，人们怀着崇敬与思念之情，前往祖先墓地扫墓，清扫墓碑、敬献鲜花、供奉祭品，以表达对先人的缅怀与追思，传承着家族的记忆与孝道文化。

端午节，于农历五月初五举行，最初源于自然天象崇拜，后因战国时期爱国诗人屈原在这一天投江自尽，人们为纪念他，使端午节的内涵更为丰富。节日期间，赛龙舟是一项极具特色的活动，多支龙舟队伍在江河湖面上展开激烈角逐，鼓手敲打着节奏，船员们齐心协力划桨，龙舟如离弦之箭般飞驰在水面上，水花飞溅，场面壮观，充分展现了团结协作、奋勇争先的精神。吃粽子也是端午节的重要习俗，用粽叶包裹糯米、红枣、肉类等食材，蒸煮而成的粽子口味多样，不仅是美味的食物，更象征着对屈原的怀念。此外挂艾草、佩香囊等习俗也流传至今，艾草散发的特殊气味可以驱虫辟邪，保佑家人平安健康；香囊内装着香料，造型精美，色彩鲜艳，佩戴在身上有驱虫祈福之意，还承载着人们对美好生活的期盼。

中秋节，在农历八月十五，正值三秋之半，故名中秋。中秋节以月之圆兆人之团圆，寄托着人们思念故乡、亲人之情，祈盼丰收、幸福之意。节日当晚，人们会摆上月饼、水果等祭品，举行祭月仪式，表达对月神的敬意与感恩。祭月之后，全家人围坐在一起，一边品尝着香甜的月饼和新鲜的水果，一边欣赏着皎洁的明月，共享天伦之乐。月饼作为中秋节的代表性美食，种类繁多，有广式、苏式、京式等不同口味，其形状圆润，寓意团圆。在一些地方，还有舞火龙、玩花灯等特色活动，增添了节日的欢乐氛围。

（二）民间信仰与祭祀仪式

中国民间信仰丰富多样，融合了儒、释、道等多种思想元素，反映了人们对美好生活的向往和对自然、祖先、神灵的敬畏。祖先崇拜是民间信仰的重要组成部分，在许多家族中，都设有祠堂，用于供奉祖先牌位。每逢重要节日或家族大事，族人都会齐聚祠堂，举行庄重的祭祀仪式。在祭祀过程中，人们遵循严格的礼仪规范，上香、敬酒、献供品，祈求祖先保佑家族平安、兴旺，传承家族的血脉与文化。

土地神信仰在民间也十分普遍，土地神被视为掌管一方土地的神灵，与人们的农业生产和日常生活息息相关。在广大农村地区，常常能看到土地庙，虽然规模较小，却承载着村民们的希望。农民们在播种、收获等重要时节，会前往土地庙祭祀，祈求土地神保佑庄稼丰收、风调雨顺。此外，还有财神、灶神等诸多民间神灵，人们在相应的日子里举行祭祀活动。如春节期间迎财神，希望新的一年财源广进；腊月二十三送灶神，人们会在灶台上摆上糖果等供品，希望灶神“上天言好事，回宫降吉祥①”，保佑家庭平安、生活顺遂。

在一些特定的地域和民族，还有独特的祭祀仪式。例如，云南彝族的火把节，除了有盛大的篝火晚会、斗牛、摔跤等活动外，祭祀火神也是重要环节。人们认为火神能驱邪避灾、带来光明和希望，在火把节期间，通过祭祀火神，祈求生活红红火火、幸福安康。这些民间信仰和祭祀仪式，不仅是一种精神寄托，也成了维系社会关系、传承地域文化的重要纽带。

（三）民间技艺

中国民间技艺是劳动人民智慧的结晶，种类繁多，涵盖了生活的各个方面，具有独特的艺术魅力和实用价值。剪纸作为一种古老的民间艺术，历史悠久，流传广泛。民间艺人仅用一把剪刀，就能在一张普通的彩纸上创作出精美的图案，如花鸟鱼虫、人物故事、吉祥符号等。剪纸作品风格多样，北方剪纸粗犷豪放、质朴夸张，南方剪纸则细腻精巧、秀丽典雅。剪纸常用于春节、婚礼等喜庆场合，贴在窗户、门上，为节日增添喜庆氛围，同时也表达了人们对美好生活的祝福。

刺绣是中国民间传统手工艺之一，针法丰富多样，有齐针、套针、抢针等几十种。各地刺绣风格各异，苏绣以精细雅洁著称，绣品图案秀丽、针法活泼；湘绣色彩鲜艳、针法多变，擅长表现动物的神态；蜀绣针法严谨、针脚平齐，富有立体感；粤绣

---

① 兰玲著．乡音不改［M］．北京：商务印书馆，2019.10.

构图饱满、针法明快，装饰性强。刺绣作品广泛应用于服饰、手帕、屏风等物品上，使其兼具实用价值与艺术价值，展现了中国传统工艺的精湛技艺。

木雕在中国民间艺术中占据重要地位，艺人以各种木材为原料，通过圆雕、浮雕、透雕等手法，将木材雕刻成精美的艺术品。木雕题材广泛，有神话传说、历史故事、花鸟山水等，作品或用于建筑装饰，如门窗、梁柱上的木雕图案，使建筑更具艺术美感；或制成摆件、家具等，供人欣赏和使用。东阳木雕、潮州木雕等都是木雕艺术中的佼佼者，以其精湛的工艺和独特的风格闻名遐迩。

此外还有糖画、面塑、风筝制作等众多民间技艺。糖画以糖为材料，通过勺子舀起融化的糖汁，在石板上快速浇铸、绘制，冷却后便形成栩栩如生的动物、花卉等造型，深受孩子们喜爱；面塑艺人用面粉、糯米粉等原料，经过揉、捏、搓、掀等手法，再用小竹刀巧妙点、切、刻、划，塑成各种人物、动物形象，色彩鲜艳，造型逼真；风筝制作融合了绘画、剪纸、竹编等多种技艺，形态各异，有蝴蝶、蜈蚣、老鹰等，在春风中放飞风筝，不仅是一项娱乐活动，也承载着人们对美好生活的向往和追求。这些民间技艺代代相传，成为中国传统文化的重要组成部分，见证了中华民族的创造力和审美情趣。

第二节　中国文化的重要价值

中国文化源远流长、博大精深，历经数千年的传承与发展，在中华民族的历史进程中占据着举足轻重的地位，同时对世界文化的丰富和发展也贡献了独特价值。在全球化不断深入的当今时代，深入剖析中国文化的重要性，对于理解中华民族的发展脉络、把握国家未来走向以及推动人类文明进步都具有深远意义。

一、国家发展的强大动力与坚实根基

（一）凝聚民族认同，强化国家向心力

中国文化是中华民族身份认同和凝聚力的核心源泉。自华夏文明诞生之初，在漫长的历史演进过程中，各地区、各民族文化相互交融、相互促进，逐渐形成了以儒家文化为主体，融合道家、法家、墨家等诸多思想流派的多元一体文化格局。这种独特的文化体系，深深烙印在每一个中华儿女的心中，成为凝聚民族情感的强大纽带。

儒家所倡导的家国情怀，将个人命运与家庭、国家紧密相连，“修身齐家治国平天下①”的理念世代相传，激励着无数仁人志士为国家的繁荣富强、民族的尊严独立而不懈奋斗。在历史的长河中，每当中华民族面临内忧外患的艰难时刻，正是这种基于文化认同的强大向心力，让全体中华儿女众志成城、共克时艰。无论是古代抵御外敌入侵的战争，还是近代抗击列强侵略、争取民族解放的伟大斗争，中国人民始终团结一心，凭借着对民族文化的深厚情感和坚定信念，一次次战胜困难，维护了国家的统一和民族的尊严。

这种文化认同还体现在对传统节日、民俗习惯、语言文字等文化符号的共同传承和热爱上。春节作为中华民族最重要的传统节日，承载着团圆、祈福、传承等丰富内涵，无论身处世界何

---

① 郭庆祥著．中华经典与智慧［M］．北京：东方出版社，2012.03.

处，中华儿女都会在春节期间通过各种方式庆祝，共同感受那份浓厚的亲情和民族情感。语言文字作为文化的重要载体，更是民族认同的鲜明标志，汉字独特的表意性和丰富的文化内涵，见证了中华民族的历史变迁，维系着全体中华儿女的情感联系，成为凝聚民族向心力的关键因素。

（二）提供精神指引，激发创新创造活力

中国文化蕴含着丰富的思想智慧和精神力量，为国家发展提供了源源不断的精神动力和创新源泉。中国古代的哲学思想，如儒家的“仁爱”“中庸”、道家的“道法自然”、墨家的“兼爱非攻”等，不仅为人们的行为规范和道德准则提供了指导，还蕴含着深刻的辩证思维和创新意识，对后世产生了深远影响。

在科技领域，中国古代的四大发明——造纸术、印刷术、火药、指南针，充分展现了中华民族的创新能力和智慧结晶。这些发明不仅推动了中国古代社会的进步和发展，还对世界文明的进程产生了巨大的推动作用。造纸术和印刷术的发明，使得知识的传播变得更加便捷，促进了文化的传承和发展；火药的应用改变了战争的方式，推动了军事技术的进步；指南针的发明为航海事业的发展提供了重要保障，促进了国际贸易和文化交流。

在现代社会，中国文化所倡导的创新精神依然激励着广大科技工作者勇攀科技高峰。从“两弹一星”的成功研制到载人航天、探月工程、量子通信等领域取得的重大突破，中国在科技领域的飞速发展，离不开中国文化中勇于探索、敢于创新的精神滋养。中国传统文化中对知识的尊重、对智慧的追求，以及“天行健，君子以自强不息①”的进取精神，都为科技创新提供了强大

① 宋会群著．《周易》与中国文化［M］．北京：华夏出版社，2022.10.

的精神动力，激发了科研人员的创新创造活力，推动着中国在科技领域不断取得新的成就，为国家的现代化建设提供了坚实的科技支撑。

（三）塑造国家形象，提升国家文化软实力

在全球化的时代背景下，中国文化成为塑造国家形象、提升国家文化软实力的重要窗口和关键力量。中国文化以其独特的魅力和深厚的内涵，在国际舞台上吸引着越来越多的关注目光，为世界了解中国提供了丰富的视角和内容。

中国的传统艺术，如京剧、武术、书法、绘画等，作为中国文化的瑰宝，在国际上享有盛誉，成为传播中国文化、展示国家形象的重要名片。京剧以其精美的服饰、独特的唱腔和精湛的表演技艺，展现了中国戏曲艺术的独特魅力，让世界领略到中国传统文化的博大精深；武术不仅是一种强身健体的运动，更蕴含着深刻的哲学思想和文化内涵，其在全球范围内的广泛传播，使“中国功夫”成为中国文化的一个标志性符号；书法和绘画则以独特的艺术表现形式，展现了中国文人的审美情趣和精神追求，体现了中国文化的独特韵味和艺术价值。

随着中国经济的快速发展和国际地位不断提高，中国现代文化产品也逐渐走向世界舞台，在国际文化市场上崭露头角。中国的电影、音乐、文学作品等，通过独特的叙事方式和艺术表达，向世界展示了当代中国的社会风貌、价值观念和文化特色。一些中国电影在国际电影节上屡获大奖，受到了国际观众的广泛好评，不仅提升了中国电影的国际影响力，也让世界更加深入地了解了中国的历史文化和当代社会；中国的文学作品在国际上的翻译和传播数量不断增加，莫言、刘慈欣等作家的作品在国际上受到高度关注，为世界读者打开了一扇了解中国文学和中国文化的

窗户。这些现代文化产品的传播，进一步丰富了中国文化在国际上的形象，提升了中国的国家文化软实力，增强了中国在国际文化领域的话语权和影响力。

二、社会和谐稳定的有力保障

（一）构建道德规范体系，促进社会有序运行

中国文化中的伦理道德观念是构建社会道德规范体系的重要基石，对维护社会秩序、促进社会和谐发挥着至关重要的作用。儒家思想作为中国传统文化的主流，其倡导的“仁、义、礼、智、信”等道德准则，贯穿中国社会的各个层面，成为人们日常生活中遵循的基本行为规范。

“仁”是儒家思想的核心，强调人与人之间要相互关爱、尊重和包容，“己所不欲，勿施于人、己欲立而立人，己欲达而达人①”等思想，教导人们要以善良和宽容的心态对待他人，培养人们的同情心和爱心；“义”则要求人们在面对是非善恶时，要坚守正义，做出正确的价值判断和行为选择；“礼”规范了社会的礼仪制度和行为规范，从家庭中的长幼有序到社会交往中的各种礼仪规范，“礼”确保了社会秩序的有序运行；“智”鼓励人们追求知识和智慧，提高自身的道德修养和认知水平，以便更好地分辨是非善恶；“信”强调诚实守信，是人际交往和社会合作的基础，只有建立在诚信基础上的社会关系，才能稳定持久。

这些伦理道德观念通过家庭教育、学校教育、社会舆论等多种方式传承和弘扬，深入人们的内心深处，成为人们自觉遵守的

---

① 徐会连作．中庸之道对自然科学的启示［M］．北京：研究出版社，2024.01.

行为准则。在传统社会中，家族长辈通过言传身教，将这些道德观念传授给晚辈，培养他们的品德修养；在学校教育中，无论是古代的私塾教育还是现代的学校教育，都将道德教育放在重要位置，通过经典诵读、品德课程等方式，引导学生树立正确的价值观和道德观；社会舆论也对人们的道德行为进行监督和评价，对符合道德规范的行为给予赞扬和鼓励，对违背道德的行为进行谴责和批评。通过这种全方位、多层次的传承和弘扬机制，中国文化中的伦理道德观念深入人心，为社会的和谐稳定奠定了坚实的道德基础。

（二）促进社会融合与交流，增强社会凝聚力

中国文化具有强大的包容性和融合性，这种特性使得不同地区、不同民族、不同阶层的人们能够在共同的文化基础上相互交流、相互理解、相互融合，促进了社会的和谐发展，增强了社会的凝聚力。

在中国历史上，各民族文化在长期的交流互动中相互借鉴、相互吸收，共同创造了灿烂的中华文化。例如汉族与少数民族在经济、文化、生活等方面的交流十分频繁，少数民族的服饰、饮食、音乐、舞蹈等文化元素逐渐融入汉族文化中，同时汉族的先进生产技术、文化艺术也传播到少数民族地区，促进了各民族的共同发展和进步。这种文化上的融合不仅丰富了中华文化的内涵，还增进了各民族之间的感情联系，形成了你中有我、我中有你、谁也离不开谁的多元一体格局。

在现代社会，随着城市化进程的加快和社会流动的加剧，不同地域、不同背景的人们聚集在城市中，中国文化的包容性和融合性依然发挥着重要作用。各地的方言、饮食、习俗等文化特色在城市中相互碰撞、相互交流，形成了丰富多彩的城市文化景

观。同时中国文化所倡导的“和而不同”理念，鼓励人们在尊重差异的基础上相互学习、相互合作，促进了不同群体之间的和谐共处。在社区生活中，人们通过参与各种文化活动，分享彼此的文化经验和生活故事，增进了邻里之间的感情，增强了社区的凝聚力和归属感，这种社会融合与交流，打破了地域、民族和阶层的界限，使整个社会形成一个有机的整体，共同推动社会的发展和进步。

（三）调节社会矛盾，维护社会和谐稳定

中国文化中的和谐思想和处世哲学为调节社会矛盾、维护社会和谐稳定提供了有效的方法和途径。中国文化强调“和为贵”“中庸之道”，主张在处理问题时要寻求平衡与和谐，避免极端和冲突，这种思想贯穿中国社会的各个方面，对缓解社会矛盾、维护社会稳定起到了积极的作用。

在人与自然的关系上，中国文化倡导“天人合一”的理念，认为人类是自然的一部分，应该尊重自然、顺应自然、保护自然，实现人与自然和谐共生，这种思想促使人们树立正确的生态观，注重可持续发展，避免因过度开发和破坏自然环境而引发的生态危机和社会矛盾。在现代社会，随着环境问题的日益严峻，“天人合一”的思想为解决生态环境问题提供了重要的理论依据和价值导向，引导人们在发展经济的同时，注重环境保护，实现经济发展与生态保护的良性互动。

在人际关系方面，当出现矛盾和冲突时，中国文化倡导以和为贵、相互包容的态度。人们通常会运用“中庸之道”，通过沟通、协商、妥协等方式，寻求双方都能接受的解决方案，避免矛盾的激化。在家庭关系中，强调家庭成员之间要相互尊重、相互理解、相互支持，当出现分歧时，通过沟通交流来化解矛盾，维

护家庭的和谐稳定；在社会交往中，人们注重“和而不同”，尊重他人的观点和选择，以平和的心态对待差异，避免因意见不合而产生冲突。这种和谐思想和处世哲学，有助于营造和谐的人际关系和社会氛围，维护社会的稳定与和谐。

三、人类文明进步的重要推动力量

（一）贡献独特思想理念，丰富人类智慧宝库

中国文化蕴含着丰富而深刻的思想理念，这些思想理念不仅为破解本国发展问题提供动力，而且为人类认识世界、改造世界提供了独特的视角和智慧，对人类文明的进步产生了重要影响（李利平，2021）。中国古代哲学思想，如儒家、道家、法家、墨家等诸子百家的思想，各具特色，蕴含着深邃的智慧和对人生、社会、自然的深刻思考，为人类思想的发展做出了重要贡献。

儒家思想强调人的道德修养和社会责任，其倡导的“仁爱”思想，主张关爱他人、尊重生命，这种价值观对于构建和谐的人际关系和社会秩序具有重要意义。在当今全球化的时代背景下，“仁爱”思想有助于促进不同国家、不同民族之间的相互理解、相互尊重和友好交往，推动构建人类命运共同体。儒家的“中庸”思想，追求万事万物的平衡与和谐，反对极端，为人们处理复杂问题提供了一种理性的思维方式，在现代社会的管理、决策等方面具有重要的借鉴价值。

道家思想以“道”为核心，强调顺应自然、无为而治，其“道法自然”的观点，提醒人们要尊重自然规律，不要过度干预自然，对于现代社会的生态环境保护和可持续发展具有重要的启示作用。道家追求个体精神自由的思想，也为人们在快节奏、高压力的现代生活中寻求内心的宁静和平衡提供了精神寄托。

此外中国的传统医学、天文学、数学等领域也蕴含着独特的思想和方法。中医以阴阳五行学说为理论基础，强调人体的整体性和平衡性，通过辨证论治的方法来治疗疾病，其独特的医学理念和治疗手段为人类健康事业做出了重要贡献；中国古代天文学对天体运行规律的观测和研究，不仅为农业生产和社会生活提供了指导，还在世界天文学发展史上留下了光辉的篇章；中国古代数学在代数、几何等领域取得了显著成就，如《九章算术》等数学著作，体现了中国古代数学家的智慧和创新精神，对世界数学的发展产生了积极影响。这些思想理念和科学成就，丰富了人类的智慧宝库，为人类文明的进步提供了宝贵的精神财富。

（二）丰富世界文化多样性，促进文化交流互鉴

中国文化作为世界文化的重要组成部分，以其独特的魅力和丰富的内涵，极大地丰富了世界文化的多样性，为世界文化的繁荣发展做出了重要贡献。世界文化是由不同国家、不同民族的文化共同构成的，每一种文化都有其独特的价值和魅力，而中国文化正是其中一颗璀璨的明珠。

中国的传统节日，如春节、中秋节、端午节等，具有浓厚的文化底蕴和独特的庆祝方式，成为世界文化多样性的生动体现。春节期间，贴春联、吃年夜饭、放鞭炮、拜年等传统习俗，不仅表达了人们对新年的美好祝福，还承载着中华民族的历史记忆和文化传承，吸引了越来越多的外国人参与和体验；中秋节的赏月、吃月饼等习俗，寓意着团圆和美好，传递着浓浓的亲情和友情；端午节的赛龙舟、吃粽子等活动，纪念着伟大的爱国诗人屈原，展现了中华民族的爱国主义精神和文化传统。这些传统节日不仅是中国人民的精神寄托，也为世界各国人民提供了了解中国文化的窗口，丰富了世界文化的多样性。

中国的民间艺术，如剪纸、刺绣、皮影戏、民间音乐、民间舞蹈等，以其精湛的技艺和丰富的题材，深受世界各国人民的喜爱。剪纸艺术以其简洁明快的造型和寓意深刻的图案，展现了中国民间艺人的智慧和创造力；刺绣工艺以其细腻的针法和绚丽的色彩，体现了中国传统文化的精致与典雅；皮影戏作为一种古老的民间艺术形式，通过生动的表演讲述着中国的历史故事和民间传说，具有独特的艺术魅力；民间音乐和民间舞蹈则以其独特的旋律和舞姿，反映了中国各地的风土人情和民族特色。这些民间艺术形式不仅在中国广泛流传，还走出国门，在国际舞台上展示中国文化的独特魅力，促进了世界文化的交流与融合。

在文化交流互鉴方面，中国文化始终保持着开放包容的态度，积极与世界各国文化进行交流与合作。自古以来，中国就通过丝绸之路等途径与中亚、西亚、欧洲等地进行文化交流，传播了中国的丝绸、瓷器、茶叶等物质文化，同时也吸收了外来文化的精华，如佛教文化的传入，经过长期的融合与发展，成为中国文化的重要组成部分。在现代社会，随着全球化的深入发展，中国与世界各国的文化交流更加频繁，通过举办各类文化活动、艺术展览、学术交流等，中国文化与世界文化相互碰撞、相互学习、相互促进，共同推动了世界文化的繁荣发展。

（三）助力解决全球问题，推动人类社会可持续发展

在全球化的时代背景下，人类面临着诸多共同的挑战和问题，如气候变化、环境污染、资源短缺、地区冲突等。中国文化所蕴含的价值观念和思想智慧，为解决这些全球问题提供了有益的思路和方法，对推动人类社会的可持续发展具有重要意义。

面对生态环境问题，中国文化中的“天人合一”“道法自然”等思想理念，强调人与自然和谐共生，为可持续发展理念提

供了深厚的文化基础。中国积极践行绿色发展理念，将生态文明建设纳入国家发展战略，推动经济社会发展全面绿色转型。在应对气候变化方面，中国提出了碳达峰、碳中和目标，并采取了一系列切实可行的措施，如大力发展可再生能源、推进节能减排、加强生态保护修复等。中国的这些努力不仅为全球生态环境保护做出了重要贡献，也为其他国家提供了可借鉴的经验和模式。

在处理国际关系和解决地区冲突方面，中国文化倡导的“和为贵”“以和为美”“协和万邦”等理念，主张通过和平协商、对话合作的方式解决问题，反对霸权主义和强权政治，为构建和谐世界提供了价值导向。中国在国际事务中始终坚持和平共处五项原则，积极参与国际维和、人道主义救援等行动，为维护世界和平与稳定发挥了重要作用。在解决地区冲突时，中国秉持客观公正的立场，积极劝和促谈，推动各方通过对话协商解决分歧，为地区的和平与发展贡献了中国智慧和中国方案。

此外，中国文化中的“天下为公”“大同”思想，体现了一种追求人类共同幸福、构建美好社会的崇高理想，与当今人类命运共同体的理念相契合。在全球发展不平衡不充分的背景下，中国积极推动“一带一路”建设，加强与沿线国家的经济合作与文化交流，促进共同发展、实现共同繁荣，为推动全球治理体系变革、构建人类命运共同体注入了强大动力。

第三节 中国文化国际传播的重要意义

在全球化深入发展的时代背景下，不同国家和地区之间的联系日益紧密，文化作为一种重要的软实力，在国际交流与合作中发挥着愈发关键的作用。中国文化源远流长、博大精深，其国际传播不仅对中国自身的发展意义非凡，也为世界文化的繁荣和人类文明的进步做出了积极贡献。

一、提升国家文化软实力

（一）增强国际文化影响力

中国文化国际传播是提升国家文化软实力的重要途径，能够显著增强中国在国际上的文化影响力。中国拥有上下五千年的悠久历史，积累了丰富而独特的文化资源，涵盖哲学思想、文学艺术、科技发明、传统节日等多个领域，这些文化瑰宝通过国际传播，为世界文化和整个人类的文明与进步做出了卓越贡献（黄会林，2012）。

中国的传统节日在国际上的影响力不断扩大。春节作为中华民族最重要的传统节日，如今已成为全球范围内具有广泛影响力的文化盛事。每逢春节，许多国家的城市都会举办丰富多彩的庆祝活动，如纽约的春节大游行、悉尼的春节烟花表演等，吸引了大量当地民众参与。在这些活动中，舞龙舞狮、贴春联、吃年夜饭等传统习俗得以展示，让外国友人亲身感受到中国春节的欢乐氛围和深厚文化内涵。这不仅增进了他们对中国文化的了解，也使春节逐渐成为世界人民共同庆祝的节日，极大地提升了中国文化在国际上的知名度和影响力。

中国的武术文化在全球范围内的传播也取得了显著成效。以李小龙、成龙等为代表的中国功夫明星，通过电影等媒介将中国武术推向世界，使“中国功夫”成为中国文化的一张亮丽名片。世界各地纷纷开设武术学校和俱乐部，吸引了众多武术爱好者学习中国武术。武术不仅是一种强身健体的运动，更蕴含着丰富的哲学思想和文化内涵，如“以和为贵”“刚柔并济”等理念，这些都随着武术的传播被世界所认知，进一步提升了中国文化的国际影响力。

（二）塑造良好国家形象

文化是国家形象的重要载体，中国文化国际传播有助于塑造积极、正面的国家形象。中国文化中蕴含的价值观念、审美情趣和人文精神，能够向世界展示中国的精神风貌和发展理念。中国文化强调“和为贵”“天人合一”，这种追求和谐、注重人与自然和谐共生的理念，在国际传播中传递出中国热爱和平、追求可持续发展的国家形象。

中国的传统艺术在塑造国家形象方面发挥着独特作用。书法、绘画作为中国传统艺术的重要代表，展现了中国人独特的审美追求和艺术创造力。中国书法以汉字为载体，通过笔墨的运用表达书法家的情感和意境，具有极高的艺术价值。许多外国友人对中国书法产生浓厚兴趣，通过学习书法，他们不仅领略到中国艺术的魅力，也感受到中国文化的博大精深。中国绘画注重意境的营造，无论是山水画中展现的山水意境，还是花鸟画中传达的生命情趣，都体现了中国人对自然和生活的热爱。这些传统艺术在国际上的展示和传播，让世界看到了中国文化的高雅与独特，有助于提升中国在国际上的文化形象。

中国的现代文化产品也在国际舞台上逐渐崭露头角，为塑造国家形象做出贡献。中国电影近年来在国际电影节上屡获佳绩，一些反映中国社会现实和文化特色的电影作品，如《卧虎藏龙》《英雄》等，不仅在票房上取得成功，还向世界展示了中国的历史文化、社会风貌和中国人的精神世界。这些电影通过精彩的故事和独特的视觉呈现，让外国观众对中国有了更深入的认识，有助于消除国际上对中国的误解和偏见，塑造一个开放、多元、充满活力的国家形象。

（三）提升文化产业竞争力

中国文化国际传播为文化产业的发展提供了广阔的空间，有助于提升中国文化产业的竞争力。随着中国文化在国际上的影响力不断扩大，对中国文化产品和服务的需求也日益增长，这为中国文化产业带来了新的发展机遇。

在影视领域，中国电影和电视剧在国际市场上的表现越来越出色。一些具有中国特色的影视作品，如古装剧、武侠剧等，凭借精彩的剧情、精美的制作和独特的文化元素，受到了海外观众的喜爱，这些作品不仅在东南亚、日韩等亚洲国家和地区广受欢迎，还逐渐打入欧美市场。中国的动漫产业也在国际上崭露头角，一些具有中国文化特色的动漫作品，如《哪吒之魔童降世》《哪吒之魔童闹海》《姜子牙》等，在国际动漫市场上获得了较高的关注度和口碑。这些作品将中国传统文化元素与现代动漫技术相结合，创造出了具有独特魅力的动漫形象和故事，吸引了众多外国观众，为中国动漫产业的发展开辟了新的道路。

文化旅游也是中国文化产业的重要组成部分，中国文化国际传播促进了文化旅游的发展。越来越多的外国游客被中国丰富的文化资源所吸引，前来中国旅游观光。他们游览故宫、长城、兵马俑等历史文化古迹，体验中国的传统文化和民俗风情，这不仅推动了中国旅游业的发展，也为中国文化的传播提供了更直接的方式。通过文化旅游，外国游客能够亲身感受中国文化的魅力，加深对中国的了解和认识，同时也为中国文化产业带来了可观的经济效益。

中国文化国际传播还促进了文化产业的创新发展。在国际文化交流与合作中，中国文化产业可以学习借鉴国际先进的技术和经验，不断提升自身的创新能力。一些中国文化企业与国际知名企业合作，共同开发文化产品和服务，将中国文化元素与国际流行文化元素相结合，创造出更具市场竞争力的产品。中国文化产业还可以利用国际传播的平台，展示自己的创新成果，吸引更多的国际投资和合作机会，进一步提升中国文化产业在国际市场上的竞争力。

二、促进民族文化传承与发展

（一）激发民族文化创新活力

中国文化国际传播为民族文化的创新发展提供了动力和源泉，激发了民族文化的创新活力。在国际传播过程中，中国文化与世界其他文化相互交流、相互碰撞，这种跨文化的交流与互动为中国文化的创新提供了新的思路和灵感。

在音乐领域，中国传统音乐与西方音乐的融合创造出了许多新颖的音乐作品。一些音乐家将中国传统乐器如古筝、二胡等与西方乐器相结合，同时融入西方的音乐创作理念和技巧，创作出了既具有中国特色又符合国际审美趋势的音乐作品。这些作品在国内外演出中受到了广泛好评，不仅丰富了中国音乐的表现形式，也为中国音乐在国际上的传播开辟了新的道路。

在文学创作方面，中国作家在国际文化交流中接触到了不同国家和地区的文学作品和创作理念，这拓宽了他们的创作视野，激发了他们的创作灵感。一些作家将中国传统文化元素与现代国际文学潮流相结合，创作出了具有独特风格的文学作品。莫言的作品中融合了中国民间故事、历史传说和魔幻现实主义的创作手法，在国际文坛上引起了广泛关注，为中国文学的创新发展做出了重要贡献。

中国文化国际传播还促进了科技与文化的融合创新。随着互联网、数字技术等现代科技的发展，中国文化的传播方式和表现形式也在不断创新。一些文化企业利用虚拟现实（VR）、增强现实（AR）等技术，开发出了具有沉浸式体验的文化产品，如数字博物馆、虚拟展览等，让观众能够更加直观地感受中国文化的魅力。这种科技与文化的融合创新，不仅提升了中国文化的传播效果，也为民族文化的创新发展提供了新的途径。

（二）强化民族文化认同

中国文化国际传播能够增强国内民众对民族文化的认同感和自豪感，强化民族文化认同。当中国文化在国际上得到广泛传播和认可时，国内民众会更加深刻地认识到民族文化的价值和魅力，从而增强对民族文化的热爱和传承的责任感。

近年来，中国的传统手工艺如剪纸、刺绣、陶瓷等在国际文化交流活动中受到了越来越多的关注。这些传统手工艺不仅展示了中国民间艺人的精湛技艺，也蕴含着丰富的文化内涵。通过国际传播，这些传统手工艺走出国门，受到了外国友人的喜爱和赞赏。国内民众看到自己的传统文化在国际上受到认可，会更加珍惜和重视这些文化遗产，积极参与到传统手工艺的学习和传承中来。一些年轻人开始学习剪纸、刺绣等传统手工艺，将其作为一种兴趣爱好和职业选择，这有助于传统手工艺的传承和发展，也强化了民众对民族文化的认同。

中国文化国际传播还能够让国内民众更加全面地了解民族文化的内涵和价值。在国际传播过程中，中国文化的各个方面得到了更深入的挖掘和展示，民众可以通过各种渠道了解到更多关于民族文化的知识和故事。一些关于中国传统文化的纪录片在国际上获奖后，在国内也引起了广泛关注，这些纪录片通过生动的画面和深入的讲解，让民众对中国传统文化有了更全面、更深入的认识，从而增强了对民族文化的认同感和自豪感。

（三）拓展民族文化发展空间

国际传播打破了地域限制，为中国民族文化的发展开辟了更广阔的空间。通过国际传播，中国民族文化能够与世界其他文化相互学习、相互借鉴，实现自身的发展和壮大。

中国的中医药文化在国际上的传播为其发展带来了新的机遇。中医药作为中国传统文化的瑰宝，具有独特的理论体系和治疗方法。近年来，随着国际社会对健康养生的关注度不断提高，中医药在国际上的影响力也逐渐扩大。一些国家开始研究和应用中医药，开设中医诊所、中医院，培养中医人才。中医药文化的国际传播不仅让更多的人了解和受益于中医药，也为中医药的发展提供了更广阔的市场和资源。中医药企业可以通过国际合作，开展中医药的研发、生产和销售，推动中医药走向世界，实现中医药文化的传承和发展。

中国的戏曲文化在国际传播中也得到了新的发展。中国戏曲种类繁多，如京剧、越剧、豫剧等，每种戏曲都具有独特的艺术风格和表演形式。通过国际文化交流活动，中国戏曲走出国门，在世界舞台上展示了其独特的魅力。一些外国观众对中国戏曲产生了浓厚兴趣，开始学习和研究中国戏曲。这不仅促进了中国戏曲在国际上的传播，也为中国戏曲的发展带来了新的思路和方法。中国戏曲界可以与国际同行进行交流与合作，借鉴国外的艺术表现形式和管理经验，推动中国戏曲的创新和发展。

三、推动世界文化多样性发展

（一）丰富世界文化内涵

中国文化具有独特的价值观、审美观念和艺术表现形式，其国际传播极大地丰富了世界文化的内涵。中国哲学思想中的“仁爱”“中庸”“天人合一”等理念，为世界提供了独特的思考方式和价值取向。“仁爱”思想倡导人与人之间相互关爱、尊重，有助于促进国际社会的和谐发展；“中庸”思想追求万事万物的平衡与和谐，为人们处理复杂问题提供了有益的思路；“天人合一”思想强调人与自然和谐共生，对解决当今全球面临的生态问题具有重要的启示意义。

中国的文学作品以其丰富的题材和深刻的内涵，为世界文学宝库增添了瑰宝。《红楼梦》以细腻的笔触描绘了中国封建社会的生活百态，展现了中国人的情感世界和社会风貌；《西游记》则以奇幻的故事和鲜明的人物形象，体现了中国人的想象力和创造力。这些文学作品在国际上的传播，让世界各国人民能够领略到中国文学的魅力，丰富了他们的精神世界。

中国的传统艺术如京剧、国画、书法等，以独特的艺术风格和表现手法，丰富了世界艺术的多样性。京剧的唱腔、脸谱、表演程式等，具有极高的艺术价值，与西方戏剧艺术截然不同，为世界观众带来了全新的艺术体验；国画注重意境的营造，通过笔墨的运用表达画家的情感和思想，展现了中国艺术的独特魅力；书法以汉字为载体，通过线条的变化展现出无穷的艺术魅力，是中国文化的独特创造。这些传统艺术在国际上的展示和传播，让世界更加了解中国艺术，丰富了世界艺术的内涵。

（二）促进文化交流与融合

中国文化国际传播为世界各国文化之间的交流与融合搭建了桥梁，促进了不同文化之间的相互理解和尊重。在传播过程中，中国文化与其他文化相互碰撞、相互学习、相互借鉴，推动了世界文化的发展。

在时尚领域，中国传统服饰元素如旗袍的立领、盘扣，汉服的宽袍大袖等，被许多国际知名设计师运用到现代服装设计中，创造出了兼具东西方特色的时尚作品。这些作品在国际时装周上展示，受到了广泛关注，不仅推动了中国传统服饰文化的传播，也促进了东西方时尚文化的交流与融合。

在建筑领域，中国园林的造园艺术讲究自然美、意境美，与西方园林注重几何对称的风格相互补充。一些国际建筑项目开始融入中国园林元素，打造出别具一格的建筑景观。在一些城市的公园设计中，融入了中国园林的山水元素、亭台楼阁等，为当地居民提供了具有独特文化氛围的休闲空间，也促进了不同建筑文化之间的交流与融合。

中国文化国际传播还促进了不同国家和地区之间的文化教育交流。越来越多的外国学生来到中国学习中国文化，了解中国的历史、语言、艺术等方面的知识。同时，中国也派遣了大量的文化使者和留学生到国外，传播中国文化，学习外国文化。这种文化教育交流活动，增进了不同国家和地区之间人民的相互了解和友谊，促进了文化的交流与融合。

（三）维护世界文化生态平衡

世界文化如同一个生态系统，各种文化相互依存、相互促进。中国文化作为世界文化生态中的重要组成部分，其国际传播有助于维护世界文化的生态平衡。在全球化的背景下，一些弱势文化面临着被强势文化同化的风险，而中国文化的传播能够为世界文化的多样性提供有力支持。

中国文化强调“和而不同”，尊重文化差异，倡导多元文化平等共处。在国际传播中，中国积极传播这一理念，呼吁各国保护和传承自己的文化特色，反对文化霸权和文化单一性。中国通过举办各类国际文化活动，为各国文化的展示和交流提供平台，促进不同文化之间的平衡发展。中国与其他国家共同举办的文化年、艺术展览等活动，让各国文化都有机会展示自己的魅力，增进了各国文化之间的相互了解和尊重，有助于维护世界文化的生态平衡。

中国文化国际传播还能够促进不同文化之间的相互补充和共同发展。中国文化具有丰富的内涵和独特的价值，在与其他文化的交流中，能够为其他文化提供新的思路和灵感。同时，中国文化也可以从其他文化中汲取营养，实现自身的发展和创新。这种文化之间的相互补充和共同发展，有助于保持世界文化的多样性，维护世界文化生态的平衡。

（四）增进国家间相互了解

中国文化国际传播是增进国家间相互了解的重要途径，有助于消除国际间的误解和偏见。中国文化蕴含着丰富的人文精神和价值观念，通过文化传播，其他国家的人民可以更好地了解中国的历史、社会和人民。

中国的家庭文化强调尊老爱幼、家庭和睦，这种价值观在国际传播中能够让外国友人更好地理解中国人的行为方式和价值取向。在一些国际文化交流活动中，通过展示中国家庭的生活场景、传统节日的家庭团聚等内容，外国友人可以直观地感受到中国家庭文化的魅力，从而增进对中国社会的了解。

中国的历史故事和传统节日背后都有着深厚的文化内涵，这些文化内容的传播能让外国人更深入地了解中国的民族精神。端午节纪念屈原，体现了中国人的爱国情怀和对正义的追求；中秋节的团圆习俗，反映了中国人对家庭和亲情的重视。通过传播这些历史故事和传统节日文化，外国友人可以更好地理解中国人民的情感世界和精神追求，减少因文化差异而产生的误解和偏见。

（五）推动国际合作与交流

在经济全球化的今天，文化与经济、政治相互交融。中国文化国际传播能够为国际合作与交流创造良好的文化氛围，促进各国在经济、科技、教育等领域的合作。

在经济领域，中国文化国际传播为中国与其他国家的经济合作搭建了桥梁。一些中国文化企业通过在国际上举办文化活动、展示文化产品，提升了中国文化的国际影响力，同时也为中国企业的国际合作创造了机会。中国的茶文化在国际上的传播，促进了中国茶叶的出口和茶文化旅游的发展。一些中国茶叶企业通过参加国际茶文化节等活动，展示中国茶叶的品质和文化内涵，吸引了国外消费者的关注，拓展了国际市场。

在科技领域，中国文化中对创新、探索的追求与国际科技合作的理念相契合。通过文化传播，让其他国家更好地理解中国在科技发展方面的理念和成就，促进国际科技交流与合作的深入开展。中国的航天文化在国际上的传播，展示了中国在航天领域的科技实力和创新精神，吸引了一些国家与中国开展航天科技合作。中国的5G技术在国际上的应用，不仅推动了中国通信产业的发展，也为全球数字化转型提供了支持，这背后也离不开中国科技文化的传播和影响力。

在教育领域，中国文化国际传播促进了不同国家教育理念和方法的交流与借鉴。越来越多的外国学生来中国留学，学习中国的语言、文化和专业知识，他们将中国的教育理念和学习方法带回自己的国家，促进了本国教育的发展。中国也派遣了大量的教师和留学生到国外，传播中国文化，学习国外先进的教育经验。这种教育领域的交流与合作，有助于培养具有国际视野的人才，推动国际教育事业的发展。

（六）助力构建人类命运共同体

中国文化国际传播对构建人类命运共同体意义非凡，其丰富内涵与核心理念为这一伟大目标注入强劲动力。

“天下大同”“协和万邦”等中国传统理念，在国际传播中彰显独特价值。“天下大同”追求人类和谐、公平与共同繁荣，超越了国家与民族的局限，为全球合作提供崇高愿景。在全球发展不均衡的当下，中国倡导各国携手应对贫困、疾病等问题，如在非洲开展的农业援助项目，分享种植技术与农业发展经验，助力当地提升粮食产量，改善民生，正是对这一理念的生动践行，让世界看到人类共同进步的希望。

“协和万邦”强调国与国之间应友好相处、平等互利。中国秉持这一理念，在国际事务中积极推动多边合作，通过“一带一路”倡议，加强与沿线国家的互联互通。中欧班列的开通，让中欧之间的贸易往来更加便捷高效，促进了双方经济发展，也增进了文化交流。这种基于平等合作的模式，为国际社会树立了典范，使各国认识到合作共赢才是发展的正确道路。

中国文化国际传播还借助文化交流活动，拉近各国人民的距离。各类文化展览、艺术演出在全球各地举办，使不同国家的民众能够深入了解中国文化，感受中国人民的友好与热情。中国的传统武术表演在海外深受欢迎，外国观众在欣赏武术魅力的同时，也能体会到其中蕴含的和谐、坚韧等精神内涵，促进了不同文化间的理解与包容，为构建人类命运共同体凝聚起广泛的民意支持。

第四节　中国文化国际传播的现状分析

在全球化浪潮的席卷下，世界各国文化相互碰撞、交流与融合。中国文化作为世界文化宝库中的重要组成部分，其国际传播对于增强国家文化软实力、推动构建人类命运共同体意义深远。深入剖析当代中国文化国际传播的现状，是制定科学合理传播策略的基础，对推动中国文化更好地走向世界具有重要的现实意义。

一、传播主体：多元格局初现，协同合作待加强

（一）政府引领奠定坚实基础

政府在当代中国文化国际传播中发挥着主导作用，为文化走出去提供了坚实的政策支持、资金保障和资源调配能力。国家汉办积极推进孔子学院和孔子课堂的建设，在全球范围内搭建起汉语和中国文化传播的重要平台。从 2004 年第一家孔子学院在韩国成立，到 2017 年 10 月，我国已在 142 个国家设立了 516 所孔子学院和 1076 个孔子课堂，其规模庞大的教育网络覆盖了世界各大洲，这些机构通过开展汉语教学、举办中国文化活动等方式，让数以百万计的外国友人有机会接触和了解中国文化（逄增

玉，2018）。

文化部着力建设海外中国文化中心，截至 2017 年底已在几十个国家建成并运营35 所，计划到2020 年总数达到50 所。海外中国文化中心以传播中国文化为核心职能，举办各类文化展览、演出、讲座等活动，涵盖从物质文化到精神思想文化的各个领域，成为展示中国文化魅力的重要窗口。政府主导的传播模式具有系统性和权威性，能够从国家战略层面规划文化传播方向，整合各方资源，确保传播活动的顺利开展。

然而政府主导的传播也存在一定的局限性。部分项目在实施过程中，对当地文化背景和受众需求的调研不够深入，导致传播内容和方式与当地实际情况脱节。一些孔子学院在课程设置上，未能充分考虑当地学生的兴趣和学习特点，教学内容过于理论化，缺乏趣味性和实用性，影响了学生的学习积极性和传播效果。此外政府部门之间在文化传播工作中的协调配合不够紧密，存在职能交叉、资源分散等问题，降低了传播效率，造成了资源的浪费。

（二）主流媒体发挥关键作用

主流媒体是当代中国文化国际传播的重要力量，在传递中国声音、塑造国家形象方面发挥着不可替代的作用。中央人民广播电台、中央电视台、新华社、《中国日报》等主流媒体，凭借其专业的新闻采编团队、广泛的传播渠道和丰富的传播经验，积极向世界传播中国文化。

中央电视台国际频道通过开设众多文化类栏目，如《走遍中国》展示中国各地的风土人情和历史文化、《快乐汉语》以轻松有趣的方式教授汉语和传播中国文化、《中华医药》介绍中国传统医学的奥秘等，为海外观众打开了了解中国文化的窗口。同时中央电视台还制作播出了一系列高质量的纪录片，如《记住乡愁》《海上丝绸之路》等，深入挖掘中国文化的内涵，展现中国社会的发展变迁，受到了海外观众的广泛好评。

新华社在全球设立了一百多个分支机构，及时、准确地向世界传递中国的新闻资讯和文化信息。《中国日报》作为中国对外发行的英文报纸，以其专业的报道和丰富的内容，向世界介绍中国的国情政情、历史文化和发展成就。主流媒体在国际传播中具有较高的公信力和权威性，能够将中国文化的核心价值和重要信息传递给全球受众。

但在国际舆论场中，西方媒体长期占据主导地位，拥有强大的话语权和传播优势。中国主流媒体在国际传播的影响力和覆盖面方面，与西方媒体仍存在一定差距。部分主流媒体在传播内容和形式上较为传统，对新媒体技术的运用不够充分，难以满足海外受众日益多样化和个性化的信息需求。一些报道方式过于严肃、刻板，缺乏生动性和趣味性，导致海外受众的关注度不高。

（三）民间力量增添独特活力

民间力量在当代中国文化国际传播中具有独特的优势，是官方传播的重要补充。海外华文学校、华人社团以及民间文化机构等民间力量，凭借其与当地社会的紧密联系和对中华文化的深厚情感，积极传播中国文化。

海外华文学校从1690年印尼明诚书院创办至今，已成立了2万余所，拥有海外华文教师十余万人，学生数百万人。这些学校不仅为华侨子弟提供学习中文和中华文化的机会，还通过举办各类文化活动，向所在国当地民众传播中国文化。华人社团在海外组织的春节联欢晚会、中秋赏月活动等，吸引了众多当地民众参与，让他们亲身感受中国文化的魅力。

民间文化机构则通过举办戏曲演出、民间工艺展览、武术表演等活动，以贴近民众生活的方式传播中国文化。一些民间艺术家走出国门，在国际舞台上展示中国传统艺术的魅力，受到了国外观众的热烈欢迎。民间力量的传播活动具有灵活性和贴近性，能够更好地融入当地社会，与当地民众进行互动交流，增强文化传播的效果。

然而民间力量在传播过程中面临诸多困难。资金短缺是制约民间文化传播的主要因素之一，许多民间文化活动因缺乏资金支持而难以持续开展或扩大规模。民间力量的组织化程度较低，缺乏统一的规划和协调，传播活动往往分散、无序，难以形成强大的传播合力。一些民间文化机构在开展传播活动时，缺乏专业的策划和管理人才，导致活动质量不高，影响力有限。

二、传播内容：传统现代交织，创新深度不足

（一）传统文化彰显独特魅力

传统文化是中国文化的根基，在国际传播中具有深厚的历史底蕴和广泛的吸引力。中国的传统艺术，如京剧、武术、剪纸、书法、绘画等，以其独特的艺术形式和丰富的文化内涵，成为传播中国文化的重要载体。京剧作为中国的国粹，其精美的服饰、独特的唱腔和精湛的表演技艺，让世界领略到中国戏曲艺术的魅力。京剧在海外的演出受到了当地观众的热烈欢迎，一些外国观众被京剧的独特魅力所吸引，开始学习京剧表演。

武术则凭借其强身健体和蕴含的哲学思想，在全球范围内广受欢迎。孔子学院举办的武术教学活动深受当地学生喜爱，许多外国学生通过学习武术，了解中国的传统文化和价值观。剪纸、书法、绘画等传统艺术也在国际上得到了越来越多的关注，一些

国际艺术展览中出现了中国传统艺术作品的身影，展示了中国艺术的独特风格。

传统节日也是传播中国文化的重要契机。春节、中秋节等传统节日，承载着中国人的情感和价值观，在海外的影响力不断扩大。春节期间，全球许多城市都会举办庆祝活动，舞龙舞狮、贴春联、吃年夜饭等习俗让外国人感受到中国文化的独特魅力。中秋节的赏月、吃月饼等活动，也受到了一些外国友人的喜爱。这些传统节日活动不仅增进了外国人对中国文化的了解，也促进了中外文化的交流与融合。

但在传统文化传播过程中，存在内容同质化、形式单一的问题。很多传播活动仅仅停留在表面展示，对传统文化背后的历史渊源、文化内涵和哲学思想挖掘不够深入。一些京剧演出只是简单地展示唱段和表演，没有对京剧所蕴含的历史故事、文化背景进行深入解读，导致海外受众对京剧的理解仅停留在浅层次，难以产生深层次的文化认同。此外传统文化传播的形式较为传统，缺乏创新，难以吸引年轻受众的关注。

（二）当代文化崭露头角

随着中国经济社会的快速发展，当代文化在国际传播中的地位日益重要，逐渐崭露头角。中国的当代文学、电影、音乐、动漫等文化产品开始走向世界，受到了国际市场的关注。莫言获得诺贝尔文学奖后，世界对中国当代文学的关注度大幅提升，中国当代作家的作品翻译和推广工作也取得一定进展。一些中国当代文学作品在国际图书市场上受到了读者的喜爱，为世界了解当代中国提供了新的视角。

中国电影在国际电影节上屡获佳绩，如《卧虎藏龙》《英雄》等影片在全球范围内取得了较高的票房和口碑，这些电影将中国的武侠文化、历史故事与现代电影技术相结合，展现了中国文化的独特魅力，吸引了大量国际观众。中国的流行音乐也逐渐在国际舞台上崭露头角，一些中国歌手在海外举办演唱会，受到当地粉丝的热烈追捧。中国的动漫产业也在不断发展壮大，一些具有中国特色的动漫作品在国际上获得了认可，如《哪吒之魔童降世》在海外上映后，受到了观众的好评。

然而当代文化传播也存在不足。在内容创作方面，部分作品缺乏对现实生活的深度思考和对人性的细腻刻画，难以引起国际受众的共鸣。一些电影和文学作品过于追求商业利益，忽视了作品的思想内涵和艺术价值，导致在国际市场上的影响力有限。在传播过程中，由于文化差异和传播渠道的限制，当代文化产品在国际市场上的影响力仍相对有限，尚未形成具有全球影响力的文化品牌。此外当代文化传播对国际市场的调研不够深入，未能准确把握国际受众的需求和喜好，导致一些文化产品在国际市场上缺乏竞争力。

（三）内容创新有待提升

在当代中国文化国际传播中，内容创新是提升传播效果的关键。然而目前中国文化传播在内容创新方面存在一定欠缺。在传播过程中，部分传播内容和形式未能充分结合现代科技和国际流行文化元素，难以满足海外受众尤其是年轻群体的审美需求和兴趣爱好。

一些文化展览和演出中，仍然采用传统的展示和表演方式，缺乏互动性和体验性，无法吸引年轻受众的关注。在文化内容的创作和传播过程中，对国际市场的调研不够深入，未能准确把握国际文化市场的需求和趋势，导致一些文化产品在国际市场上缺乏竞争力。一些中国动漫作品在角色设计、剧情编排等方面，未能充分考虑国际受众的喜好，仍然采用较为传统的模式，难以在国际市场上获得广泛认可。

此外，在文化内容的创新过程中，还存在对传统文化资源挖掘不够深入的问题。一些文化产品只是简单地将传统文化元素进行拼凑，没有真正理解和传承传统文化的精髓，导致作品缺乏文化底蕴和内涵。在文化创新过程中，还需要加强对当代社会热点问题的关注和反映，以具有时代感和现实意义的作品吸引国际受众的关注。

三、传播渠道：新旧融合发展，整合运用欠佳

（一）传统渠道根基深厚

传统传播渠道在当代中国文化国际传播中仍然发挥着重要作用，具有深厚的根基和广泛的影响力。通过参加国际电影节、艺术节、图书展等活动，中国向世界展示了丰富多样的文化产品。在国际电影节上，中国电影凭借独特的东方视角和精彩的故事，吸引了众多国际观众和评委的关注。一些中国电影在国际电影节上获得奖项，提升了中国电影的国际知名度和影响力。

在国际图书展上，中国的图书出版机构展示了大量涵盖历史、文化、科技等领域的图书，传播了中国的学术成果和文化思想。文化场馆也是重要的传播渠道，海外中国文化中心通过举办各类文化展览、演出、讲座等活动，为当地民众提供了了解中国文化的平台。这些传统传播渠道具有较高的专业性和权威性，能够为文化传播提供优质的内容和良好的展示环境。

然而，传统传播渠道存在传播范围有限、传播速度较慢等问题。国际文化活动往往受到时间和空间的限制，参与人数和传播范围相对有限。文化场馆的活动也主要集中在特定区域，难以覆

盖更广泛的受众群体。一些国际电影节和艺术节的举办时间较短，观众只能在特定的时间段内观看相关作品，无法长期、深入地了解中国文化。传统传播渠道的传播速度相对较慢，信息更新不及时，难以满足现代社会快速发展的需求。

（二）新媒体渠道异军突起

新媒体传播渠道的迅速发展，为当代中国文化国际传播带来了新的机遇和挑战。互联网、社交媒体、移动客户端等新媒体平台的普及，打破了传统传播渠道的时空限制，使中国文化能够更便捷、快速地传播到世界各个角落。通过网络平台，中国的文化作品、文化活动可以实现全球同步传播，吸引大量海外受众的关注。

一些中国的文化博主在社交媒体上分享中国的传统文化、美食、生活方式等内容，受到海外粉丝的喜爱和追捧。短视频平台的兴起也为中国文化传播提供了新的途径，一些具有中国特色的短视频在国际上广泛传播，以生动有趣的形式展示了中国文化的魅力。新媒体传播渠道具有互动性强、传播速度快、覆盖面广等优势，能够更好地满足现代受众的需求。

但新媒体传播渠道也面临挑战。网络信息繁杂，中国文化在海量信息中容易被淹没，如何提高中国文化内容在新媒体平台上的辨识度和传播效果是亟待解决的问题。一些中国文化相关的信息在网络上传播时，由于缺乏有效的推广和引导，难以获得足够的关注。此外不同新媒体平台的用户群体和传播特点各异，如何根据平台特点进行精准传播，以及如何整合不同新媒体平台的资源，实现协同传播，也是需要深入研究的课题。一些文化机构在不同新媒体平台上的传播内容和方式缺乏针对性，导致传播效果不佳。

（三）渠道整合任重道远

在当代中国文化国际传播中，传统传播渠道和新媒体传播渠道的整合至关重要，但目前在渠道整合方面存在诸多困难。传统传播渠道和新媒体传播渠道之间缺乏有效的衔接和整合，各自为政的现象较为严重。在传播过程中，没有形成统一的传播策略和品牌形象，导致传播效果大打折扣。

一些文化活动在传统媒体和新媒体上的宣传推广缺乏协同性，无法形成全方位、多层次的传播效应。传统媒体和新媒体在传播内容和形式上也存在差异，难以实现优势互补。传统媒体的内容较为严谨、权威，但形式相对单一；新媒体的内容形式多样、互动性强，但信息质量参差不齐。此外不同传播渠道的管理和运营机制也存在差异，难以实现资源的优化配置和共享，限制了传播渠道的整体效能发挥。一些文化机构在管理传统传播渠道和新媒体传播渠道时，采用不同的管理模式和运营团队，导致资源浪费和效率低下。

四、传播效果：局部成效显著，整体仍需提升

（一）整体影响力逐步提升

近年来，中国文化国际传播在整体上取得了显著成效，影响力逐步提升。越来越多的外国人开始学习汉语，据统计，全球学习汉语的人数已达到一个亿，这为中国文化的深入传播奠定了良好基础。汉语作为中国文化的重要载体，其广泛传播有助于外国人更好地了解中国文化的内涵和精髓。

中国文化活动在国际上的关注度也不断提高，如春节、中秋节等传统节日在海外的庆祝活动规模越来越大，参与人数越来越

多，这些传统节日活动不仅增进了外国人对中国文化的了解，也促进了中外文化的交流与融合。中国的文化产品在国际市场上的份额逐渐增加，一些中国电影、电视剧、图书在海外受到一定程度的欢迎。中国电影在国际电影节上的获奖数量不断增加，一些中国电视剧在海外视频平台上的播放量也较高，这些都表明中国文化产品的国际影响力在逐步提升。

然而，中国文化在国际传播中仍面临一些问题。在国际舆论场中，中国文化的声音相对较弱，西方媒体对中国文化的误解和偏见仍然存在，影响了中国文化在国际上的形象和传播效果。一些西方媒体在报道中国文化时，往往带有偏见和误解，歪曲中国文化的内涵和价值。此外中国文化在国际传播中的品牌效应尚未形成，缺乏具有全球影响力的文化品牌和文化产品，难以在国际文化市场上占据主导地位。

（二）区域差异较为明显

中国文化国际传播效果在不同地区存在显著差异。在亚洲地区，由于地缘相近、文化相通，中国文化具有深厚的历史根基和广泛的受众基础；在东南亚国家，中国的电视剧、电影、流行音乐等文化产品广受欢迎，当地民众对中国文化的接受度较高。中国与东南亚国家在经济、贸易、教育等领域的交流合作日益频繁，也为中国文化传播提供了有利条件。一些中国电视剧在东南亚国家的电视台播出时，收视率较高，受到当地观众的喜爱。

在欧美地区，中国文化的传播面临较大挑战。欧美国家有着自己独特的文化传统和价值观念，对中国文化的理解和接受需要一个过程。虽然近年来中国文化在欧美地区的传播取得了一些进展，如孔子学院在欧美国家的发展、中国文化活动在欧美城市的举办等，但总体而言，中国文化在欧美地区的影响力仍相对有限，受众群体主要集中在华人华侨和对中国文化有特殊兴趣的人群。一些欧美观众对中国文化的了解仍然停留在表面，对中国文化的内涵和价值缺乏深入理解。

（三）受众分层现象突出

不同受众群体对中国文化的接受程度存在差异，呈现出明显的分层现象。年轻人对新鲜事物充满好奇心，更容易接受中国文化中具有创新性和时尚感的元素，如中国的动漫、游戏、流行音乐等。他们通过互联网、社交媒体等渠道接触中国文化，成为中国文化在国际传播中的重要受众群体。一些中国动漫作品在海外的年轻观众中受到欢迎，他们对动漫中的角色、剧情和中国文化元素表现出浓厚的兴趣。

而中老年人则更倾向于通过传统的文化活动和文化产品来了解中国文化，如参观博物馆、观看传统戏曲演出等。此外不同职业、不同教育背景的受众对中国文化的需求和接受方式也各不相同。具有较高教育背景的受众更关注中国文化的学术研究成果和思想内涵，而普通受众则更倾向于通过通俗易懂的文化产品来了解中国文化。如何针对不同受众群体的特点和需求，制定个性化的传播策略，是提高中国文化国际传播效果的关键。

（四）评估体系尚不完善

当前，中国文化国际传播的效果评估体系存在明显缺陷，严重制约着传播工作的进一步优化。在指标选取上，过度侧重参与人数、曝光量等可量化数据，忽视受众对中国文化的理解深度、情感认同变化以及是否产生行为转化等关键维度，例如一场海外文化展览，高参观人数背后，观众对展览所传递文化内涵的理解程度却无从得知。

评估过程中，未充分综合考量不同传播渠道、内容与方式间的协同效应和差异影响。不同地区、平台、受众对各类传播元素的反应大相径庭，但现有评估未能精准区分，像在社交媒体和线下活动中推广同一文化主题，无法准确判断二者在传播效果上的差异，难以明确哪种方式对目标受众影响更大。

此外，评估时间范围狭窄，多局限于传播活动期间或短期之后，遗漏文化传播长期积累的影响。文化影响具有滞后性，可能数月甚至数年后才会体现，现行评估难以追踪这种长期效果。评估方法也较为单一，定量研究居多，定性研究不足，难以深入剖析受众对中国文化的深层次认知与体验，致使传播策略调整缺乏精准依据，阻碍传播效果提升。

第三章 区域国别研究与中国文化国际传播的互动关系

第一节　区域国别研究助力中国文化精准传播

中国文化作为世界文化宝库中的瑰宝，其国际传播对于提升国家文化软实力、增进国际社会对中国的理解与认同具有不可忽视的作用。区域国别研究作为一门新兴的交叉学科，为中国文化的精准传播提供了多维度、深层次的支持，两者之间存在着紧密的互动关系。

一、区域国别研究为中国文化精准传播提供丰富背景信息

（一）政治制度与政策环境研究

不同国家和地区的政治制度和政策环境千差万别，这些因素深刻影响着文化传播的可行性、方式和效果。区域国别研究通过深入剖析各国的政治体制、政治生态以及相关文化政策，为中国文化精准传播提供了关键的决策依据。以美国为例，其政治体制为联邦共和制，三权分立的架构使得政府、议会和司法部门在文化事务上各有权力和影响力。同时，美国的选举制度使得选举期间成为各类信息传播的高峰期。在传播中国文化时，了解这些政治特点至关重要。我们可以选择在选举期间，针对美国社会关注的热点议题，如教育公平、社会福利等，推出中国在相关领域的

文化理念和实践成果，通过文化交流的方式展示中国的价值观和发展模式，从而吸引美国民众的关注，提升中国文化的传播效果。

（二）经济发展水平与市场需求分析

经济发展水平直接决定了一个国家或地区的文化消费能力和市场需求。区域国别研究对各国经济状况的分析，有助于中国文化传播者找准目标市场，制定针对性的传播策略。在经济发达的欧洲国家，如英国、德国、法国等，民众对文化产品的需求呈现出多元化、高端化的特点。他们不仅对艺术、文学、历史等传统领域的文化产品有较高的消费意愿，对具有创新性和科技含量的文化产品也表现出浓厚兴趣。因此，中国在向这些国家传播文化时，可以加大对中国当代艺术、数字文化产品等的推广力度，举办高质量的艺术展览、数字文化体验活动等。而在一些经济快速发展的新兴市场国家，如印度、巴西、南非等，随着中产阶级的崛起，他们对中国的流行文化、科技文化的需求逐渐增加。针对这一市场特点，中国可以加强与当地媒体、文化企业的合作，推出更多符合当地受众口味的中国流行音乐、影视作品、科技成果展示等内容。

（三）社会结构与文化习俗解读

社会结构和文化习俗是一个国家或地区文化的重要组成部分，它们塑造了当地民众的价值观、行为方式和审美观念。区域国别研究通过对不同国家和地区社会结构与文化习俗的深入解读，帮助中国文化传播者更好地理解目标受众，避免文化冲突，增强传播的亲和力。在中东地区，伊斯兰教在社会生活中占据主导地位，宗教教义和习俗对人们的日常生活有着严格的规范。在传播中国文化时，必须充分尊重这些宗教习俗。例如，在举办中国文化活动时，要注意避开宗教禁忌的时间和场合；在文化产品的设计和宣传中，要避免出现与宗教教义相悖的内容。在非洲，部落文化丰富多样，不同部落有着独特的艺术表现形式、传统节日和价值观念。中国文化传播可以结合当地部落文化特点，将中国文化元素与当地部落艺术相结合，创作出具有本土特色的文化作品，这样不仅能够吸引当地民众的关注，还能促进文化的交流与融合。

二、区域国别研究为中国文化精准传播提供坚实理论知识

（一）文化差异理论的应用

文化差异是跨文化传播中不可忽视的因素，区域国别研究中的文化差异理论为中国文化精准传播提供了重要的理论指导。不同国家和地区的文化在价值观、思维方式、语言表达等方面存在着显著差异。在与西方文化交流时，西方强调个人主义，注重个人的自由、权利和成就；而中国文化注重集体主义，强调个人与集体、社会的和谐统一。在传播中国文化时，为了让西方受众更好地理解中国文化中的集体主义价值观，可以通过讲述中国企业在应对重大挑战时，团队成员如何团结协作、共同克服困难的故事，展示集体主义的力量和价值。还可以通过对比中西方在处理家庭关系、社会事务等方面的差异，帮助西方受众理解中国文化的独特之处。

（二）跨文化传播理论的指导

跨文化传播理论是区域国别研究的重要理论基础之一，它关注不同文化背景下信息传播的过程、效果和影响因素。这一理论

为中国文化精准传播提供了系统的指导框架。在传播中国文化时，需要根据不同国家和地区的文化特点，调整传播内容和方式，以提高传播效果。在日本，动漫文化深受民众喜爱，并且日本在动漫制作和传播方面有着丰富的经验和成熟的市场。中国可以借鉴日本动漫的制作理念和传播模式，将中国传统文化元素融入动漫作品中，制作出具有中国特色的动漫产品。通过这种方式，不仅能够吸引日本受众的关注，还能借助日本的动漫市场，将中国文化传播到更广泛的地区。

（三）国际关系理论的影响

国际关系理论从宏观层面为中国文化精准传播提供了理论支撑。在国际政治格局中，国家之间的关系对文化传播有着重要影响。在“一带一路”倡议的推动下，中国与沿线国家的政治、经济、文化联系日益紧密，为中国文化在这些国家的传播创造了良好的政治环境。基于国际关系理论中的合作共赢理念，中国可以加强与“一带一路”沿线国家的文化合作，通过举办文化年、文化论坛、艺术展览等活动，推动中国文化在沿线国家的精准传播。在文化合作中，注重与当地文化的交流与融合，实现文化的共同发展，从而提升中国文化在国际上的影响力。

三、区域国别研究为中国文化精准传播提供有效路径

（一）基于区域特点的传播策略制定

区域国别研究有助于根据不同区域的特点制定具有针对性的传播策略。在东南亚地区，由于华人华侨众多，且与中国有着深厚的历史文化渊源，中国文化在该地区的传播具有一定的基础。因此，可以加强与当地华人社团、文化机构的合作，借助他们的

力量举办各类文化活动，如春节庆典、中秋晚会、华人文化节等。通过这些活动，不仅可以增强华人华侨对中国文化的认同感和归属感，还能吸引当地其他民族的关注，促进中国文化在东南亚地区的传播。在欧洲，文化艺术氛围浓厚，拥有众多世界知名的艺术机构和文化场所。中国可以利用这一特点，与欧洲的艺术机构、博物馆、剧院等合作，举办中国文化艺术展览、演出等活动，借助欧洲的文化平台提升中国文化的影响力。在展览和演出中，注重与欧洲当地文化的交流与对话，展示中国文化的独特魅力和时代价值。

（二）借助区域研究成果的传播渠道拓展

区域国别研究的成果为中国文化精准传播拓展了传播渠道。通过对不同国家和地区媒体环境的研究，了解当地的主流媒体、新兴媒体平台以及媒体的传播特点和受众群体，有助于选择合适的传播渠道，提高传播效果（文晶，2024）。在社交媒体高度发达的美国，Facebook、Twitter、Instagram 等平台拥有庞大的用户群体，且用户活跃度高。中国文化传播者可以利用这些平台，制作吸引人的短视频、图文内容，传播中国的文化、历史、美食、旅游等信息。还可以与当地的网红、意见领袖合作，借助他们的影响力扩大传播范围。在一些传统媒体仍占据主导地位的国家，如俄罗斯、印度等，可与当地的电视台、广播电台、报纸等合作，推出介绍中国文化的节目、专栏，通过传统媒体的权威性和广泛的覆盖面，传播中国文化。

（三）结合区域需求的传播内容定制

根据区域国别研究中对不同国家和地区文化需求的分析，定制传播内容是实现中国文化精准传播的关键。在韩国，民众对中国的传统医学、武术、美食等文化内容兴趣浓厚。中国可以针对这一需求，制作相关的纪录片、教学视频、美食节目等，通过生动有趣的形式展示中国文化的魅力。在非洲，许多国家面临着发展经济、改善民生的任务，对中国在农业、基础设施建设、科技创新等方面的经验和成果有着强烈的需求。中国可以结合非洲的发展需求，传播中国在这些领域的文化理念和实践经验，通过实际案例展示中国文化的实用性和价值。还可以与非洲当地的媒体、文化机构合作，共同制作反映中非合作成果的文化产品，促进文化的交流与合作。

四、区域国别研究与中国文化精准传播在跨文化交流中的协同作用

（一）文化阐释与文化传播的协同

区域国别研究的文化阐释功能与中国文化精准传播的文化传播功能相互协同，共同促进中国文化在国际上的传播与理解。区域国别研究通过对不同国家和地区文化的深入研究，将中国文化进行重新编码、转译和解释，使其更易于被其他国家和地区的受众理解和接受。在传播中国传统节日文化时，区域国别研究可以深入分析不同国家和地区的节日文化特点，将春节、中秋节等中国传统节日的文化内涵、历史渊源、庆祝方式等进行详细阐释，以适应不同文化背景受众的理解方式。精准传播则将这些阐释后的文化内容，通过合适的渠道和方式，有效地传递给国际受众，促进文化交流和理解。

（二）促进文化理解与文化认同的协同

两者在促进文化理解和文化认同方面发挥着协同作用。区域

国别研究帮助传播者深入了解不同国家和地区的文化特点、价值观和思维方式，从而在传播中国文化时能够更好地把握受众的心理和需求，减少文化误解。精准传播则通过有针对性的传播策略和内容，增强国际受众对中国文化的认同感。在传播中国当代艺术时，区域国别研究可以帮助传播者了解目标国家的艺术审美趋势、艺术市场需求等，从而调整传播内容和方式，使中国当代艺术更容易被当地受众接受和欣赏。精准传播可以通过举办艺术展览、艺术交流活动等方式，让当地受众亲身感受中国当代艺术的魅力，进而促进文化认同。

（三）推动文化交流与文化融合的协同

区域国别研究和中国文化精准传播共同推动文化交流与融合。区域国别研究为文化交流提供了理论支持和知识储备，帮助传播者更好地理解不同文化之间的差异和共性，为文化融合奠定基础。精准传播则为文化交流搭建了实践平台，通过各种传播渠道和活动，促进不同文化之间的互动与交流。在传播中国茶文化时，区域国别研究可以帮助传播者了解不同国家的饮品文化、社交习惯等，从而选择合适的传播方式和内容。精准传播可以通过举办茶文化体验活动、茶艺表演等，将中国茶文化与当地文化相结合，促进文化交流与融合。在活动中，不仅可以展示中国茶文化的独特魅力，还可以吸收当地文化的元素，创新茶文化的传播形式，实现文化的共同发展。

五、区域国别研究助力中国文化精准传播的实践案例分析

（一）孔子学院在不同区域的发展与成效

孔子学院作为中国文化国际传播的重要平台，在不同区域的

发展充分体现了区域国别研究的助力作用。在亚洲地区，孔子学院结合当地文化特点，开展了丰富多彩的文化活动。在韩国，孔子学院与当地学校合作，开设汉语和中国文化课程，举办书法、绘画、武术等兴趣班，深受韩国学生和家长的欢迎。通过这些课程和活动，韩国学生不仅学习了汉语，还深入了解了中国文化的内涵和魅力。在欧洲，孔子学院注重与当地高校和科研机构合作，开展学术研究和文化交流活动。在英国，孔子学院举办的中国哲学研讨会、中国历史讲座等活动，吸引了众多学者和学生参与，促进了中英文化的交流与理解。在非洲，孔子学院则结合当地的发展需求，开展了一系列与农业、教育、医疗等相关的文化交流活动，传播中国在这些领域的经验和文化理念，受到了当地民众的广泛好评。

（二）中国影视作品在国际市场的传播策略

中国影视作品在国际市场的传播也借助了区域国别研究的成果。在传播到欧美市场时，中国影视作品注重对题材的选择和改编。如电影《卧虎藏龙》在欧美市场取得了巨大成功，其在保留中国武侠文化精髓的同时，对剧情和表现手法进行了适当调整，以符合欧美观众的审美习惯。影片在叙事方式上采用了西方观众熟悉的英雄成长模式，在动作设计上融入了西方观众喜爱的视觉元素，从而吸引了大量欧美观众。在传播到东南亚市场时，中国影视作品则更强调文化的共通性，通过展现亲情、友情、爱情等普世价值，拉近与东南亚观众的距离。一些中国电视剧在东南亚地区播出时，受到了当地观众的热烈追捧，因为剧中的人物情感和生活场景与东南亚观众有很多相似之处，让他们产生了共鸣。

（三）中国文化展览在不同国家的展示方式

中国文化展览在不同国家的展示方式也充分考虑了区域国别特点。在法国举办的中国传统艺术展览，注重与法国艺术的对比和融合。展览将中国传统绘画、书法与法国印象派绘画进行对比展示，通过讲解两种艺术形式的特点和发展历程，让法国观众更好地理解中国艺术的独特魅力。展览还设置了互动环节，邀请法国观众参与中国传统艺术的创作体验，增强了观众的参与感和对中国文化的兴趣。在澳大利亚举办的中国文化展览，则结合当地的自然环境和文化特色，展示中国的山水文化和生态保护理念。展览通过图片、视频、实物等多种形式，展示了中国的自然风光、传统山水画以及中国在生态保护方面的成果，引起了澳大利亚观众的共鸣，促进了两国在文化和环保领域的交流与合作。

第二节　区域国别研究促进中国文化有效传播

区域国别研究与中国文化国际传播之间存在着紧密且相辅相成的互动关系。在全球化不断深入的时代背景下，区域国别研究对于推动中国文化有效传播具有至关重要的意义，它从多个维度为中国文化走向世界提供了有力支持。

一、区域国别研究为中国文化有效传播奠定认知基础

（一）深入剖析受众文化心理

不同国家和地区的受众，其文化心理千差万别，这深刻影响

着他们对中国文化的接受程度。区域国别研究通过对各国文化心理的深度剖析，为中国文化传播提供了关键的洞察。在拉丁美洲，受天主教文化的长期熏陶，民众普遍热情奔放、注重情感表达，且对神秘文化有着浓厚兴趣。在向这一地区传播中国文化时，就可以充分利用这一特点。以中国的道教文化为例，道教中蕴含的神秘主义元素，如阴阳五行、奇门遁甲以及炼丹术等内容，能够引发拉丁美洲民众的好奇心。通过以生动有趣的方式讲述道教的故事、阐释其理念，制作相关的文化纪录片或者漫画，将道教文化以符合当地受众喜好的形式呈现出来，能够有效吸引他们的关注，进而增进对中国文化的理解。

在北欧国家，由于其高福利社会体系和相对理性、注重环保的文化氛围，民众对可持续发展、人与自然和谐共生等理念高度认同。在传播中国文化时，就可以重点突出中国传统文化中“天人合一”的思想，以及现代中国在生态保护、可持续发展方面的成就。通过举办主题展览，展示中国在传统农耕文化中对自然资源合理利用的智慧，以及当代中国在新能源开发、绿色城市建设等方面的成果，使北欧民众能够从自身文化价值观出发，理解并接纳中国文化中相关的理念。

（二）精准把握受众信息接收习惯

信息接收习惯是影响文化传播效果的重要因素。区域国别研究通过对不同国家和地区受众信息接收习惯的研究，为中国文化传播提供了重要依据。在印度，由于其文化传统中口头传承文化的重要性，以及当地电视媒体的广泛普及，电视节目成为民众获取信息的重要渠道。而且，印度观众喜爱情节丰富、情感浓烈的内容。中国在向印度传播文化时，就可以与印度当地电视台合作，制作一些具有中国文化特色的电视节目。比如，以中国民间传说为蓝本，制作成动画剧集，融入印度观众熟悉的叙事手法和表现形式，通过精彩的剧情、丰富的角色塑造，吸引印度观众的目光。

在阿拉伯国家，社交媒体平台如 TikTok 在年轻群体中非常流行，且当地民众热衷于分享具有视觉冲击力和文化特色的内容。针对这一特点，中国文化传播者可以在 TikTok 等平台上发布具有中国文化特色的短视频，像展示中国传统建筑的精美构造、中国传统服饰的华丽色彩与独特设计，以及中国传统美食的制作过程等。这些短视频以直观、生动的形式，契合阿拉伯国家受众的信息接收习惯，能够快速吸引他们的关注，有效传播中国文化。

二、区域国别研究助力中国文化传播内容优化

（一）挖掘文化共通点进行内容创新

文化共通点是促进不同文化相互理解和接受的桥梁。区域国别研究通过挖掘中国文化与不同国家和地区文化的共通之处，为中国文化传播内容的创新提供了方向。在与欧洲国家的文化交流中，音乐是一个重要的共通领域。欧洲拥有丰富的古典音乐传统，而中国音乐同样历史悠久、独具魅力。在传播中国音乐文化时，可以挖掘两者的共通点进行创新。比如，将中国传统乐器二胡与西方交响乐相结合，创作新的音乐作品。在演奏形式上，保留二胡独特的音色和演奏技巧，同时融入交响乐丰富的和声和表现力，打造出既有中国特色又符合欧洲观众音乐审美习惯的作品。这种创新的音乐形式，既能让欧洲观众感受到中国音乐的独特韵味，又能通过他们熟悉的音乐元素引发共鸣。

在与东南亚国家的文化交流中，美食文化有着诸多共通之处。东南亚地区气候炎热，饮食多以酸辣口味为主，且对香料的

运用十分广泛。中国的云南菜系，就与东南亚美食有着相似的口味特点。在传播中国饮食文化时，可以以云南美食为切入点，举办美食文化节。在美食节上，展示云南特色美食，如过桥米线、傣味烧烤等，同时介绍这些美食与东南亚美食在食材选择、烹饪方法和口味上的相似之处，让东南亚民众在熟悉的味觉体验中感受中国饮食文化的独特魅力。

（二）结合当地需求调整传播重点

不同国家和地区在发展过程中面临着不同的问题和需求，区域国别研究能够帮助我们精准把握这些需求，从而调整中国文化传播的重点。在非洲国家，许多地区面临着水资源短缺和农业发展困难的问题。中国在长期的发展过程中积累了丰富的水资源管理和农业发展经验，这些经验背后蕴含着中国的文化理念和智慧。在向非洲传播中国文化时，可以将重点放在中国的水利文化和农业文化上。通过举办农业技术培训班，向非洲民众传授中国先进的灌溉技术、节水农业理念以及适合当地气候的农作物种植技术。在培训过程中，不仅传授技术，还介绍中国古代水利工程如都江堰的建设理念和历史意义，让非洲民众了解中国在水利和农业领域的文化传承，以及这些文化如何推动了社会的发展和进步。

在一些欧洲发达国家，随着社会的发展，人们越来越关注精神健康和内心世界的探索。中国的传统哲学思想，如道家的“无为”思想、儒家的“中庸”思想以及佛教的禅修理念，在应对现代社会的精神压力和追求内心平衡方面有着独特的见解。在向这些国家传播中国文化时，可以重点推广中国的哲学思想和养生文化。举办相关的学术讲座、禅修体验活动，邀请专家学者讲解中国哲学思想的内涵，并结合现代心理学知识，阐述这些思想对缓解精神压力、提升心理健康的作用。通过实际的体验活动，让欧洲民众亲身感受中国文化在心灵滋养方面的独特价值。

三、区域国别研究推动中国文化传播渠道多元化

（一）利用区域特色媒体拓展传播渠道

每个国家和地区都有其独特的媒体生态，区域国别研究有助于我们发现并利用这些特色媒体，寻找中国文化与传播对象国本土文化环境和关键受众的最大“通约性”①，拓展中国文化的传播渠道。在日本，除了传统的电视、报纸媒体外，漫画杂志和动画频道在文化传播中占据重要地位。中国文化传播者可以与日本的漫画杂志合作，推出以中国文化为主题的漫画作品。例如，将中国的历史故事《西游记》改编成漫画，以日本漫画的风格和叙事方式呈现，在日本漫画杂志上连载。这样不仅能够借助日本漫画的影响力吸引大量读者，还能通过漫画这种生动形象的形式，让日本读者更深入地了解中国文化。

在中东地区，半岛电视台在新闻和文化传播领域具有广泛的影响力。中国可以与半岛电视台合作，制作关于中国文化的专题节目。通过半岛电视台的专业制作团队和广泛的传播网络，向中东地区的观众介绍中国的历史文化、当代社会发展以及中阿文化交流的成果。还可以利用中东地区的社交媒体平台，如 Snapchat 在当地年轻人中的高使用率，创建中国文化主题的滤镜和特效，让用户在使用社交媒体的过程中，潜移默化地接触和了解中国文化。

---

① 孟伟，刘鹏．文化锚定物：中国文化有效传播的路径探索——基于东盟五国青年的实证研究［J］．现代传播（中国传媒大学学报），2024，46（01）：69.

（二）借助民间文化交流平台扩大传播范围

民间文化交流平台是文化传播的重要力量，区域国别研究能够帮助我们更好地借助这些平台，扩大中国文化的传播范围。在东南亚地区，民间的宗教交流活动十分频繁。佛教在东南亚地区有着深厚的信仰基础，中国可以借助佛教文化交流的平台，传播中国的佛教文化和其他相关文化。组织中国的佛教高僧与东南亚地区的佛教团体开展交流活动，举办佛教文化研讨会、禅修营等。在这些活动中，不仅交流佛教教义和修行方法，还可以展示中国佛教艺术，如佛教绘画、雕塑等，以及中国佛教文化对中国社会和文化发展的影响。通过这种方式，借助民间宗教交流的力量，让更多东南亚民众了解中国文化。

在南美洲，足球文化深入人心，足球赛事成为民众生活中的重要组成部分。中国可以借助足球文化交流的平台，传播中国文化。例如，举办中国—南美洲足球文化交流活动，邀请南美洲的足球俱乐部来中国参加友谊赛，同时组织中国的足球爱好者和文化使者前往南美洲，与当地民众开展足球交流活动。在活动中，除了足球比赛，还可以设置中国文化展示区，展示中国的传统手工艺品、美食文化等，让南美洲民众在感受足球魅力的同时，也能领略中国文化的风采。

四、区域国别研究提升中国文化传播效果评估的科学性

（一）构建针对性评估指标体系

不同国家和地区的文化背景、社会环境不同，对中国文化传播效果的评估不能一概而论。区域国别研究为构建针对性的评估指标体系提供了依据。在评估中国文化在俄罗斯的传播效果时，

考虑到俄罗斯民众对文学艺术的热爱以及对历史文化的重视，可以将中国文学作品在俄罗斯的翻译出版数量、中国文化艺术展览在俄罗斯的参观人数、俄罗斯民众对中国历史文化知识的了解程度等作为评估指标。同时，由于俄罗斯的社交媒体平台如 VKontakte 在信息传播中具有重要作用，还可以将与中国文化相关的话题在该平台上的热度、互动量等纳入评估范围。

在评估中国文化在印度尼西亚的传播效果时，鉴于印度尼西亚是一个多民族、多宗教的国家，且汉语教育在当地逐渐发展，可以将中国文化在不同民族和宗教群体中的接受程度、当地汉语学习者对中国文化的理解和认同度、中国文化活动在当地的参与人数及反馈等作为评估指标。通过构建这些针对性的评估指标体系，能够更准确地了解中国文化在不同国家和地区的传播效果。

（二）基于研究成果优化传播策略

区域国别研究通过对传播效果的评估，能够发现传播过程中存在的问题，进而基于研究成果优化传播策略。如果在对中国文化在欧洲传播效果的研究中发现，中国传统文化中的一些概念，如“阴阳”“五行”等，在欧洲受众中理解难度较大，传播效果不佳。那么，就可以根据这一研究结果，优化传播策略。在后续的传播中，可以采用更通俗易懂的方式解释这些概念，结合欧洲受众熟悉的科学知识或生活实例进行类比。比如，将“阴阳”概念类比为物理学中的正负极，将“五行”与五种基本元素相对应，帮助欧洲受众更好地理解。

如果在对中国文化在非洲传播效果的评估中发现，中国文化在非洲的传播渠道相对单一，主要集中在官方文化交流活动上，民间参与度不高。那么，基于这一研究成果，可以优化传播策略，加大与非洲民间组织、社区团体的合作力度。支持非洲当地的民间艺术家以中国文化为灵感进行创作，举办民间文化交流活动，鼓励非洲民众自发地参与到中国文化的传播中来，从而提高中国文化在非洲的传播效果。

五、区域国别研究促进中国文化国际传播人才培养

（一）培养具备跨文化传播能力的专业人才

区域国别研究为培养具备跨文化传播能力的专业人才提供了知识体系和实践指导。在课程设置方面，高校和研究机构可以开设与区域国别研究相关的课程，如“区域文化研究”“跨文化传播理论与实践”等。在“区域文化研究”课程中，学生可以深入学习不同国家和地区的文化特点、历史发展、社会结构等知识，了解不同文化之间的差异和共性。在“跨文化传播理论与实践”课程中，学生可以学习跨文化传播的基本理论、传播策略以及实际案例分析，掌握在不同文化背景下进行有效传播的技巧。

通过实践项目，学生可以参与到中国文化国际传播的实际工作中。例如，组织学生参与中国文化在某一国家或地区的传播项目策划，从市场调研、内容创作到传播渠道选择等环节，让学生在实践中锻炼自己的跨文化传播能力。还可以鼓励学生参加国际文化交流活动，与不同国家和地区的人士进行交流，增强对不同文化的理解和适应能力。

（二）提升传播人才的区域研究素养

传播人才具备扎实的区域研究素养，对于中国文化国际传播至关重要。区域国别研究通过提供丰富的研究资源和学术交流机会，提升传播人才的区域研究素养。传播人才可以深入研究某一国家或地区的政治、经济、文化等方面的情况，了解其发展动态

和趋势。比如，研究美国的传播人才，需要关注美国的政治选举周期对文化传播的影响，了解美国不同地区的文化差异以及不同群体的文化需求。通过对这些方面的深入研究，传播人才在进行中国文化传播时，能够根据美国的实际情况，制定更具针对性的传播策略。

学术交流活动也是提升传播人才区域研究素养的重要途径。传播人才可以参加国际学术会议、研讨会等活动，与来自不同国家和地区的学者、专家进行交流，分享研究成果和经验。在这些交流活动中，传播人才能够了解到最新的区域研究动态，拓宽自己的研究视野，从而更好地将区域研究成果应用到中国文化国际传播工作中。

第三节　区域国别研究对中国文化国际传播的支撑作用

在全球化的大背景下，中国文化国际传播对提升国家文化软实力、促进国际文化交流意义重大。区域国别研究作为一门综合性学科，为中国文化国际传播提供了多维度、深层次的支撑，从多个方面推动着中国文化在世界范围内的有效传播。

一、深化中国文化内涵阐释

（一）基于区域特点解读中国文化

1. 针对欧美地区的文化解读

欧美国家深受基督教文化影响，强调个人主义和理性思维。

在传播中国儒家文化时，可将儒家“仁”的思想与西方的人道主义精神相联系。例如，在讲述“己所不欲，勿施于人①”时，类比西方的“黄金法则②”，从尊重他人、关爱他人的角度进行阐释，帮助欧美受众理解儒家文化的价值观。同时，结合欧美社会对个人成长和自我实现的关注，解读儒家“修身”思想，强调通过自我修养实现个人价值，使儒家文化更贴近欧美受众的思维方式。

2. 面向亚洲周边国家的文化解读

亚洲周边国家与中国在历史、文化上有诸多渊源。以日本为例，两国都重视礼仪文化。在传播中国传统礼仪文化时，可对比日本礼仪，突出中国礼仪文化中家族观念的深度和广度。如中国传统家庭礼仪中的长幼有序、祭祀仪式等，通过讲述这些礼仪背后的家族传承和文化意义，加深日本受众对中国文化的理解。对于韩国，因其对传统节日也较为重视，在传播中国节日文化时，详细介绍春节、中秋节等节日与韩国类似节日的差异，如春节的贴春联、舞龙舞狮等独特习俗，增进韩国民众对中国节日文化的认知。

3. 面向非洲地区的文化解读

非洲文化具有鲜明的部落特色和浓厚的宗教氛围。在传播中国民间故事时，可结合非洲的口头传承文化特点，以生动、富有节奏感的方式讲述故事。例如，在讲述《西游记》故事时，将孙悟空的形象与非洲神话中的英雄形象相类比，强调其勇敢、智慧

---

① 徐会连作．中庸之道对自然科学的启示［M］．北京：研究出版社，2024.01.

② （美）约瑟夫·卡迪罗著，周雁洁译．专注力的12项训练 随时进入最佳状态［M］．北京：中国青年出版社，2022.05.

的品质，让非洲受众更容易产生共鸣。同时，尊重非洲的宗教信仰，避免在传播过程中出现与当地宗教冲突的内容，使中国文化能更好地融入非洲文化环境。

（二）挖掘文化普适价值与独特魅力

1. 中国哲学思想的普适价值传播

中国哲学思想中的“和而不同”理念具有普适价值。在与欧洲国家的文化交流中，结合欧洲多元文化融合的现状，传播这一理念。例如，在举办文化论坛时，以欧洲不同国家的艺术风格融合为例，阐述“和而不同”在文化发展中的积极意义，强调不同文化相互尊重、相互学习的重要性，让欧洲受众理解中国哲学思想对促进文化多样性发展的价值。对于中国道家的“无为而治”思想，在向美国传播时，可与美国追求自由、减少政府过度干预的理念相联系，从尊重事物自然发展规律的角度进行解读，引发美国受众对道家思想的兴趣。

2. 中国传统艺术的独特魅力展现

中国传统戏曲艺术具有独特魅力。在向东南亚国家传播时，考虑到东南亚地区对音乐、舞蹈艺术的热爱，选取具有代表性的戏曲片段，如京剧《贵妃醉酒》、越剧《梁山伯与祝英台》等，通过舞台表演和文化讲座相结合的方式，向当地民众介绍戏曲的唱腔、服饰、表演形式等独特之处。同时，邀请当地民众参与戏曲表演体验活动，让他们亲身感受戏曲的魅力。对于中国书法艺术，在向阿拉伯国家传播时，结合阿拉伯书法艺术注重线条和韵律的特点，举办书法交流展览，展示中国书法的不同字体和书写风格，介绍书法所蕴含的中国文化内涵，如汉字的演变、书法与中国哲学思想的联系等，增进阿拉伯国家民众对中国书法艺术的欣赏和理解。

3. 中国传统科技的魅力呈现

中国古代科技成果如四大发明对世界文明发展产生了深远影响。在向拉丁美洲国家传播时，以造纸术为例，通过举办科普展览，展示造纸术的发明过程、传播路线以及对拉丁美洲文化发展的推动作用。同时，结合拉丁美洲的文化特点，介绍造纸术如何促进了当地书籍的印刷和文化的传播。对于中国现代科技成果，如5G技术、高铁技术等，在向非洲国家传播时，强调这些技术对非洲基础设施建设和经济发展的积极影响。通过实际案例，如中国帮助非洲国家建设5G网络、高铁项目等，展示中国科技的魅力和实用性，提升非洲国家对中国文化的认同感。

二、助力中国文化传播渠道拓展

（一）开拓新兴区域文化市场

1. 开拓东欧地区文化市场

东欧国家在文化上具有独特的斯拉夫文化底蕴，同时近年来对东方文化的兴趣逐渐增加。通过区域国别研究发现，东欧民众对中国的历史文化、传统手工艺和现代流行文化都有一定的好奇心。可在东欧举办“中国历史文化周”活动，展示中国从古代到现代的历史发展脉络，通过文物展览、历史故事讲述等形式，吸引东欧民众的关注。同时，组织中国传统手工艺人前往东欧，举办剪纸、刺绣、陶瓷制作等手工艺工作坊，让东欧民众亲身参与制作过程，感受中国传统手工艺的魅力。此外，推动中国流行文化在东欧的传播，如举办中国流行音乐演唱会、中国电影展映等活动，借助流行文化的影响力，打开中国文化在东欧的市场。

2. 开拓大洋洲地区文化市场

大洋洲国家以澳大利亚和新西兰为代表，其文化具有多元性和开放性。区域国别研究显示，当地民众对自然文化、原住民文化和户外运动文化较为关注。中国可结合这些特点，在大洋洲举办中国山水文化展，通过摄影、绘画等艺术形式展示中国壮丽的自然风光和独特的山水文化，吸引大洋洲民众对中国自然文化的兴趣。同时，加强与大洋洲原住民文化的交流，举办文化交流活动，分享中国少数民族文化与大洋洲原住民文化的异同，增进相互之间的理解和尊重。此外，利用大洋洲民众对户外运动的热爱，举办中国传统武术比赛、太极文化推广活动等，将中国的传统体育文化与大洋洲的户外运动文化相结合，拓展中国文化在大洋洲的传播渠道。

3. 开拓南亚地区文化市场

南亚地区人口众多，文化丰富多样，印度教、佛教等宗教文化影响深远。通过区域国别研究了解到，南亚民众对中国的宗教文化、传统医学和美食文化有较高的兴趣。中国可在南亚举办中国佛教文化交流活动，邀请佛教高僧与南亚的宗教人士进行交流，举办佛教讲座、禅修体验等活动，传播中国佛教文化的精髓。同时，推广中国传统医学，举办中医义诊、中医养生讲座等活动，展示中医在治疗疾病和养生保健方面的独特优势。此外，举办中国美食文化节，展示中国各地的特色美食，介绍中国饮食文化的内涵和烹饪技艺，吸引南亚民众对中国美食文化的喜爱，从而拓展中国文化在南亚地区的传播市场。

（二）融入区域特色传播体系

1. 融入东南亚媒体传播体系

东南亚地区媒体发展迅速，且具有浓厚的地域特色。在传播中国文化时，中国可与东南亚当地的主流媒体合作，制作具有地域特色的文化节目。例如，与泰国电视台合作制作一档介绍中国与泰国文化交流历史的纪录片，从两国的贸易往来、宗教传播、艺术交流等方面入手，展示两国文化的相互影响。同时，利用东南亚地区社交媒体平台的影响力，如在印度尼西亚的 Tokopedia、Shopee 等电商平台上开设中国文化专区，销售具有中国文化特色的商品，如传统手工艺品、书籍、音乐专辑等，并通过平台的直播功能，进行中国文化的宣传和推广，融入东南亚的商业媒体传播体系。

2. 融入中东地区文化活动体系

中东地区的文化活动往往与宗教、传统节日紧密相连。中国文化传播者可积极参与中东地区的文化活动，将中国文化元素融入其中。在沙特阿拉伯的利雅得季活动中，设立中国文化展示区，展示中国的传统服饰、书法、绘画等艺术作品，同时安排中国传统音乐表演和武术表演，让中东民众在当地的文化活动中感受中国文化的魅力。此外，结合中东地区对香料文化的喜爱，举办中国香文化节，介绍中国的香料历史、制作工艺和文化内涵，将中国香文化融入中东地区的文化活动体系，增进中东民众对中国文化的了解。

3. 融入拉丁美洲教育传播体系

拉丁美洲国家重视教育，教育体系在文化传播中发挥着重要作用。中国可与拉丁美洲的学校、大学合作，开展中国文化教育项目。在学校中开设汉语课程和中国文化选修课程，编写适合当地学生的教材，不仅教授汉语语言知识，还融入中国的历史、文化、艺术等内容。例如，在墨西哥的学校中，通过讲述中国的传统节日、民间故事等，培养学生对中国文化的兴趣。同时，与拉丁美洲的教育机构合作举办中国文化学术研讨会、文化交流营等活动，邀请当地的学者、学生参与，深入探讨中国文化与拉丁美洲文化的联系和差异，将中国文化融入拉丁美洲的教育传播体系，培养对中国文化有深入了解的人才。

三、促进中国文化国际传播人才培养

（一）培养跨文化传播专业人才

1. 构建跨文化传播课程体系

高校和研究机构应构建完善的跨文化传播课程体系，培养具备扎实区域国别知识和跨文化传播能力的专业人才。在课程设置上，开设“区域文化研究”系列课程，针对不同区域，如欧洲文化、亚洲文化、非洲文化等，深入讲解各区域的历史、文化、社会等方面的知识，让学生了解不同区域文化的特点和差异。同时，设置“跨文化传播理论与实践”课程，教授跨文化传播的基本理论、传播策略和技巧，通过案例分析、模拟实践等教学方法，提高学生在不同文化背景下的传播能力。此外，还应开设语言课程，如英语、法语、阿拉伯语等，提升学生的语言沟通能力，使学生能够更好地与不同区域的受众进行交流。

2. 开展实践教学活动

实践教学是培养跨文化传播专业人才的重要环节。高校和研究机构可组织学生参与中国文化国际传播的实践项目，如参与中国文化在某一国家或地区的推广活动策划。学生通过实地调研，了解当地的文化市场需求、受众特点和传播环境，制定相应的传播策略。例如，在参与中国文化在法国的传播项目中，学生深入法国社会，了解法国民众对中国文化的认知程度和兴趣点，策划举办中国书法展览、中国传统音乐演奏会等活动，并负责活动的组织、宣传和实施。通过这些实践活动，学生能够将所学的理论知识应用到实际工作中，提高解决实际问题的能力，培养跨文化传播的实践能力。

3. 加强国际交流与合作

加强国际交流与合作，为学生提供更广阔的学习和实践平台。高校和研究机构可与国外的高校、研究机构开展交换生项目，让学生有机会到国外学习和生活，亲身感受不同国家的文化氛围，提高跨文化适应能力。例如，选派学生到美国的高校学习传媒专业课程，了解美国的文化传播体系和传播方式。同时，邀请国外的专家学者来校讲学，举办国际学术研讨会，让学生与国际同行进行交流和互动，了解国际文化传播的最新动态和研究成果，拓宽学生的国际视野，培养具有国际竞争力的跨文化传播专业人才。

4. 鼓励学生参与国际文化传播项目竞赛

积极组织并鼓励学生参与各类国际文化传播项目竞赛，这是锻炼学生跨文化传播能力的有效途径。此类竞赛通常以真实的国际文化传播场景为背景，要求学生提出创新性的传播方案。比如“全球文化创意传播大赛”，学生需要针对特定国家或地区的文化特点，设计中国文化的传播项目。在准备竞赛的过程中，学生不仅要深入研究目标区域的文化、市场和受众，还要运用所学的跨文化传播理论和技巧，制定出切实可行的传播策略。通过参与竞赛，学生能接触到来自不同高校和地区的优秀团队，在竞争与合作中相互学习、共同进步。这种竞赛经历不仅能提升学生的专业能力，还能培养他们的团队协作精神、创新思维和应变能力，为未来从事中国文化国际传播工作积累宝贵经验。

（二）提升传播人才区域研究素养

1. 鼓励传播人才深入研究区域文化

传播人才应深入研究不同区域的文化，提升区域研究素养。对于从事中国文化对非洲传播的人才，应深入研究非洲的历史、文化、宗教、社会结构等方面的知识。通过阅读相关的学术著作、研究报告，参与非洲文化研究的学术会议，与非洲的学者、文化工作者进行交流等方式，全面了解非洲文化。例如，研究非洲不同部落的文化差异，了解各部落的艺术表现形式、传统习俗和价值观念，以便在传播中国文化时，能够根据不同部落的特点，制定针对性的传播策略，避免文化冲突，提高传播效果。

2. 建立区域研究交流平台

建立区域研究交流平台，促进传播人才之间的交流与合作。相关机构可搭建线上线下相结合的交流平台，如举办区域研究学术论坛、建立区域研究网络社区等。在学术论坛上，传播人才可以分享自己在区域研究中的成果和经验，讨论在传播中国文化过程中遇到的问题和解决方案。在网络社区中，传播人才可以随时交流区域研究的心得，分享最新的研究资料和信息。通过这样的交流平台，传播人才能够相互学习、相互启发，共同提升区域研究素养，为中国文化国际传播提供更有力的支持。

3. 支持传播人才参与区域调研项目

支持传播人才参与区域调研项目，提高他们的区域研究能力。政府、高校和研究机构应设立相关的研究基金，鼓励传播人才开展区域调研项目。例如，资助传播人才前往东南亚地区，对当地的文化市场、媒体环境、受众需求等进行深入调研。传播人才通过实地考察、问卷调查、访谈等方式，收集第一手资料，分析东南亚地区文化传播的现状和趋势，为中国文化在东南亚的传播提供有针对性的建议。通过参与这些调研项目，传播人才能够深入了解不同区域的实际情况，提升区域研究能力，更好地为中国文化国际传播服务。

4. 促进传播人才的多学科融合学习

区域研究涉及众多学科领域，促进传播人才的多学科融合学习对提升其区域研究素养至关重要。传播人才不应局限于传播学领域的知识，还需广泛涉猎历史学、社会学、政治学、经济学等多个学科。政府、高校和研究机构应鼓励传播人才选修跨学科课程，例如，开设“区域历史与文化传播”“社会结构与传播策略”等课程，让他们从不同学科视角深入理解区域文化的形成、发展以及与传播的内在联系。高校可推出联合学位或双学位项目，如传播学与历史学、传播学与社会学的联合培养，使传播人才具备跨学科知识体系。在研究拉丁美洲文化传播时，具备历史学知识的传播人才能够从拉丁美洲的殖民历史、独立运动等重大历史事件中，探寻其文化根源和演变过程，进而更好地把握文化传播的脉络；掌握社会学知识，则有助于理解拉丁美洲不同社会阶层对文化传播的接受差异和影响因素。

四、应对国际文化传播挑战与风险

（一）应对文化冲突与误解

1. 加强文化差异研究与沟通

区域国别研究有助于深入了解不同国家和地区的文化差异，从而减少文化冲突和误解。传播者应加强对目标区域文化的研究，了解其价值观、信仰、习俗等方面的特点。在传播中国文化时，避免使用可能引起误解的符号、语言和行为。例如，在向中东地区传播中国文化时，充分了解伊斯兰教的教义和禁忌，在文化活动的策划和宣传中，避免出现与宗教信仰相悖的内容。同时，加强与目标区域受众的沟通，通过开展文化交流活动、民意调查等方式，了解他们对中国文化的看法和需求，及时调整传播策略，增进相互之间的理解和信任。

2. 建立文化冲突预警机制

建立文化冲突预警机制，及时发现和解决潜在的文化冲突问题。相关部门和机构应密切关注国际文化传播动态，收集和分析不同区域对中国文化的反馈信息。利用大数据技术，对社交媒体、新闻报道等渠道的信息进行监测，及时发现可能引发文化冲突的因素。例如，当发现某一中国文化产品在某一地区引发争议时，迅速启动预警机制，组织专家进行分析，制定应对方案。通过发表声明、举办解释性活动等方式，及时消除误解，避免文化冲突的扩大化。

3. 通过文化融合化解冲突

通过文化融合的方式化解文化冲突，促进文化交流与理解。在传播中国文化时，寻找与目标区域文化的共通点，将中国文化与当地文化进行有机融合。例如，在向欧洲传播中国茶文化时，结合欧洲的咖啡文化，举办“茶与咖啡的对话”文化活动，展示中国茶文化和欧洲咖啡文化的异同，促进两种文化的交流与融合。通过这种方式，不仅能够减少文化冲突，还能创造出具有创新性的文化体验，增进不同文化之间的相互欣赏和尊重。

（二）抵御文化霸权与偏见

1. 增强中国文化自信与实力

抵御文化霸权和偏见，关键在于增强中国文化的自信和实力。通过区域国别研究，了解世界文化发展的趋势和特点，挖掘中国文化的独特价值和优势。加大对中国文化产业的支持力度，推动文化创新，提高中国文化产品的质量和竞争力。例如，在电影产业方面，鼓励制作具有中国文化特色的高质量电影，通过精彩的剧情、精美的画面和深刻的文化内涵，吸引国际观众的关注，从而超越传统媒体时代的国别壁垒，形成具有全球流通性的市场（杨宾，2025）。同时，加强对中国传统文化的保护和传承，让中国文化在世界文化舞台上展现出独特的魅力，增强中国文化的自信和影响力，抵御文化霸权的冲击。

2. 传播中国文化真实形象

针对国际上存在的对中国文化的偏见，要积极传播中国文化的真实形象。利用区域国别研究的成果，了解不同区域受众对中国文化的认知偏差，有针对性地进行纠正。通过多种渠道，如国际媒体、文化交流活动、社交媒体等，传播中国文化的多元性和现代性。例如，在欧美地区，通过举办中国当代艺术展览、科技创新成果展示等活动，展示中国文化在现代社会的创新和发展，改变欧美受众对中国文化只停留在传统文化的刻板印象。同时，加强对中国文化的正面宣传，讲述中国文化发展的故事，让国际社会更全面、真实地了解中国文化。

3. 推动国际文化传播秩序重构

推动国际文化传播秩序的重构，打破文化霸权的主导地位。中国应积极参与国际文化传播规则的制定，与其他国家共同建立公平、公正、包容的国际文化传播秩序。通过加强与发展中国家的文化合作，形成合力，共同抵御文化霸权。例如，与非洲、拉丁美洲等地区的国家开展文化交流与合作项目，分享中国文化发展的经验，支持当地文化产业的发展，提升发展中国家在国际文化传播中的话语权。同时，倡导文化多样性，反对文化霸权和文化偏见，促进不同文化之间的平等交流与合作，为中国文化国际传播创造良好的国际环境。

4. 借助新兴技术创新文化传播策略

在数字化时代，新兴技术为抵御文化霸权与偏见提供了新的有力工具。中国应充分借助人工智能、虚拟现实（VR）、增强现实（AR）等新兴技术，创新文化传播策略。利用人工智能算法，深入分析不同区域受众的文化偏好、兴趣点和接收习惯，实现中国文化内容的精准推送。例如，通过大数据分析欧美地区年轻受众对科幻、冒险题材的喜爱，创作融合中国文化元素的科幻短视频或互动式游戏，借助社交媒体平台和视频网站精准推送给目标受众，吸引他们主动了解中国文化。借助 VR 和 AR 技术，打造沉浸式的中国文化体验场景。在海外文化交流活动中，运用 VR 技术搭建虚拟的中国历史文化博物馆，让国外受众身临其境地感受中国古代文明的魅力；利用 AR 技术开发文化互动应用，如在参观中国传统建筑时，通过手机 AR 扫描，呈现建筑背后的历史故事、传统工艺等，增强文化传播的趣味性和吸引力。

第四节　中国文化国际传播对区域国别研究的反哺作用

中国文化国际传播与区域国别研究紧密相连、相互影响。区域国别研究为中国文化国际传播提供了多方面的支撑，而中国文化国际传播也对区域国别研究有着不可忽视的反哺作用。这种反哺不仅体现在丰富研究素材、创新研究方法上，还深入到学科体系完善和国际文化交流推动等层面，为区域国别研究注入了新的活力与内涵。

一、为区域国别研究提供新视角与研究素材

（一）拓展区域国别研究的文化视角

1. 从文化传播看文化变迁

中国文化国际传播为区域国别研究提供了独特的文化变迁研

究视角。以中国茶文化在日本的传播为例，从古代遣唐使将中国的茶种、茶艺引入日本，到逐渐发展出独具特色的日本茶道，这一过程反映了文化传播对本土文化的深刻影响，而区域国别研究可借此深入探讨日本文化在吸收中国茶文化过程中的筛选、融合与创新机制。从早期对中国唐代煎茶法的学习，到后来发展出抹茶道、煎茶道等不同流派，日本在茶具、礼仪、茶室布置等方面融入本土的审美和哲学观念，如"和、敬、清、寂"的茶道精神，体现了日本文化在与中国茶文化交流互动中的演变。通过研究这一案例，能更深入理解文化传播如何推动区域文化的发展与变迁，丰富对日本文化发展脉络的认识。

2. 文化传播中的价值观碰撞与融合

中国文化所蕴含的价值观在国际传播中与各国本土价值观相互碰撞与融合，为区域国别研究提供了观察不同价值观互动的窗口。在欧美国家，个人主义价值观较为盛行，而中国文化强调集体主义、家国情怀。当中国影视作品在欧美传播时，其中展现的家庭观念、集体协作精神等内容与欧美本土价值观产生碰撞，例如电影《流浪地球》中人类为了拯救地球共同努力的情节，引发了欧美观众对集体行动价值的思考。区域国别研究可通过分析此类现象，探究不同价值观在文化传播中的相互影响，以及这种影响对当地社会文化观念的潜在改变，从而为研究欧美文化价值观的演变提供新的视角。

3. 跨文化传播中的文化认同构建

在东南亚地区，由于华人华侨众多，中国文化的传播与当地文化相互交织。中国的传统节日如春节，在马来西亚、新加坡等国，不仅是华人庆祝的节日，也逐渐成为多元族群共同参与的文化活动。当地马来族、印度族等族群也会参与春节的庆祝，体验舞龙舞狮、品尝中式美食等。这种文化传播现象促使区域国别研究思考跨文化背景下文化认同的构建机制，以及文化传播如何促进不同族群之间的文化理解与认同，为研究东南亚地区的多元文化共生现象提供了新的思路。

（二）丰富区域国别研究的素材资源

1. 物质文化传播的研究价值

中国的陶瓷、丝绸等传统手工艺品在国际传播过程中，承载着丰富的文化信息，为区域国别研究提供了物质文化层面的研究素材。在欧洲，中国陶瓷自明清时期大量输入后，对当地的陶瓷制作工艺、艺术风格产生了深远影响。如 18 世纪的欧洲洛可可艺术风格就受到中国陶瓷的色彩运用、图案设计等方面的启发，发展出细腻、柔和、富有曲线美的装饰风格。区域国别研究可通过对欧洲博物馆收藏的中国陶瓷以及当地仿造陶瓷的研究，分析中国陶瓷在欧洲的传播路径、市场接受度以及对当地陶瓷产业的影响，从而丰富对欧洲物质文化史和跨文化交流史的研究。

2. 精神文化传播的研究意义

中国的哲学思想、文学作品等精神文化成果在国际传播中，为区域国别研究提供了深入了解不同文化精神内核的素材。以中国儒家思想在韩国的传播为例，韩国在历史上深受儒家思想影响，将“仁、义、礼、智、信”等儒家价值观融入社会伦理和教育体系中。从古代的科举制度到现代的教育理念，儒家思想都有深刻体现。区域国别研究可通过对韩国的儒家文化遗址、儒家经典教育传承以及相关文学作品的研究，探讨儒家思想在韩国的本土化过程及其对韩国社会道德规范和民族性格塑造的作用，为研究韩国精神文化的发展提供重要素材。

3. 民俗文化传播的研究内涵

中国的民俗文化如传统节日、民间艺术等在国际传播中展现出独特魅力，为区域国别研究增添了丰富的民俗文化素材。在非洲，中国的春节文化近年来逐渐受到关注，一些非洲国家的城市会举办春节庆祝活动，当地民众参与舞龙舞狮、学习包饺子等。区域国别研究可借此研究中国民俗文化在非洲的传播方式、当地民众的参与度以及对非洲本土民俗文化的影响，分析民俗文化在跨文化传播中的特点和作用，为研究非洲民俗文化的多样性和文化交流现象提供新的视角。

二、推动区域国别研究方法的创新

（一）促进跨文化研究方法的发展

1. 比较文化分析法的深化

在研究中国文化在不同国家的传播时，通过对比中国文化与当地文化在节日庆典、礼仪规范、艺术表现等方面的异同，能更清晰地揭示文化传播的规律和特点。以中国春节和西方圣诞节在文化内涵、庆祝方式上的对比为例，春节强调家庭团聚、辞旧迎新，注重家族传承和亲情维系；而圣诞节则与基督教文化紧密相连，强调宗教意义和礼物交换。区域国别研究可通过对两者的深入比较，分析中国春节文化在西方传播时，如何与当地文化相互影响，以及这种跨文化传播对双方文化的意义，从而深化对文化传播机制的理解。

2. 文化适应理论的拓展

以中国社交媒体平台在印度的发展为例，中国社交媒体平台在进入印度市场后，根据印度的文化特点、语言多样性、宗教信仰等因素，调整功能设置和内容推荐策略。例如增加对多种印度语言的支持，推出符合印度宗教节日和文化习俗的主题活动等。区域国别研究通过分析此类案例，深入探讨文化适应过程中的关键因素、适应策略的有效性以及文化适应对文化传播效果的影响，进一步拓展文化适应理论的应用范围和深度。

3. 跨文化传播效果评估方法的创新

中国文化国际传播促使区域国别研究创新跨文化传播效果评估方法。传统的传播效果评估多侧重于传播的覆盖面、受众数量等指标，而中国文化在国际传播中的多样性和复杂性要求更全面、深入的评估方法。比如在评估中国文化在中东地区的传播效果时，除了关注传播的广度，还需考虑文化内涵的传递是否准确、是否引发了当地受众的情感共鸣、对当地文化价值观的影响等因素。区域国别研究可借鉴心理学、社会学等学科的方法，采用问卷调查、深度访谈、焦点小组等方式，综合评估中国文化在不同区域的传播效果，为文化传播策略的调整提供更科学的依据。

（二）引入大数据与新媒体研究方法

1. 大数据在区域国别研究中的应用

在研究中国文化在全球的传播时，通过收集和分析社交媒体平台上与中国文化相关的话题热度、用户评论、点赞数等数据，可了解不同国家和地区的受众对中国文化的兴趣点、情感倾向和传播路径。例如通过分析 TikTok 上与中国传统武术相关的视频数据，发现欧美年轻受众对中国武术的动作技巧、文化内涵表现出浓厚兴趣，且相关视频的传播呈现出从少数网红用户向大众扩散的趋势。区域国别研究可利用这些数据，深入分析中国文化在不同区域的传播模式和受众特征，为精准传播提供数据支持。

2. 新媒体研究方法的运用

新媒体的互动性和即时性为区域国别研究提供了实时观察文化传播动态的平台。以中国文化在 YouTube 上的传播为例，通过分析视频的评论区、弹幕内容以及用户的互动行为，可了解受众对中国文化的理解和反馈。研究者可以观察到不同国家的受众对中国文化的关注点差异，如日本受众可能对中国的传统文化艺术表现出较高兴趣，而美国受众更关注中国的科技创新文化。区域国别研究可利用新媒体研究方法，及时捕捉这些信息，深入研究文化传播过程中的受众反馈机制，为优化中国文化的国际传播内容和方式提供参考。

3. 大数据与新媒体研究方法的融合

将大数据分析与新媒体研究方法相结合，能更全面、深入地研究中国文化国际传播现象。在研究中国文化在欧洲的传播时，利用大数据技术收集欧洲各大社交媒体平台、新闻网站等渠道上与中国文化相关的数据，分析传播趋势和受众态度。同时运用新媒体研究方法，对欧洲受众在新媒体平台上的互动行为进行深度分析，了解他们对中国文化的认知和需求。通过两者的融合，区域国别研究可以构建更完善的中国文化国际传播研究模型，为制定更有效的传播策略和开展更深入的学术研究提供有力支持。

三、促进区域国别研究学科体系的完善

（一）丰富区域国别研究的学科内涵

1. 文化传播与区域文化发展

中国文化国际传播促使区域国别研究更加关注文化传播对区域文化发展的影响，丰富了学科在文化发展研究方面的内涵。在中亚地区，中国的传统医学如中医在传播过程中，与当地的传统医学相互交流融合。中医的针灸、草药疗法等逐渐被当地民众所接受，同时中亚地区的传统医学知识也为中医的发展提供了新的思路。区域国别研究可通过对这种文化传播现象的研究，探讨文

化传播如何促进区域文化的创新与发展，以及不同文化在交流过程中的相互学习与借鉴机制，从而丰富区域文化发展研究的内容。

2. 文化产业与区域经济发展

随着中国文化产业在国际市场的拓展，中国的电影、音乐、动漫等文化产品在全球范围内的影响力不断提升。以中国电影在东南亚市场的发展为例，中国电影不仅在票房上取得了一定成绩，还带动了相关文化产业的发展，如电影周边产品的开发、影视旅游的兴起等。区域国别研究可通过分析中国文化产业在东南亚地区的市场份额、产业合作模式以及对当地经济的带动作用，深入研究文化产业与区域经济发展的关系，为区域国别研究的学科内涵增添新的经济与文化交叉研究内容。

3. 文化交流与区域社会变迁

中国文化在国际传播过程中，与不同国家和地区的社会产生互动，引发社会变迁。在非洲，中国的农业技术援助项目不仅传播了农业技术，还带来了中国的农业文化和合作理念。当地农民在学习中国农业技术的过程中，逐渐改变了传统的种植方式和农业生产组织形式，同时也受到中国集体合作文化的影响，促进了当地农村社会的发展和变迁。区域国别研究可通过对这类案例的研究，深入探讨文化交流对区域社会结构、社会关系和社会观念的影响，丰富区域社会变迁研究的内涵。

（二）推动区域国别研究学科的交叉融合

1. 与传播学的交叉融合

区域国别研究的一个鲜明特征是学科交叉融合，其贯通外国语言文学、历史学、政治学、新闻传播学等人文社会科学各领域（侯迎忠、梁炎贞、唐洁，2024）。以传播学视角来看，传播学中的传播效果理论、媒介研究等内容，为区域国别研究提供了分析文化传播过程和效果的理论工具。区域国别研究则为传播学提供了丰富的跨文化传播案例和研究场景。在研究中国文化在拉丁美洲的传播时，可运用传播学中的议程设置理论，分析中国文化在拉丁美洲媒体中的呈现方式以及对当地受众认知的影响。同时区域国别研究中的文化背景分析、受众特征研究等，也能为传播学的跨文化传播研究提供更深入的研究视角，促进两者在理论和实践上的相互借鉴与融合。

2. 与社会学的交叉融合

社会学中的社会结构、社会群体、社会互动等理论，为区域国别研究提供了分析文化传播与社会关系的视角，如在研究中国文化在欧洲的传播时，可运用社会学的社会网络理论，分析中国文化在欧洲社会不同群体之间的传播路径和影响因素。区域国别研究中的文化传播现象也为社会学研究提供了新的案例，促进社会学在跨文化社会互动、文化与社会变迁等方面的研究。通过两者的交叉融合，能够更全面地理解文化传播与社会结构、社会群体之间的相互关系。

3. 与国际关系学的交叉融合

中国文化国际传播与国际关系密切相关，推动了区域国别研究与国际关系学的交叉融合。国际关系学中的软实力理论、国际文化关系等内容，为区域国别研究分析中国文化国际传播的战略意义和国际影响提供了理论框架。区域国别研究则为国际关系学提供了具体的文化传播案例和实证研究素材。在研究中国文化在“一带一路”沿线国家的传播时，可从国际关系学的角度分析文化传播对国家间关系的影响，以及如何通过文化传播提升国家的软实力和国际影响力。同时区域国别研究中的国家和地区分析，也能为国际关系学研究提供更细致的区域视角，促进两者在理论和实践上的协同发展。

（三）推动区域国别研究的学术拓展与国际合作

1. 拓展研究领域与深度

中国文化国际传播为区域国别研究开拓了新的学术领域。比如在研究中国文化在极地地区的传播时，由于极地地区特殊的地理环境、人口结构与文化生态，这一传播过程呈现出与其他地区不同的特点。中国的科考文化在极地地区的传播，不仅涉及科学知识的交流，还包括中国在极地保护、资源开发等方面的理念与实践的传播。区域国别研究可以深入探讨这种特殊环境下文化传播的模式、面临的挑战以及潜在的机遇，从而拓展区域国别研究在特殊地理区域文化传播方面的领域。同时随着虚拟现实（VR）、增强现实（AR）等新技术在文化传播中的应用，中国文化国际传播的形式日益丰富。区域国别研究可以聚焦于新技术如何改变中国文化在不同区域的传播效果，深入分析这些技术在跨文化传播中的优势与局限，从而加深对文化传播机制的理解，推动研究向纵深方向发展。

2. 促进国际学术交流与合作

中国文化国际传播吸引了国际学术界的广泛关注，为区域国别研究搭建了国际学术交流的桥梁。围绕中国文化在不同国家和地区的传播现象，各国学者可以共同开展研究项目。例如中国、印度和巴基斯坦的学者可以针对中国文化在南亚地区的传播，联合进行调研，共同探讨文化传播在促进地区文化交流与民心相通方面的作用。通过这种国际合作，不同国家的学者能够分享各自的研究视角、方法和数据，促进学术观点的碰撞与融合。此外国际学术会议也成为区域国别研究国际交流的重要平台。在相关会议上，学者们可以就中国文化国际传播的热点问题进行讨论，如中国文化在非洲法语区与英语区传播的差异比较等，这不仅有助于提升区域国别研究的国际影响力，还能推动全球范围内区域国别研究的共同发展，为构建更加完善的区域国别研究学科体系提供有力支持。

四、提升区域国别研究在全球文化交流中的地位与影响力

（一）增强区域国别研究的国际关注度

1. 文化传播吸引国际学者参与

中国文化国际传播的广泛影响力吸引了众多国际学者关注区域国别研究。随着中国文化在全球的传播，越来越多的国际学者对中国文化在不同国家和地区的传播现象产生兴趣，进而参与到区域国别研究中来。例如在研究中国文化在欧洲的传播时，欧洲的汉学家、文化研究者等与中国学者共同开展研究项目，分享各自的研究视角和成果。这种国际合作不仅丰富了区域国别研究的研究力量，还促进了不同文化背景下学术观点的交流与碰撞，提升了区域国别研究在国际学术界的关注度。

2. 文化活动促进学术交流

中国举办的各类文化活动，如中国国际进口博览会、中国国际文化产业博览交易会等，不仅是文化展示和交流的平台，也为区域国别研究提供了国际学术交流的契机。在这些活动中，会举办相关的学术论坛、研讨会等，邀请国内外学者共同探讨中国文化国际传播与区域国别研究的相关议题。通过这些学术交流活动，区域国别研究的成果得到更广泛的传播，吸引了更多国际学者的关注，进一步提升了区域国别研究在国际上的知名度和影响力。

3. 文化传播成果引发国际关注

中国文化国际传播取得的显著成果，如中国电影在国际电影节上屡获殊荣、中国的文化产品在国际市场上的热销等，引发了国际社会对中国文化以及相关区域国别研究的关注。这些成果展示了中国文化的魅力和影响力，促使国际学者更加重视区域国别研究在理解中国文化传播和跨文化交流方面的作用，如中国科幻电影《流浪地球》在国际上的成功，引发了国际学者对中国科幻文化以及中国文化在全球传播的研究兴趣，推动了区域国别研究在相关领域的深入发展，提升了其国际关注度。

（二）促进区域国别研究成果的国际共享

1. 学术期刊与出版平台的作用

国际学术期刊和出版平台为区域国别研究成果的国际共享提供了重要渠道。越来越多的国际学术期刊开设了与中国文化国际传播、区域国别研究相关的专栏或专题，发表来自不同国家学者的研究成果。例如《国际文化研究杂志》《跨文化传播研究》等期刊，经常刊登关于中国文化在不同区域传播的研究论文。国际出版机构也积极出版相关的学术著作，促进区域国别研究成果在全球范围内的传播。这些学术期刊和出版平台的存在，使得区域国别研究成果能够跨越国界，被更多的学者和研究人员所了解和引用，实现国际共享。

2. 国际学术会议与研讨会的推动

国际学术会议和研讨会是区域国别研究成果国际共享的重要平台。每年都有许多与中国文化国际传播、区域国别研究相关的国际学术会议召开，如“全球中国文化传播学术研讨会”“国际区域国别研究论坛”等。在这些会议上，学者们可以分享最新的研究成果，进行深入的学术交流和讨论。通过参与这些会议，区域国别研究成果能够迅速在国际学术界传播，促进不同国家学者之间的合作与交流，推动区域国别研究成果的国际共享。

3. 网络平台与数字资源的助力

随着互联网技术的发展，网络平台和数字资源为区域国别研究成果的国际共享提供了便捷的途径。许多学术数据库，如 Web of Science、EBSCO 等，收录了大量与区域国别研究相关的文献资料，方便全球学者检索和获取。一些开放平台，如 arXiv、ResearchGate 等，也为学者们提供了分享研究成果的空间。通过这些网络平台和数字资源，区域国别研究成果能够突破传统学术传播的限制，实现更广泛的国际共享，促进全球范围内的学术交流与合作。

（三）凸显区域国别研究在全球文化交流的引领

1. 引领跨文化交流理论创新

区域国别研究对全球跨文化交流理论创新意义重大。在研究中国文化在南美洲的传播时，会发现南美洲复杂的历史、多元的文化和独特的社会结构，这些因素使得中国文化的传播呈现出诸多特殊之处，例如南美洲丰富的本土文化传统与中国文化碰撞融合，产生了新的文化表达形式。通过深入剖析这类现象，区域国别研究能够总结出适用于文化多元且历史复杂地区的跨文化交流理论。该理论聚焦于如何在多种文化相互交织的环境中，找到不同文化的共通点，以此为桥梁促进文化的有效传播。这一理论不仅为中国文化在其他类似地区的传播提供了理论支撑，也为全球跨文化交流理论的创新贡献了新的观点和方法，推动跨文化交流理论不断发展，让区域国别研究在跨文化交流理论创新领域占据引领地位。

2. 引领全球文化产业融合发展

区域国别研究为全球文化产业融合发展指引方向。以中国影视产业与韩国影视产业的交流为例，双方在内容创作、制作技术、人才培养等方面展开合作。中国丰富的历史文化资源与韩国成熟的影视制作模式相结合，创作出了一系列受亚洲观众喜爱的作品。区域国别研究可以深入分析这种合作模式，总结文化产业融合发展的成功经验，如如何整合不同国家的文化优势和产业资源，打造具有国际竞争力的文化产品。通过研究不同文化产业融合后的市场表现和受众反馈，为全球文化产业从业者提供可借鉴的发展路径，推动全球文化产业在融合中创新，促进各国文化产业相互学习、协同发展，使区域国别研究成为全球文化产业融合发展的重要引领力量。

3. 引领全球文化治理体系完善

区域国别研究在全球文化治理体系完善中发挥引领作用。在文化遗产保护方面，通过研究中国文化在中亚地区传播过程中与当地文化遗产的互动，发现了跨国文化遗产保护的新需求和新挑战。基于此，区域国别研究可以提出建立跨国文化遗产保护基金、制定统一的文化遗产保护标准等建议，为世界文化遗产保护提供新的思路和方法。在应对文化冲突方面，以中国文化在欧洲传播时的经验为依据，倡导建立国际文化冲突调解平台，通过多边对话和协商解决文化冲突。区域国别研究还能推动国际文化治理规则的优化，促进各国在文化领域的合作，共同应对全球文化发展面临的问题，引领全球文化治理体系朝着更加科学、合理的方向完善。

第四章
中国文化国际传播面临的挑战

第一节　文化折扣与文化误读

一、文化折扣

在全球化进程加速的当下，文化传播成为连接各国的重要纽带。中国文化源远流长、内涵丰富，在国际传播中却面临诸多挑战，“文化折扣①”现象尤为突出。这一概念由加拿大学者霍斯金斯和米卢斯提出，指文化产品在跨越文化边界传播时，由于文化差异，其价值在目标市场被削减的情况。中国文化在国际传播中，因语言、文化背景、审美观念等方面的差异，受到了不同程度的文化折扣影响，主要体现在以下几个关键领域。

（一）语言与文字差异

传播路上的“翻译鸿沟”：语言文字作为文化的基石与重要载体，其差异给中国文化国际传播带来了显著挑战。汉语是表意文字，独特的词汇、语法和表达方式蕴含着深厚的文化底蕴。许多成语、俗语和古诗词，是中国文化智慧的结晶，但在国际传播时，翻译难题重重。“叶公好龙”若直译为“LordYe’ s love for

---

① 喻国明著．AIGC 传播时代［M］．北京：中国对外翻译出版公司，2024. 01.

dragons”，外国受众可能仅理解字面意思，无法领会其讽刺那些表面喜爱某物，实际并非真爱的深层含义。中国古典诗词更是如此，诗词中的格律、押韵和丰富意象，在翻译过程中往往难以完整保留。例如李白的《静夜思》，“床前明月光，疑是地上霜①”，短短两句诗，营造出静谧、思乡的氛围，“床”在古代有“井栏”之意，这一意象在翻译时极易被误解或忽略，外国读者难以体会到原诗的韵味与意境，导致中国古典文学作品在国际传播中大打折扣。

（二）文化背景差异

理解偏差的“无形壁垒”：中国文化拥有数千年的历史，形成了独特的文化背景和价值体系，其中儒家、道家、墨家等思想流派的观念深入人心，深刻影响着中国人的思维和行为方式。然而，不同国家和地区的历史、宗教和社会发展轨迹各异，导致文化背景差异巨大，这使得中国文化在国际传播中容易引发理解偏差。中国传统节日承载着丰富的文化内涵，春节作为最重要的传统节日，蕴含着团圆、祭祀、祈福等多重意义，与中国传统文化紧密相连。在西方，由于缺乏相似的文化背景，一些人对春节的理解可能仅停留在热闹的庆祝活动层面，无法深入理解其背后深厚的文化意义。在宗教信仰方面，中国的道教、佛教文化有着独特的教义和仪式，对于不熟悉这些宗教文化的外国受众来说，理解和接受存在一定难度。在国际传播中，这些文化背景差异成为中国文化传播的“无形壁垒”，阻碍了外国受众对中国文化的深入理解和认同。

---

① 李白等著．唐诗三百首［M］．北京：中译出版社，2021.03.

（三）审美观念差异

接受度的“审美屏障”：审美观念是文化的重要组成部分，不同文化背景下的审美观念存在显著差异。中国文化的审美注重和谐、含蓄和意境美，追求一种内在的精神境界。中国传统绘画强调意境营造，画家通过笔墨表达对自然、人生的感悟，追求“天人合一”的境界，作品中的留白艺术更是给人以无限遐想空间。西方绘画则更注重写实和对物体外在形态的精准描绘。这种审美观念的差异，使得中国绘画在国际传播中，西方观众可能因不理解其独特的审美追求，难以体会作品的艺术价值。中国古典音乐也是如此，其追求的“大音希声”境界，通过简洁的旋律传达深远的意境，与西方音乐注重和声、节奏的复杂性有所不同。西方听众在欣赏中国古典音乐时，可能因不适应其审美特点，导致接受度较低，限制了中国古典音乐在国际上的传播。

（四）传播媒介与渠道差异

信息损耗的“传播困境”：传播媒介和渠道在文化传播中起着至关重要的作用，但不同国家和地区的传播媒介和渠道存在差异，这也给中国文化国际传播带来了挑战。在国际传播中，中国文化产品往往需要借助国际媒体平台和渠道进行推广。然而，这些平台和渠道可能因自身定位、受众群体等因素，对中国文化产品进行有选择的传播或改编，导致信息损耗。一些国际媒体在报道中国文化时，可能更倾向于选取具有新奇性、争议性的内容，而忽略了中国文化的核心价值和丰富内涵。在影视作品传播方面，不同国家的电视节目编排和播放习惯不同，中国电视剧的长剧集和复杂情节，可能不适应一些国家观众的观看习惯，这也表明当下“文化折扣”现象早已不只是输出与接收双方的文化不对位，其中复杂的文化构成与形式拼贴，也使得影视作品传播路径的堵塞与内容的大打折扣（蔡颂、邓雅川，2020）。在网络传播中，由于语言障碍、网络文化差异等，中国文化相关的网络内容在国际社交媒体上的传播效果也会受到影响，难以广泛传播并引起国际受众的关注。

（五）文化产业发展差异

竞争力的“实力落差”：文化产业的发展水平对文化国际传播有着重要影响。中国文化产业近年来发展迅速，但与一些西方发达国家相比，仍存在一定差距。西方发达国家拥有成熟的文化产业体系，在文化产品的制作、推广和营销方面具有丰富经验和强大实力。好莱坞电影产业凭借其先进的制作技术、强大的资金支持和全球发行网络，在全球电影市场占据主导地位。相比之下，中国电影产业在制作水平、特效技术、国际营销能力等方面还有待提高。中国电影在国际市场上，可能因制作质量、营销手段等方面的不足，难以与西方电影竞争，导致文化折扣现象更加明显。在动漫、游戏等文化产业领域，西方发达国家也具有先发优势，中国文化产品在国际市场上的竞争力相对较弱，影响了中国文化的国际传播效果。

（六）受众需求差异

精准传播的“需求迷雾”：不同国家和地区的受众需求存在差异，这对中国文化国际传播提出了挑战。受众的年龄、性别、教育程度、社会阶层等因素都会影响其对文化产品的需求和喜好。在国际传播中，中国文化产品如果不能精准把握目标受众的需求，就难以引起他们的兴趣和共鸣。对于西方年轻受众来说，他们更倾向于接受具有创新性、时尚感和互动性的文化产品。如果中国文化产品在传播过程中，不能结合西方年轻受众的需求特点进行创作和推广，就可能无法吸引他们的关注。在国际图书市场上，中国文学作品如果不能根据不同国家和地区读者的阅读习惯和兴趣进行翻译和推广，也难以获得良好的传播效果。了解和满足不同受众的需求，是中国文化国际传播中需要解决的重要问题。

中国文化国际传播中的文化折扣问题是由多种因素共同造成的。要有效应对这一挑战，需要从语言翻译、文化阐释、审美融合、传播渠道拓展、文化产业发展和受众需求研究等多个方面入手，不断提升中国文化的国际传播能力，减少文化折扣的影响，让中国文化在国际舞台上绽放更加绚烂的光彩。

二、文化误读

在全球化进程中，中国文化积极走向世界，但文化误读成为国际传播的阻碍。文化误读指人们在跨文化交流时基于自身文化背景对其他文化产生偏离本意的理解（佟秋华，2008）。这种现象对中国文化的国际传播产生诸多负面影响，剖析其产生原因并寻求解决策略至关重要。

（一）文化误读的成因剖析

文化误读的产生，语言和思维方式差异是重要因素。汉语作为表意文字，与拼音文字体系有着本质区别。许多汉语词汇蕴含丰富文化内涵，在翻译时难以找到精准对应的外文词汇。“道”这一概念，在道家思想中含义深邃，涉及宇宙万物的本原和规律，但在英文里很难找到完全对等的词汇，常被简单译为“Tao”，外国受众难以从中领会其深刻的哲学内涵。不同语言反映出的思维模式也有所不同。中国人思维注重整体性和综合性，习惯从宏观角度把握事物；西方人的思维则更具分析性和逻辑性，倾向于将事物分解进行研究。这种差异在跨文化交流中表现明显。中国人表达观点时往往较为含蓄，喜欢通过隐喻、暗示等方式传达意思；西方人则更倾向于直接、明确地表达。在商务谈判中，中国代表可能会用委婉的措辞来表达自己的意见，西方代表可能因不理解这种含蓄的表达方式，而误解中国方的意图，导致沟通不畅。

文化背景的差异也是导致文化误读的关键原因。中国拥有上下五千年的历史，独特的历史发展进程塑造了与众不同的文化背景。中国社会长期受儒家思想熏陶，强调集体主义、家族观念和社会秩序的稳定。在西方，尤其是受基督教文化和个人主义价值观影响的国家，更注重个人的自由、权利和独立发展。这种文化背景的差异在家庭观念上体现得淋漓尽致。在中国，家庭被视为社会的基本单位，家庭成员之间相互依赖、相互支持，尊老爱幼是传统美德。而在一些西方国家，子女成年后就会离开家庭，追求个人的独立生活，家庭关系相对较为松散。当西方受众接触中国文化中关于家庭团聚、赡养老人等内容时，可能因自身文化背景的限制，无法理解这些行为背后的文化意义，从而产生误解。

价值观的不同同样会引发文化误读。中西方在价值观上存在诸多差异，这些差异在跨文化交流中容易引发冲突和误解。西方社会强调个人主义，追求个人的成就和自我价值的实现，鼓励个人展现自我、追求自白。美国文化中，个人英雄主义的故事深受欢迎，人们崇尚凭借个人能力取得成功。而中国文化强调集体主义价值观，注重个人与集体、社会的和谐统一，个人利益往往服从集体利益。在面对中国文化中关于集体利益至上、个人为集体做出牺牲的内容时，西方受众可能难以理解，甚至认为这是对个人权利的忽视。在艺术创作领域，西方艺术更注重个人情感的表达和创新，中国艺术则更强调作品的社会价值和文化传承。这种价值观的差异可能导致双方在欣赏和评价对方艺术作品时产生误解。

传播媒介和信息的片面性也对文化误读起到了推波助澜的作用。在信息时代，传播媒介对文化传播的影响巨大。一些国外媒体在报道中国文化时，往往出于各种目的，选择具有新奇性或争议性的内容进行报道，而忽视了中国文化的核心价值和整体面貌。在报道中国传统节日时，只关注节日中的热闹场景和特色美食，而忽略了节日背后所蕴含的深厚文化内涵和价值观念。互联网的发展虽然使信息传播更加便捷，但也带来了信息碎片化的问题。外国受众可能通过碎片化的信息来了解中国文化，这些信息往往缺乏系统性和深度，容易导致他们对中国文化形成片面、错误的认识。一些社交媒体上关于中国文化的内容，多为简短的图片或视频片段，没有深入的解读和阐释，外国受众很难从中获取全面准确的文化信息。

（二）文化误读的负面影响

文化误读严重阻碍了中国文化的准确传播。中国文化源远流长，包含丰富的哲学思想、文学艺术、传统技艺等内容。由于文化误读，这些文化内容在国际传播过程中往往无法准确传达其内涵和价值。中国的中医文化，蕴含着独特的哲学观念和治疗方法，但在国际传播中，可能因外国受众对中医理论的误解，如对阴阳五行学说的不理解，导致他们对中医的科学性产生质疑，从而影响中医文化在国际上的传播和推广。

文化误读不利于不同文化间的理解与交流。当外国受众对中国文化产生误读时，容易引发文化间的误解和冲突。在国际文化交流活动中，如果外国参与者对中国文化的礼仪和习俗存在误解，可能会导致交流过程中的不愉快，甚至引发冲突。在一些国际会议或商务活动中，外国友人可能因不了解中国的餐桌礼仪，而在宴会上做出不恰当的行为，引起中方人员的误解，影响双方的友好交流。

文化误读还损害了中国的国家文化形象。中国文化是国家形象的重要组成部分，外国受众对中国文化的误解会直接影响他们对中国国家形象的认知。一些西方媒体对中国文化的片面报道和误读，使部分外国受众对中国文化产生负面印象，进而影响他们对中国国家的整体评价。这对于中国在国际舞台上树立良好的形象、提升文化软实力极为不利。

（三）应对文化误读的策略探讨

为减少文化误读，需要加强文化背景知识的传播。可以通过多种渠道和方式，向国际社会全面、深入地介绍中国文化的背景知识。制作高质量的文化纪录片，以生动形象的画面和深入的解读，展现中国文化的历史渊源、发展脉络和核心内涵。举办文化讲座和展览，邀请专家学者进行讲解，让外国受众有机会近距离感受中国文化的魅力。在文化讲座中，可以详细介绍中国传统节日的起源、发展和文化内涵，以及中国哲学思想的形成和演变，帮助外国受众更好地理解中国文化背景，减少因文化背景差异产生的误读。

优化语言翻译与表达也是关键。翻译工作者应深入理解中国文化的内涵，运用恰当的翻译策略和技巧，尽量准确地传达中国文化的意义。对于具有独特文化内涵的词汇和表达方式，可以采用注释、意译、音译加解释等方法，帮助外国受众理解。在翻译中国古典诗词时，可以在译文后添加注释，解释诗词中意象的文化含义、作者的创作意图以及诗词所反映的时代背景等。在国际传播中，应注重语言表达的适应性，根据不同的受众和传播渠道，选择合适的语言表达方式，使中国文化更容易被外国受众接受。

拓展多元传播渠道与内容，避免信息的片面性和碎片化。除了传统的传播渠道，应充分利用互联网、社交媒体等新兴平台，全方位、多角度地传播中国文化。在社交媒体上开设官方账号，发布关于中国文化的图片、视频、文章等内容，涵盖中国文化的各个方面，包括传统文化、现代文化、艺术、科技等。与国际媒体合作，制作高质量的文化节目，全面展示中国文化的魅力。通过拓展多元传播渠道和内容，让外国受众能够更全面、深入地了解中国文化，减少因信息片面性而产生的误读。

倡导文化平等与包容的理念，反对文化霸权和偏见。通过举办国际文化交流论坛、文化交流活动等，促进不同文化间的相互尊重和理解。在文化交流活动中，尊重其他文化的差异，同时展示中国文化的独特价值，以平等的姿态与其他文化进行交流与对话。鼓励各国文化相互学习、相互借鉴，共同推动世界文化的繁荣发展。在国际文化交流论坛上，邀请各国文化学者、艺术家等共同探讨文化平等与包容的重要性，分享不同文化的魅力，消除文化霸权和偏见带来的文化误读，促进中国文化在国际上的健康传播。

文化误读是中国文化国际传播面临的重要挑战，其产生的原因涉及语言、文化背景、价值观、传播媒介等多个方面，带来的负面影响不容忽视。通过采取加强文化背景知识传播、优化语言翻译与表达、拓展多元传播渠道与内容以及倡导文化平等与包容等策略，可以有效减少文化误读，促进中国文化在国际上的准确传播和深入交流，提升中国文化的国际影响力，推动不同文化间的和谐共处与共同发展。

第二节　西方话语霸权的压制

西方凭借在经济、政治、科技等方面的优势，在国际话语体系中占据主导地位，对中国文化国际传播形成了多维度、深层次的阻碍。深入剖析西方话语霸权这一现象，对于探寻中国文化国际传播的有效路径、提升中国文化的国际影响力具有重要意义。

一、西方话语霸权的形成基础

西方话语霸权并非偶然形成，其背后有着深厚的经济、政治、文化及科技基础，这些因素相互交织，共同铸就了西方在国际话语体系中的主导地位。

（一）经济与科技优势奠定物质基础

西方发达国家长期在全球经济和科技领域占据领先地位，为其话语霸权提供了坚实的物质支撑。从工业革命开始，西方在科技研发、创新能力上持续发力，推动了生产力的巨大发展，积累了雄厚的经济实力。这种经济与科技优势使其在国际事务中拥有更多的资源和话语权，能够主导国际经济规则的制定和全球贸易体系的运行。在文化产业方面，西方发达国家凭借先进的技术和强大的资本投入，打造出具有全球影响力的文化产品和传播平台。好莱坞电影产业，不仅拥有先进的拍摄技术、特效制作工艺，还具备成熟的全球发行网络，其电影作品在全球范围内广泛传播，占据了大量的市场份额。通过电影这一载体，西方的价值观、生活方式等文化元素得以广泛传播，强化了西方在文化领域的话语权。在互联网领域，谷歌、脸书等西方互联网巨头掌控着全球网络信息传播的关键节点，能够轻易地传播西方文化和价值观，对其他国家的文化传播形成了强大的挤压之势。

（二）政治影响力构建话语权威

在国际政治舞台上，西方发达国家通过政治联盟、国际组织等途径，构建起了有利于自身的国际政治秩序，进一步巩固了其话语权威。以美国为首的西方国家主导着联合国、世界银行、国际货币基金组织等重要国际组织，在国际事务的决策中拥有主导权。在联合国安理会中，西方国家的常任理事国凭借否决权等特权，能够对国际政治议程施加重大影响。这种政治影响力使得西方在国际舆论场中更容易推行自己的观点和价值观，将自己的政治理念和文化观念包装成“普世价值”，向其他国家进行传播。在一些国际热点问题上，西方媒体往往按照西方的政治立场和价值观进行报道和评论，引导国际舆论走向，对其他国家的文化形象和国际声誉产生了重要影响。

（三）文化传统与价值观的传播强化话语渗透

西方文化传统中蕴含的个人主义、自由主义等价值观，在全球化进程中借助各种传播渠道得到广泛传播，进一步强化了西方话语霸权。西方文化强调个人的自由、权利和自我实现，这种价值观在一定程度上迎合了部分人对个性解放和自由的追求，具有较强的吸引力。通过电影、电视、音乐、文学等文化产品的传播，西方价值观潜移默化地影响着其他国家的民众。好莱坞电影中常常塑造个人英雄主义的形象，这些英雄凭借个人能力拯救世界，这种形象的传播强化了西方个人主义价值观的影响力。西方的教育体系也在全球范围内传播其文化和价值观。许多发展中国家的教育体系受到西方教育模式的影响，在课程设置、教学方法等方面大量借鉴西方经验，西方的学术思想和文化观念也随之渗透到这些国家的教育体系中，培养出的人才在一定程度上接受了西方的价值观和思维方式，进一步巩固了西方话语霸权。

（四）传媒产业优势掌控传播渠道

西方发达国家拥有强大的传媒产业，掌控着全球主要的信息传播渠道，这是其话语霸权形成的重要保障。路透社、美联社、法新社等西方通讯社在全球新闻传播领域占据主导地位，它们发布的新闻信息被全球各大媒体广泛转载，能够引导国际舆论的走向。西方的广播电视媒体，如CNN、BBC等，通过卫星电视和网络平台，将西方的新闻报道、文化节目传播到世界各地。这些媒体在报道国际新闻时，往往带有西方的立场和偏见，对中国等发展中国家的报道存在歪曲和误解。西方的社交媒体平台，如推特、脸书等，拥有庞大的用户群体和强大的传播能力。西方势力利用这些平台传播自己的文化和价值观，对其他国家的文化传播形成了巨大的挑战。一些西方政客和媒体利用社交媒体平台发布不实信息，抹黑中国形象，误导国际舆论。

二、西方话语霸权对中国文化国际传播的压制表现

西方话语霸权对中国文化国际传播的压制体现在多个方面，从国际舆论场的偏见报道到文化价值观念的冲击，再到文化产业发展的挤压，严重阻碍了中国文化在国际上的传播与发展。

（一）国际舆论场的偏见报道与抹黑

在国际舆论场中，西方媒体长期占据主导地位，对中国文化的报道往往存在偏见和歪曲。西方媒体在报道中国文化相关事件

时，常常选取负面、极端的案例进行放大和渲染，忽视中国文化的积极面和多样性。在报道中国传统节日时，西方媒体可能会聚焦于节日期间的交通拥堵、环境污染等问题，而忽略了节日所蕴含的团圆、祈福等深厚文化内涵。在涉及中国文化产业发展时，西方媒体也会进行片面报道。当中国电影在国际上取得一定成绩时，西方媒体可能会质疑电影的质量和艺术价值，或者将其成功归因于政府的支持，而不是电影本身的艺术魅力和创新之处。西方媒体还经常利用一些文化事件对中国进行抹黑。在一些国际文化交流活动中，西方媒体可能会无端指责中国文化的传播是文化扩张、文化渗透，试图在国际舆论场中制造对中国文化的负面舆论氛围。

（二）文化价值观念的冲击与误导

西方话语霸权所传播的价值观对中国文化价值观念造成了冲击和误导。西方强调个人主义、自由主义的价值观，与中国文化中集体主义、家国情怀等价值观存在差异。随着西方文化产品的大量涌入，西方价值观通过电影、电视、网络等渠道渗透到中国社会，对部分民众尤其是年轻人的价值观产生了影响。一些年轻人受到西方个人主义价值观的影响，过于追求个人利益和自我实现，忽视了集体利益和社会责任。西方还通过一些学术理论和文化思潮，对中国的传统文化和价值观念进行否定和贬低。在哲学领域，西方一些学者对中国传统哲学思想进行片面解读，试图否定中国哲学的价值和意义，误导了国际学术界对中国文化的认识。西方的消费主义文化也对中国产生了影响，一些人盲目追求西方的消费模式和生活方式，对中国传统文化中勤俭节约等美德造成了冲击。

（三）文化产业发展的挤压与限制

西方文化产业凭借其优势地位，对中国文化产业的发展形成了挤压和限制。在国际文化市场上，西方文化产品占据了大量的市场份额，中国文化产品面临着激烈的竞争。好莱坞电影在全球票房市场上占据主导地位，中国电影在海外市场的拓展面临诸多困难。西方电影公司拥有强大的制作能力、营销手段和发行渠道，能够制作出具有全球影响力的大片，而中国电影产业在这些方面还存在一定差距。在图书出版领域，西方的一些知名出版社在国际市场上具有较高的知名度和影响力，中国的图书在海外市场的发行和推广面临着诸多障碍。西方还通过知识产权保护等手段，对中国文化产业的发展进行限制。在动漫、游戏等领域，西方企业拥有大量的知识产权，中国企业在发展过程中可能会面临知识产权纠纷，限制了中国文化产业的创新和发展。西方还利用贸易保护主义手段，对中国文化产品的出口设置障碍，影响了中国文化产业的国际竞争力。

（四）学术领域的话语垄断与边缘化

在学术领域，西方话语霸权表现为话语垄断和对中国学术研究的边缘化。西方的学术体系和研究方法在国际学术界占据主导地位，许多国际学术期刊、学术会议由西方机构主导，其评价标准和选题倾向往往偏向西方的学术观点和研究方法。中国学者在国际学术舞台上发表研究成果时，往往需要遵循西方的学术规范和标准，这在一定程度上限制了中国学术研究的自主性和创新性。在人文社会科学领域，西方的理论和观点被广泛传播和引用，而中国的学术研究成果在国际上的影响力相对较小。西方一些学者对中国的研究存在偏见和误解，他们的研究成果在国际学术界传播，进一步加深了国际社会对中国的错误认识。在国际文化研究领域，西方学者往往从自己的文化视角出发，对中国文化进行研究和解读，这种解读可能并不符合中国文化的实际情况，但却在国际学术界占据主导地位，将中国学者的研究成果边缘化。

三、西方话语霸权压制下中国文化国际传播的困境

在西方话语霸权的压制下，中国文化国际传播面临着传播效果受限、文化自信受到冲击、文化产业发展受阻等多重困境，严重影响了中国文化在国际上的影响力和传播力。

（一）传播效果受限与形象塑造偏差

西方话语霸权使得中国文化在国际传播中的效果大打折扣，中国文化的形象也被歪曲和误解。由于西方媒体的偏见报道和负面宣传，国际社会对中国文化的了解往往是片面的、不准确的。一些外国人对中国文化的印象还停留在功夫、中餐等表面层面，对中国文化的丰富内涵和多元价值缺乏深入了解。在西方媒体的影响下，中国文化在国际上的形象往往被塑造为保守、落后、缺乏创新的形象，这与中国文化的实际情况相差甚远。中国的现代文化产业，如动漫、游戏、数字艺术等领域的创新成果，在国际上的传播受到限制，西方媒体很少对这些方面进行报道，导致国际社会对中国现代文化的发展了解不足。这种传播效果受限和形象塑造偏差，严重影响了中国文化在国际上的吸引力和影响力，阻碍了中国文化的国际传播。

（二）文化自信受到冲击与传承危机

西方话语霸权所传播的价值观和文化观念对中国民众的文化

自信产生了冲击，尤其是对年轻人的影响较大。一些年轻人受到西方文化的影响，对中国传统文化的价值和魅力认识不足，甚至产生了文化自卑心理。在西方消费主义文化的影响下，一些年轻人追求西方的时尚潮流和生活方式，对中国传统文化的兴趣逐渐降低。这种文化自信的缺失，不仅影响了中国文化在国内的传承和发展，也对中国文化的国际传播造成了阻碍。如果国内民众对自己的文化缺乏自信，就难以在国际传播中积极主动地传播中国文化，也难以向世界展示中国文化的魅力和价值。中国传统文化的传承也面临着危机，一些传统技艺、文化习俗等由于缺乏年轻人的关注和传承，面临着失传的危险。

（三）文化产业发展受阻与国际竞争力不足

西方话语霸权对中国文化产业的发展形成了阻碍，导致中国文化产业在国际市场上的竞争力不足。西方文化产业凭借其强大的实力和成熟的市场运作模式，在国际文化市场上占据主导地位，中国文化产业在技术、资金、人才等方面与西方存在差距。在电影制作方面，西方电影公司拥有先进的特效制作技术和丰富的制作经验，能够制作出视觉效果震撼的大片，而中国电影产业在特效制作等方面还需要进一步提高。在文化产品的营销和发行方面，西方拥有成熟的全球营销网络和发行渠道，能够将文化产品迅速推向全球市场，而中国文化产业在国际营销和发行方面还存在短板。西方还通过知识产权保护、贸易保护等手段，限制中国文化产业的发展，使得中国文化产业在国际市场上的拓展面临诸多困难，国际竞争力难以提升。

（四）国际文化交流中的话语权缺失

在国际文化交流中，中国由于受到西方话语霸权的压制，话语权缺失的问题较为突出。在国际文化交流活动中，西方往往占据主导地位，制定交流规则和议程，中国在文化交流中的声音相对较弱。在一些国际文化论坛、展览等活动中，西方的文化观念和价值取向被广泛传播，而中国文化的观点和理念难以得到充分表达和传播。在国际文化合作项目中，中国也往往处于被动地位，难以充分发挥自己的文化优势和特色。这种话语权缺失，不仅影响了中国文化在国际文化交流中的地位和作用，也不利于中国文化在国际上的传播和发展。

西方话语霸权的压制是中国文化国际传播面临的严峻挑战，其形成有着深厚的经济、政治、文化基础（裴琳娜，2011）。在西方话语霸权的压制下，中国文化国际传播在国际舆论场、文化价值观念、文化产业发展和学术领域等方面面临着诸多困境。为突破这一压制，中国需要采取积极有效的策略，推动中国文化在国际上的传播与发展，提升中国文化的国际影响力和竞争力。

第三节　传播渠道与平台的局限

在全球化的浪潮中，中国文化国际传播的重要性愈发凸显，而传播渠道与平台作为文化传播的关键载体，其发展状况直接关乎中国文化在世界舞台上的传播效果与影响力。尽管随着信息技术的迅猛发展，传播渠道与平台日益丰富多样，但在实际传播过程中，中国文化仍面临着诸多局限，这些局限从不同维度制约着中国文化走向世界的步伐。

一、传统媒体海外影响力有限

在国际传播格局中，传统媒体长期占据一定地位，但对于中国文化的国际传播而言，其海外影响力存在明显不足，这主要体现在以下几个关键方面。

（一）覆盖范围与受众群体的局限

传统媒体的传播范围常受地理因素和技术条件的双重限制。报纸、杂志等纸质媒体在海外发行时，面临着运输成本高、发行渠道不畅等问题，导致其在海外的发行量有限，难以广泛触达国际受众，以中国的一些专业性文化杂志为例，由于发行网络的局限，在欧美等地区的订阅量较低，传播范围极为有限。广播电台和电视台的信号传输同样面临挑战，信号覆盖范围受发射功率、卫星覆盖区域等技术条件制约。在一些偏远地区或信号较弱的区域，很难接收到来自中国的广播电视节目。即使在信号覆盖范围内，由于语言和文化差异，真正关注和理解中国传统媒体内容的受众也相对较少。在西方，民众大多习惯通过本地媒体获取信息，对中国传统媒体的关注度不高，这使得中国传统媒体在海外的受众基础较为薄弱。

（二）传播内容与方式的适应性难题

中国传统媒体在传播内容和方式上，往往未能充分契合海外受众的需求与文化背景。在内容选择上，部分报道和节目过于聚焦国内视角，缺乏对国际受众兴趣点的深入研究，导致内容与海外受众的关联性不强。在一些文化类节目中，过度强调中国文化的专业性和学术性，忽视了趣味性和通俗性，使得海外受众在理解和接受上存在困难。在传播方式方面，传统媒体多采用较为严肃、正式的方式，缺乏互动性和参与性，难以吸引海外受众的注意力。与西方媒体多样化、个性化的传播方式相比，中国传统媒体的传播方式显得较为单一，无法满足海外受众日益多样化的信息需求，如西方媒体在文化节目中常采用故事化、体验式的呈现方式，让观众更容易产生共鸣，而中国传统媒体在这方面的创新不足。

（三）国际竞争压力下的发展困境

在国际媒体市场中，中国传统媒体面临着来自西方媒体的激烈竞争。西方媒体凭借长期积累的品牌影响力、丰富的资源和先进的传播技术，在国际传播领域占据主导地位。它们拥有庞大的采编团队、广泛的国际新闻网络和成熟的市场运营模式，能够迅速、全面地报道国际新闻和文化事件。相比之下，中国传统媒体在资源投入、技术水平和市场运营能力等方面存在一定差距，在国际竞争中处于劣势。在国际新闻报道方面，西方媒体常常抢占先机，设置议题，引导国际舆论走向，而中国传统媒体的声音往往被淹没在西方媒体的舆论浪潮中，难以在国际媒体市场上脱颖而出，提升自身的影响力。

（四）政策法规与市场准入的限制

不同国家和地区的政策法规以及市场准入条件，也对中国传统媒体的海外传播形成了一定限制。一些国家对外国媒体的进入设置了严格的政策壁垒，包括内容审查、市场份额限制等。在一些西方国家，对外国媒体的内容审核标准较为严格，中国传统媒体的部分内容可能因不符合当地的政策法规或价值观而无法在当地传播。一些国家的媒体市场准入门槛较高，中国传统媒体在当地设立分支机构或开展业务面临诸多困难，这也限制了其在海外的发展空间和影响力的提升。

二、新媒体平台话语权受限

随着互联网技术的飞速发展，新媒体平台成为文化传播的重要力量，但中国文化在国际新媒体平台上的话语权仍受到诸多限制，影响了其传播效果和影响力。

（一）平台算法与推荐机制的偏向

海外主流新媒体平台，如 Facebook、Twitter、Instagram 等，其算法与推荐机制往往偏向西方文化和价值观。这些平台的算法依据用户的浏览历史、兴趣偏好等因素推送内容，而西方用户的兴趣偏好多受西方文化影响，这使得西方文化相关内容更容易获得高曝光度和推荐量。中国文化内容在这些平台上可能因不符合算法偏好，难以被推送给更广泛的用户群体。一些关于中国传统文化的优质内容，可能因缺乏足够的流量和互动数据，被算法埋没，无法在平台上获得应有的传播机会。此外平台算法还可能受到政治因素的干扰，对中国文化内容进行不合理的筛选和限制，进一步削弱了中国文化在新媒体平台上的传播效果。

（二）文化差异导致的传播障碍

文化差异是指不同文化背景的人对同一文化现象的理解和接受度有着明显的差异，这可能会使得海外受众产生对中国文化的误读或误解（刘敏仪，2024）。可见，新媒体平台上的传播内容需要符合当地的文化习惯和审美标准，才能获得受众的认可和传播。然而中国文化与西方文化存在较大差异，这种差异在新媒体平台的传播中成为障碍。中国文化中的一些元素，如传统节日的内涵、哲学思想的表达等，在西方文化中缺乏对应的概念和理解基础，难以在新媒体平台上迅速引起西方受众的共鸣。中国文化在新媒体平台上的传播形式，如短视频、直播等，也需要根据西方受众的喜好进行调整和创新。如果不能有效地跨越文化差异，中国文化在新媒体平台上的传播效果将大打折扣，难以获得广泛的关注和传播。

（三）网络安全与隐私问题的影响

网络安全和隐私问题对中国文化在海外新媒体平台上的传播产生了一定影响。一些海外新媒体平台存在数据泄露的风险，可能导致中国文化传播过程中的数据被窃取或滥用。不同国家和地区的数据安全法规和隐私保护标准存在差异，中国文化传播者在跨地区传播时，需要应对复杂的法规环境，增加了数据安全管理的难度。如果数据安全和隐私保护问题得不到有效解决，不仅会影响用户对传播平台的信任，还可能对中国文化的国际传播造成负面影响，使得国际受众对中国文化传播内容的安全性产生担忧。

三、传播渠道整合与协同不足

在当前的传播环境下，中国文化国际传播拥有多种渠道和平台，但各渠道之间缺乏有效的整合与协同，导致传播资源分散，传播效果未能达到预期。

（一）传统媒体与新媒体的脱节

传统媒体和新媒体在传播中国文化时，存在明显的脱节现象。传统媒体在内容制作和传播方式上相对保守，与新媒体的融合程度较低。在报道中国文化活动时，传统媒体可能只是进行简单的新闻报道，而没有充分利用新媒体的互动性和多媒体特性进行深度传播；新媒体则更加注重时效性和互动性，但在内容的深度和权威性上相对不足。两者之间缺乏有效的沟通和协作，无法形成优势互补。在社交媒体上，一些关于中国文化的热门话题，传统媒体未能及时跟进和深入报道；而传统媒体的优质文化节目，也没有在新媒体平台上得到有效的推广和传播，造成了传播资源的浪费。

（二）不同新媒体平台间的孤立运营

各类新媒体平台在传播中国文化时，往往各自为政，孤立运营。不同的新媒体平台有着不同的用户群体、传播特点和优势，但它们之间缺乏有效的合作与整合。在短视频平台上，一些关于中国文化的短视频获得了大量的关注和点赞，但这些平台与其他新媒体平台，如社交媒体、文化资讯平台等之间缺乏联动，无法将这些流量转化为更广泛的传播影响力。各新媒体平台在内容创作和传播策略上也缺乏统一规划，存在重复建设和资源浪费的问题。不同平台上的中国文化内容可能存在同质化现象，无法满足不同受众群体的多样化需求。

（三）传播渠道与文化产业的分离

中国文化国际传播渠道与文化产业之间存在分离现象，未能形成相互促进的良性循环。文化产业是文化传播的重要支撑，能够提供丰富的文化内容和产品，但传播渠道未能充分发挥对文化产业的推动作用。一些优秀的中国文化产品，如电影、电视剧、动漫等，在国际市场上缺乏有效的传播渠道和推广平台，导致其国际影响力有限。传播渠道在选择文化内容时，也没有充分考虑文化产业的发展需求，两者之间缺乏有效的对接和协同。传播渠道与文化产业的分离，不仅影响了中国文化产品的国际传播，也制约了文化产业的国际化发展。

（四）跨平台传播的技术与标准难题

在进行跨平台传播时，面临着技术和标准不统一的难题。不同的传播渠道和平台采用不同的技术架构和数据格式，这使得文化内容在跨平台传播时需要进行复杂的格式转换和技术适配。不同平台的传播标准也存在差异，如视频的分辨率、音频的格式等，这增加了传播的难度和成本。由于技术和标准的不统一，可能导致文化内容在跨平台传播过程中出现质量下降、兼容性问题等，影响了传播效果和用户体验。

（五）传播渠道整合的管理与协调困境

实现传播渠道的整合与协同，需要有效的管理和协调机制。然而，目前在这方面存在诸多困境。不同传播渠道往往属于不同的部门或机构，它们之间的利益诉求和管理方式存在差异，难以形成统一的管理和协调机制。在整合过程中，还面临着资源分配、责任划分等问题，这些问题如果得不到妥善解决，将影响传播渠道整合的效果，导致传播资源无法得到有效配置，制约中国文化国际传播的整体效果。

四、传播渠道与平台的技术与运营短板

传播渠道与平台的技术水平和运营能力，直接影响着中国文化国际传播的效果。目前，在国际传播中，中国文化所依赖的传播渠道与平台在技术和运营方面存在一些短板，阻碍了文化的有效传播。

（一）技术创新能力不足

在国际传播领域，技术创新日新月异，但中国文化传播所依赖的渠道与平台在技术创新能力方面相对滞后。与西方先进的媒体技术相比，中国在高清视频制作、虚拟现实（VR）、增强现实（AR）等技术应用方面存在差距。在文化内容的数字化制作和传播过程中，西方媒体能够利用先进的技术手段，制作出具有强烈视觉冲击力和沉浸感的内容，而中国在这方面的技术应用还不够广泛和深入。在直播技术方面，西方一些媒体平台能够实现高清、流畅的全球直播，并且具备强大的互动功能，而中国的部分传播平台在直播的稳定性、互动性等方面还有待提高。技术创新能力的不足，使得中国文化在国际传播中难以凭借先进的技术手段吸引受众的注意力，提升传播效果。

（二）数据安全与隐私保护问题

随着大数据技术在传播领域的广泛应用，数据安全与隐私保护成为重要问题。中国文化传播渠道与平台在数据安全和隐私保护方面面临着挑战。在国际传播中，涉及大量的用户数据和文化内容数据，这些数据的安全保护至关重要。一些海外新媒体平台存在数据泄露的风险，可能导致中国文化传播过程中的数据被窃取或滥用。不同国家和地区的数据安全法规和隐私保护标准存在差异，中国文化传播渠道与平台在跨地区传播时，需要应对复杂的法规环境，增加了数据安全管理的难度。如果数据安全和隐私保护问题得不到有效解决，不仅会影响用户对传播平台的信任，还可能对中国文化的国际传播造成负面影响。

（三）运营管理水平有待提高

传播渠道与平台的运营管理水平直接关系到中国文化的传播效果。目前，中国文化国际传播渠道与平台的运营管理水平有待提高。在内容运营方面，缺乏专业的运营团队和科学的运营策略，导致内容质量参差不齐，无法满足国际受众的需求。在用户运营方面，对用户的需求分析和反馈处理不够及时和准确，难以建立起与国际受众的良好互动关系。在平台的推广和营销方面，缺乏有效的推广手段和营销策略，无法提高平台的知名度和影响力。一些中国文化传播平台在海外市场的推广中，没有充分考虑当地的市场特点和受众需求，导致推广效果不佳，影响了中国文化的国际传播。

（四）内容分发与精准推送的难题

在传播过程中，内容分发和精准推送是提高传播效果的关键环节，但目前存在一些难题。由于缺乏对国际受众的精准画像和数据分析能力，中国文化传播渠道与平台在内容分发时，难以将合适的内容推送给合适的受众。不同地区、不同文化背景的受众对中国文化的需求和兴趣存在差异，如何根据这些差异进行精准推送，是亟待解决的问题。现有的内容分发机制还不够完善，存在信息过载、推送不及时等问题，影响了中国文化内容的传播效果和受众的接受体验。

中国文化国际传播在传播渠道与平台方面面临着诸多局限，这些局限涵盖了传统媒体、新媒体以及传播渠道整合与运营等多个层面。要突破这些局限，需要加强传统媒体的海外拓展，提升其影响力；争取在新媒体平台上的话语权，打破西方舆论的主导；加强传播渠道的整合与协同，实现资源的优化配置；提升传播渠道与平台的技术创新能力和运营管理水平。只有这样，才能为中国文化国际传播创造更加有利的条件，提升中国文化在国际上的传播效果和影响力。

第四节　专业人才与内容创作瓶颈

专业人才短缺和内容创作瓶颈也是阻碍中国文化在国际舞台上广泛且深入传播的关键因素。这两个问题相互交织，从多个层面影响着中国文化国际传播的效果，亟待深入剖析。

一、专业人才短缺困境

专业人才是推动中国文化国际传播的核心力量，但当前这一领域面临着严峻的人才短缺问题，从数量到质量，都难以满足实际需求，在多个方面制约着文化传播事业的发展。

（一）人才数量不足且专业技能待提升

当前，我国的国际话语权已有显著提高，但与我国综合国力的发展和国际地位仍不相称，与西方发达国家的差距仍然较大（陈欣，2020）。因此，还需进一步加大中国文化的国际传播。然而随着中国文化国际传播需求的不断增长，跨文化传播专业人才的缺口日益凸显。国际传播需要具备跨文化交际能力、精通外语且熟悉国际传播规则的专业人才，然而目前这类人才的培养规模难以跟上实际需求。高校中相关专业设置较少、招生人数有限，社会培训体系也不完善，导致人才供应不足。在一些文化交流活动和国际项目合作中，常因缺乏专业人才而出现沟通不畅、传播效果不佳的情况。现有的国际传播人才在专业技能和综合素质方面也存在不足。语言能力上，翻译专业文化内容时精准度和文化适应性欠佳；跨文化交际能力参差不齐，容易在交流中产生误解和冲突；对国际传播规则和新媒体技术的掌握不够全面，难以适应快速变化的传播环境。在社交媒体平台进行文化传播时，部分人因不熟悉平台算法规则和传播技巧，无法有效提升内容曝光度和影响力。

（二）人才培养体系存在缺陷

当前中国文化国际传播人才培养体系存在诸多问题。高校课程设置存在理论与实践脱节的现象，过于注重理论教学，实践环节不足，且课程内容更新滞后，对新媒体技术、跨文化传播新趋势等讲授不够及时深入。实践教学缺乏与国际传播机构的有效合作，学生实践机会少，实践平台有限，难以有效提升实践能力。许多高校新闻传播专业学生在学习过程中缺乏参与国际新闻报道或跨文化传播项目的机会，毕业后难以快速适应实际工作要求。高校和相关培训机构的培养目标往往与实际市场需求脱节。部分院校制定培养方案时未充分调研行业趋势和企业需求，导致培养出的人才无法满足用人单位要求。如培养语言类国际传播人才时，过于侧重语言技能训练，忽视国际传播业务知识、跨文化交际能力以及新媒体技术应用能力的培养，造成人才供需不匹配。

（三）人才流失与结构失衡

中国文化国际传播领域人才流失问题较为严重。一方面，国内相关行业与国外在发展水平、职业机会和待遇等方面存在差距，吸引了部分优秀人才外流；另一方面，国内文化传播行业工作压力大，薪资待遇和职业发展空间不足，也导致部分人才流失。人才流失不仅造成资源浪费，还影响了文化传播工作的连续性和稳定性，一些文化传播项目因关键人才离职而进度受阻。人才结构也不合理，从专业领域看，传统语言类、文学类专业人才相对较多，新兴的数字媒体、文化产业管理等领域专业人才短缺，难以满足新媒体传播时代的需求；从地域分布看，人才主要集中在经济发达地区和大城市，偏远地区和中小城市人才匮乏，导致文化传播资源分配不均，影响中国文化在更广泛区域的传播。

（四）人才选拔与继续教育问题突出

在国际传播人才选拔过程中，选拔机制不健全。目前选拔方式大多侧重学历和考试成绩，对人才的实践能力、创新能力和综合素质考察不足。一些单位招聘时以学历和专业成绩为主，忽视候选人在实际项目中的表现、解决问题的能力及创新思维，使得部分有实践能力和创新精神的人才被埋没，选拔出的人才可能无法胜任复杂的国际传播任务。对于已从事国际传播工作的专业人才，继续教育体系不完善。国际传播环境变化迅速，新的技术、理念和方法不断涌现，从业人员需要持续学习更新知识。但目前继续教育资源有限，课程设置缺乏针对性和系统性，无法满足不同层次、不同专业背景人才的学习需求。一些在职人员参加继续教育后，发现所学内容与实际工作关联不大，难以有效提升工作能力，导致知识和技能逐渐老化，难以适应行业发展要求。

二、内容创作质量与创新不足

内容创作作为中国文化国际传播的核心环节，其质量与创新性直接关系到中国文化在国际舞台上的吸引力和影响力。然而当前，中国文化国际传播的内容创作存在诸多问题，难以满足国际受众日益多样化的需求。

（一）内容品质与创新双重困境

中国文化国际传播的内容质量参差不齐。部分文化产品在制作时，对文化内涵挖掘不深、把握不准，呈现出内容空洞、形式单一的弊病。一些宣传中国传统文化的纪录片，只是机械地罗列文化现象，没有深入解读文化背后的历史、哲学和社会背景，使得国际受众难以触及中国文化的精髓。在文化创意产品领域，部分产品设计缺乏创意，质量粗糙，仅仅将传统图案简单印制在商品上，未能创新运用文化元素，无法展现中国文化的独特魅力，难以吸引国际游客购买。以海外发行的部分中国电视剧为例，剧情简单、制作粗糙，在国际市场上反响不佳，甚至引发负面评价，损害了中国文化的形象。创新意识与能力的欠缺在内容创作中表现突出。许多文化产品过度依赖传统模式，忽视时代潮流和国际受众需求。文学创作方面，一些作品沿用传统叙事和表现手法，难以吸引年轻一代国际受众。影视创作领域，题材和表现形式跟风严重，部分中国电影因创新不足，未能结合国际市场需求创作，在国际市场缺乏竞争力。动漫行业同样如此，尽管中国文化资源丰富，但很多动漫作品在角色设定、故事剧情上缺乏创新，难以与日本、美国等动漫强国的作品抗衡。

（二）受众需求把握与创作视角偏差

在内容创作过程中，对国际受众需求的研究严重不足。不同国家和地区的受众在文化背景、审美观念、价值取向等方面差异巨大，而当前的创作往往未能充分考虑这些差异。在向西方传播中国文化时，由于未充分考虑西方受众的思维方式和接受习惯，导致传播效果不佳。一些文化产品内容和形式过于中国化，缺乏与国际受众的共鸣点。在国际图书市场，中国文学作品的翻译和推广未充分考虑国外读者的阅读习惯和兴趣点，限制了作品的传播范围。一些中国文化类短视频在海外平台上，因未考虑当地受众的观看习惯和兴趣偏好，播放量和互动量较低。缺乏跨文化视角的创作理念是制约中国文化国际传播的关键因素。许多创作者以国内受众为主要目标，忽视了将中国文化与国际文化有机融合的重要性。在跨文化传播中，需要找到既能体现中国文化特色，又能被国际受众理解和接受的创作方式。一些中国动漫作品在国际传播时，只是简单堆砌中国元素，未充分考虑国际受众的审美和文化需求，导致作品反响平平。在对外宣传的文化海报设计中，若未考虑不同文化对色彩、符号的不同理解，可能引发误解，影响传播效果。

（三）创作深度广度及资源配置问题

中国文化国际传播的内容在深度和广度上存在明显不足。深度方面，对文化现象和问题的探讨不够深入，无法满足国际受众对中国文化深层次理解的需求。在讲述中国历史故事时，往往只简单叙述事件，未深入剖析背后的文化意义和历史价值。广度方面，内容涵盖面较窄，多局限于传统的文化领域，对中国现代文化、科技文化等方面的展示不足。一些国际传播内容侧重于中国传统文化，对中国在科技创新、社会发展等方面的文化成果展示较少，导致国际受众对中国文化的认知不够全面，在国际文化交流活动中，关于中国现代科技文化创新成果的展示稀缺，使得国外对中国的印象仍停留在传统的文化符号上。创作资源投入存在不均衡的状况。一方面，热门文化领域如影视、文学等资源投入相对较多，竞争激烈；而小众但具有独特文化价值的领域，如民间手工艺、地方特色文化等，资源投入严重不足，导致这些小众文化难以得到有效挖掘和传播。另一方面，资金投入存在重制作轻研发的现象。很多文化项目将大量资金用于内容制作，在前期的创意研发、市场调研等方面投入较少，致使作品缺乏创新性和市场适应性。一些电影为追求视觉效果，在特效制作上投入大量资金，却忽视剧本打磨和国际市场需求调研，最终在国际市场遭遇失败。

（四）创作激励与人才结构难题

目前中国文化国际传播内容创作的激励机制不完善，极大地影响了创作者的积极性和创造性。在文化产业中，对优秀作品和创新型作品的奖励力度不足，无法充分激发创作者的创作热情。即便创作者产出高质量作品，也难以获得与之匹配的经济回报和社会认可。版权保护方面，侵权成本低、维权难度大，创作者的合法权益得不到有效保障，进一步打击了创作热情。一些网络文学作品被随意抄袭，作者维权困难，创作积极性受挫。中国文化国际传播的创作人才队伍结构不合理。高端创作人才和领军人物相对匮乏，在国际文化舞台上，中国缺乏具有广泛影响力的知名作家、导演、设计师等，难以引领文化创作潮流。创作人才的年龄结构也存在问题，年轻创作人才的培养和扶持力度不足。年轻创作者缺乏展示才华的平台和机会，难以在创作领域崭露头角，导致创作人才队伍更新换代缓慢。在一些文化创作领域，老年创作者占据主导地位，年轻创作者的创新思维和活力难以充分发挥。

三、专业人才与内容创作的协同困境

专业人才与内容创作之间的协同不足，也是中国文化国际传播面临的重要挑战。两者之间缺乏有效的沟通与协作，无法形成合力，影响了中国文化国际传播的整体效果。

（一）专业人才与创作者沟通不畅

在实际的文化国际传播过程中，专业人才与内容创作者之间存在沟通障碍。专业人才通常具备丰富的国际传播知识和跨文化交际经验，但他们往往不参与内容创作的具体过程；而创作者更专注于内容的构思和创作，对国际传播的规则和受众需求了解不够深入。这就导致两者在目标和理念上难以达成一致，无法实现有效的合作。在制作一部对外宣传的文化纪录片时，传播专业人才希望内容能够更符合国际受众的接受习惯，注重传播效果；而创作者可能更追求艺术表达和文化内涵的呈现，忽视了传播效果的重要性。双方缺乏有效的沟通，使得最终的作品难以达到预期的传播目标。在一些文化交流活动的策划中，专业的国际传播人才和活动内容创作者之间经常因为沟通不畅，导致活动形式和内容无法满足国际受众的需求，影响了文化传播的效果。

（二）创作过程缺乏专业指导

内容创作过程中，缺乏专业人才的有效指导。由于创作者对国际传播的专业知识和技能掌握不足，在创作过程中可能会出现各种问题，如文化解读不准确、传播策略不当等。在创作国际传播的文化产品时，可能会因为对国外文化禁忌不了解，而在作品中出现冒犯性内容。由于缺乏专业人才的指导，创作者难以把握国际传播的尺度和重点，无法充分发挥文化产品的传播价值。一些文化产品在国际传播中遭遇挫折，很大程度上是因为在创作过程中没有得到专业人才的指导，导致作品不符合国际市场的需求。在一些中国文化主题的动漫创作中，由于缺乏专业的跨文化传播人才指导，作品中的文化元素可能被错误解读，影响了作品在国际市场的接受度。

（三）专业人才难以融入创作团队

专业人才在融入创作团队方面存在困难。创作团队往往有自己的创作风格和工作方式，专业人才的加入可能会打破原有的平衡，导致团队内部出现矛盾和冲突。专业人才的专业背景和思维方式与创作者不同，可能会在创作理念和方法上产生分歧。在一些文化创意项目中，专业人才提出的国际化传播建议可能不被创作团队接受，认为会影响作品的艺术风格。这种矛盾使得专业人才难以真正融入创作团队，无法充分发挥其在国际传播方面的专业优势，影响了文化产品的创作质量和传播效果。在一些电影制作团队中，传播专业人才提出的针对国际市场的修改建议，可能被导演和编剧认为会破坏电影的艺术完整性，从而导致双方产生矛盾，影响电影的国际传播效果。

（四）缺乏协同创作的机制和平台

目前中国文化国际传播领域缺乏促进专业人才与内容创作者协同创作的机制和平台。没有完善的合作机制，双方在合作过程中容易出现职责不清、利益分配不合理等问题，影响合作的积极性和效果。缺乏有效的沟通平台，使得专业人才和创作者之间的信息交流不畅，无法及时分享想法和经验。在一些文化传播项目中，由于没有明确的协同创作机制，专业人才和创作者在工作中各自为政，无法形成高效的合作模式，导致项目进展缓慢，传播效果不佳。在一些线上文化传播项目中，由于缺乏统一的协作平台，专业人才和创作者之间沟通成本高，信息传递不及时，影响了项目的推进和传播效果。

（五）评价体系不利于协同发展

现有的评价体系不利于专业人才与内容创作者的协同发展。目前对文化产品的评价，往往侧重于内容的艺术价值或商业价值，而忽视了其国际传播效果和跨文化交流的作用。对一部电影的评价，更多地关注其票房成绩和艺术奖项，而对其在国际市场上的传播效果和文化影响力的评估不足。这种评价体系使得专业人才和创作者在工作中关注的重点不一致，难以形成协同发展的动力。专业人才注重传播效果和跨文化交流，而创作者更关注作品的艺术成就，两者在评价体系的引导下，难以形成共同的目标和合作动力。在一些文化奖项的评选中，对作品的国际传播效果和跨文化交流贡献的考量较少，导致创作者和专业人才在创作和传播过程中，缺乏共同追求的目标，影响了协同合作。

第五章
中国文化国际传播迎来的机遇

第一节　全球化背景下的文化需求增长

一、全球交流深化，催生多元文化需求

全球交流的深化促使不同国家和地区的人们对多元文化的兴趣与日俱增，中国文化作为世界文化宝库中独具魅力的一部分，正受到越来越多的关注，这主要体现在国际旅游、国际文化活动、教育交流合作等方面。

（一）国际旅游蓬勃发展促进文化交流

全球化进程使得交通和通信技术飞速发展，极大地便利了人们的出行，国际旅游呈现出蓬勃发展的态势。每年都有大量游客穿梭于世界各地，亲身感受异国的风土人情、历史文化和生活方式。据世界旅游组织统计数据显示，近年来全球国际旅游人数持续增长，越来越多的外国人选择来到中国。他们游览长城、故宫等历史古迹，感受中国悠久的历史底蕴；品尝中国各地的美食，体验独特的饮食文化；参与春节、中秋节等传统节日庆典，深入了解中国的民俗风情。在这个过程中，外国游客不仅对中国文化有了更直观的认识，还将这些体验和感受带回自己的国家，传播给身边的人，进一步激发了更多人对中国文化的兴趣。国际旅游活动也促进了中国文化在海外的直接传播。许多旅游景区会提供

多语言的导览服务，向外国游客介绍景点背后的文化故事和历史渊源。一些传统手工艺人在景区展示剪纸、刺绣、捏面人等技艺，让外国游客亲身体验中国传统文化的魅力，这种面对面的交流和互动，使中国文化更生动地展现在国际游客面前，增强了中国文化的吸引力。

（二）国际文化活动搭建多元交流平台

各类国际文化活动如雨后春笋般涌现，为多元文化交流搭建了广阔的平台。像威尼斯电影节、戛纳电影节、爱丁堡艺术节等，汇聚了来自全球各地的文化作品和艺术人才，成为展示各国文化特色的重要窗口。中国文化在这些国际文化活动中也积极亮相，受到了广泛关注。在威尼斯电影节上，中国电影凭借独特的东方美学和深刻的文化内涵，多次获得重要奖项，吸引了众多国际观众的目光。中国电影《卧虎藏龙》将中国武侠文化与东方哲学思想巧妙融合，在国际影坛上取得了巨大成功，不仅收获了票房佳绩，还让世界对中国的武侠文化有了更深入的了解。在爱丁堡艺术节上，中国的传统艺术表演，如京剧、武术等，以其精湛的技艺和独特的魅力，赢得了当地观众的热烈掌声。这些国际文化活动为中国文化提供了展示的舞台，促进了中国文化与其他国家文化的交流与互动，让中国文化在全球范围内得到更广泛的传播。

（三）教育交流合作拓宽文化传播渠道

全球化背景下，国际教育交流与合作日益频繁，成为文化传播的重要渠道。各国之间的学生交换项目、学术研讨会、联合办学等活动不断增多，促进了不同文化背景下的学生和学者之间的交流与互动。越来越多的外国留学生来到中国学习，他们在中国的校园里学习专业知识的同时，也深入了解中国的语言、文化和社会生活。根据教育部的数据，近年来在华留学生人数持续增长，这些留学生成为中国文化传播的重要力量。他们在中国生活期间，通过与中国师生的交流、参与校园文化活动等方式，深入了解中国文化，并将这些文化信息带回自己的国家。许多留学生回国后，积极参与中西方文化交流活动，成为中国文化的传播者。国际学术研讨会也为文化传播提供了重要平台。在各类学术会议上，中国学者分享自己的研究成果，传播中国的学术思想和文化理念。在国际汉学研讨会上，中国学者与国外汉学家共同探讨中国文化的内涵和价值，促进了中国文化在国际学术界的传播和研究。

（四）互联网发展打破文化传播壁垒

互联网的普及和发展打破了文化传播的时空壁垒，为全球文化交流提供了新的平台。社交媒体、视频分享网站、在线学习平台等互联网工具的兴起，使得文化传播变得更加迅速和广泛。在社交媒体平台上，与中国文化相关的话题和内容常常引发广泛的讨论和分享。许多外国网友通过社交媒体了解到中国的传统节日、美食文化、时尚潮流等，进而对中国文化产生浓厚兴趣。一些中国的文化博主在国际社交媒体上拥有大量粉丝，他们通过发布有趣的文化内容，向世界展示中国文化的魅力。视频分享网站也成为中国文化传播的重要阵地。一些介绍中国传统文化的纪录片、短视频在国际视频平台上受到欢迎，让外国观众足不出户就能领略中国文化的风采。在线学习平台为人们提供了学习中国文化的便捷途径，许多外国人通过在线课程学习汉语、中国历史、传统艺术等知识，加深了对中国文化的理解和认识。

（五）全球经济合作带动文化交流融合

文化全球化的根源是全球经济你中有我、我中有你的发展格局（马晓欢，2019）。换句话说，全球经济合作的不断深入也带动了文化的交流与融合。跨国公司的发展、国际贸易的增长使得不同国家的人们在经济活动中频繁接触，促进了文化的传播和相互影响。跨国公司在全球范围内开展业务，其员工来自不同的国家和地区，在工作过程中，他们相互交流、分享各自的文化，促进了文化的融合。在中国的一些外资企业中，中外员工共同工作，相互了解彼此的文化习俗，增进了对不同文化的理解和尊重。国际贸易活动也为文化传播提供了机会。中国的商品在全球市场上广泛流通，这些商品不仅具有实用价值，还承载着中国的文化元素。中国的丝绸、陶瓷、茶叶等传统商品，以其精美的工艺和独特的文化内涵，受到了国际消费者的喜爱，成为传播中国文化的重要载体。在国际商品交易会上，中国的文化产品展区往往吸引众多参观者，展示了中国文化产业的发展成果，推动了中国文化的国际传播。

全球交流的深化从多个方面催生了对中国文化的多元需求，为中国文化的国际传播创造了有利条件。通过国际旅游、国际文化活动、教育交流合作、互联网发展以及全球经济合作等途径，中国文化在国际上的影响力不断扩大，越来越多的人渴望了解和体验中国文化的独特魅力。

二、消费层次跃升，聚焦中国文化魅力

随着全球经济的发展和人们生活水平的提升，消费层次不断跃升，人们对文化产品和服务的需求日益多样化和高端化。中国文化以其深厚的底蕴、丰富的内涵和独特的魅力，在全球消费市

场中逐渐崭露头角，吸引着越来越多消费者的目光，这一趋势在文化消费市场的扩张、消费需求的多元化以及文化与消费的深度融合等方面表现得尤为明显。

（一）文化消费市场扩张助力中国文化传播

在全球范围内，文化消费市场呈现出蓬勃发展的态势。近年来，全球文化产业规模持续扩大，人们在文化娱乐、艺术欣赏、文化旅游等方面的支出不断增加。这一增长趋势为中国文化的传播提供了广阔的市场空间。随着收入水平的提高，人们对精神文化生活的追求愈发强烈，文化消费成为日常生活中不可或缺的部分。在欧美等发达国家，文化消费市场成熟，消费者对各类文化产品有着较高的鉴赏力和需求。中国的传统文化产品，如书法、绘画、传统音乐等，逐渐在这些市场中获得认可。中国传统音乐演奏会在欧美地区举办，吸引大量当地观众，他们被独特的旋律和深厚的文化内涵所打动。这不仅展示了中国文化魅力，也为中国文化在国际文化消费市场赢得一席之地。在亚洲的一些新兴经济体，随着经济快速发展，人们对文化消费的需求迅速增长。中国的现代文化产品，如网络文学、动漫、游戏等，在这些地区受到年轻一代消费者的热烈追捧。中国网络文学作品通过翻译和数字化平台，在东南亚、韩国等地区拥有大量读者，其丰富的想象力和独特的故事内容吸引着当地读者，进一步推动中国文化在亚洲地区的传播。

（二）消费需求多元化凸显中国文化价值

消费需求是分层次的，总体上需求满足是递进的、不断跃升的（寇佳婵、董关鹏，2020）。而消费层次的跃升带来了消费需求的多元化，消费者不再满足于单一的文化产品和服务，而是追求更加丰富、多元的文化体验。中国文化涵盖了丰富的元素，从古老的传统文化到现代的创新文化，能够满足不同消费者的多样化需求。在文化旅游方面，越来越多的消费者希望深入体验当地的文化特色。中国拥有悠久的历史和丰富的文化遗产，众多历史名城、古镇和文化遗址成为热门旅游目的地。游客们不仅欣赏风景，还参与传统手工艺制作、学习民间技艺、品尝特色美食，深入了解中国文化的内涵。在文化娱乐领域，中国的电影、电视剧、综艺节目等也在全球范围内受到关注。中国电影近年来在国际电影节上屡获殊荣，其独特的叙事方式和文化表达吸引了国际观众。一些中国电视剧通过网络平台在海外播出，受到了当地观众的喜爱，让他们更直观地了解中国的社会生活和文化价值观。在文化艺术领域，中国的传统艺术如京剧、武术、剪纸等，以及现代艺术形式如当代绘画、装置艺术等，都在国际上受到关注和欣赏。不同文化背景的消费者可以根据自己的兴趣和喜好，选择自己感兴趣的中国文化产品和服务，感受中国文化的魅力。

（三）文化与消费深度融合丰富消费体验

随着消费层次的提升，文化与消费呈现出深度融合的趋势。消费者在购买产品或服务时，更加注重其中所蕴含的文化内涵和情感价值。中国文化元素在各类产品和服务中的应用，不仅丰富了消费者的体验，也提升了产品和服务的附加值。在时尚领域，中国传统元素如旗袍的立领、盘扣，中国结的图案等，被广泛应用于服装设计中，为时尚产品增添了独特的文化魅力。许多国际知名品牌也纷纷与中国设计师合作，推出融合中国文化元素的系列产品，受到全球消费者的青睐。在美食领域，中国美食以其丰富的口味和独特的烹饪技艺闻名世界。近年来，越来越多的中国餐厅在海外开业，不仅提供美味的食物，还注重餐厅的文化氛围营造，让顾客在品尝美食的同时，感受中国的饮食文化。一些中国美食品牌还推出了预制食品，将中国美食的美味和便捷相结合，满足了海外消费者的需求。在数字消费领域，中国的文化创意产品不断涌现。以中国传统文化故事为背景的手机游戏，将游戏与文化相结合，让玩家在游戏过程中了解中国文化。一些数字艺术作品也融入了中国文化元素，通过虚拟现实（VR）、增强现实（AR）等技术，为消费者带来全新的文化体验。

（四）消费升级推动中国文化创新发展

消费层次的跃升促使消费升级，消费者对文化产品和服务的品质、创新性和个性化要求越来越高。这一趋势推动了中国文化的创新发展，促使文化产业不断推出具有创新性和高品质的文化产品和服务。在文化创意产业中，越来越多的创作者将中国传统文化与现代科技、设计理念相结合，推出了许多具有创新性的文化产品。一些以中国传统神话故事为蓝本的动漫作品，通过现代的动画技术和独特的视觉设计，展现出全新的魅力，受到国内外观众的喜爱。在文化旅游方面，各地不断创新旅游产品和服务，推出了许多具有特色的文化旅游线路和项目。一些地方将传统文化与乡村旅游相结合，打造出集农事体验、民俗文化展示、传统手工艺制作于一体的乡村旅游产品，让游客在体验乡村生活的同时，感受中国传统文化的魅力。在文化教育领域，也出现了许多创新的教育产品和服务。一些在线教育平台推出了中国传统文化课程，通过生动有趣的教学方式，让学习者更轻松地了解和学习中国文化。一些文化机构还举办了各种文化体验活动，如传统礼仪讲座、书法绘画工作坊等，满足了消费者对文化学习和体验的需求。

（五）消费观念转变促进中国文化国际传播

随着消费层次的跃升，消费者的消费观念也在发生转变。越来越多的消费者更加注重文化产品和服务的品质、文化内涵和社会责任，对具有独特文化魅力和价值的产品和服务表现出更高的兴趣。这种消费观念的转变为中国文化的国际传播提供了有利条件。中国文化强调人与自然和谐相处、尊重传统、注重家庭等价值观，这些价值观在全球范围内得到了越来越多消费者的认同。中国的一些环保主题的文化作品，如纪录片、公益广告等，通过展示中国在环境保护方面的努力和成果，传播了中国的环保理念和文化价值观，受到了国际社会的关注。在文化交流活动中，中国积极推动文化的国际传播，举办了许多具有影响力的文化活动，如中国文化年、中国国际进口博览会的文化展示活动等。这些活动不仅展示了中国文化的魅力，也为国际消费者提供了了解中国文化的平台，促进了中国文化与世界文化的交流与融合。一些中国文化企业也积极拓展海外市场，通过优质的文化产品和服务，向世界展示中国文化的魅力，提升了中国文化的国际影响力。

消费层次的跃升从多个方面促进了中国文化的传播和发展。通过文化消费市场的扩张、消费需求的多元化、文化与消费的深度融合、消费升级以及消费观念的转变，中国文化在全球范围内吸引了越来越多消费者的关注和喜爱。这不仅为中国文化的国际传播创造了有利条件，也推动了中国文化的创新发展，使其在世界文化舞台上绽放出更加绚丽的光彩。

三、跨文化社交热，点燃探索中国文化激情

全球化浪潮下，跨文化社交日益活跃，成为人们生活中不可

或缺的一部分。随着互联网和社交媒体的普及，人们跨越地域和文化界限进行交流互动变得更加便捷，这一趋势为中国文化的传播带来了新的机遇，极大地激发了人们探索中国文化的热情。

（一）社交媒体推动跨文化社交，激发文化探索欲望

社交媒体的兴起打破了传统社交的时空限制，为跨文化社交搭建了广阔的平台。在社交媒体下中国文化的跨文化传播可以利用这些平台的特性，如几乎零延迟性、覆盖全球的传播范围、丰富的传播内容，在根本上改变中国文化传播格局，提高传播效率（陈孝柱，雷小磊，张燕，2018）。例如，Facebook、Twitter、Instagram、TikTok 等国际社交媒体平台拥有庞大的用户群体，覆盖全球各个角落。这些平台的便捷性和互动性，使得不同国家和地区的人们能够轻松地交流和分享文化体验，从而激发了他们对中国文化的好奇心和探索欲望。在 TikTok 上，与中国文化相关的话题热度持续攀升。许多外国用户通过观看中国的舞蹈、音乐、美食、手工艺等短视频，被中国文化的独特魅力所吸引。一些中国舞者在 TikTok 上分享中国古典舞和民族舞的视频，优美的舞姿、精美的服饰以及富有故事性的表演，吸引了大量外国粉丝的关注和喜爱。他们在评论区表达对中国舞蹈的赞美，还纷纷询问关于舞蹈背后的文化内涵、历史渊源等问题，展现出强烈的探索欲望。外国用户还通过社交媒体与中国文化爱好者进行互动交流，进一步加深了对中国文化的了解。他们分享自己对中国文化的看法和体验，互相学习和探讨，形成了良好的跨文化交流氛围。这种互动不仅让外国用户更加深入地了解中国文化，也让中国文化爱好者有机会传播中国文化，增强了文化传播的效果。

（二）跨文化社交促进文化交流，深化对中国文化的理解

跨文化社交为不同文化背景的人们提供了直接交流的机会，促进了文化的相互理解和融合。在跨文化社交过程中，人们通过分享自己的文化、倾听他人的故事，能够更深入地了解不同文化的内涵和价值，从而打破文化隔阂，增进文化认同。在国际文化交流群里，来自不同国家的人们分享自己国家的传统节日、风俗习惯、艺术形式等，同时也了解中国的春节、中秋节、端午节等传统节日的由来、庆祝方式以及背后蕴含的文化意义。他们对中国文化中家庭团聚、感恩自然、纪念先辈等价值观有了更深刻的理解，认识到这些价值观与自己国家的文化价值观有许多共通之处，从而减少了对中国文化的陌生感和误解。通过跨文化社交，外国友人还能亲身体验中国文化。一些在中国生活或旅游的外国人，通过与中国朋友的交往，参与中国家庭的聚会、庆祝活动，深入了解中国的人情世故和生活方式。他们学习使用筷子、包饺子、写书法等，在实践中感受中国文化的魅力，进一步加深了对中国文化的理解和喜爱。这种亲身参与和体验式的交流，使得外国友人对中国文化的理解更加深刻和全面，有助于消除文化偏见，促进文化的和谐共处。

（三）跨文化社交助力小众文化传播，拓宽文化探索视野

跨文化社交不仅促进了中国主流文化的传播，也为小众文化的传播提供了新的途径。一些在中国国内相对小众但具有独特魅力的文化形式，通过跨文化社交被更多人所了解和认识，拓宽了人们对中国文化的探索视野。中国的一些少数民族文化，如彝族的火把节、傣族的泼水节、蒙古族的那达慕大会等，通过跨文化社交平台吸引了众多外国友人的关注。外国用户通过观看相关的

图片、视频、文字介绍，了解到这些少数民族文化的独特风情，包括传统服饰、特色歌舞、独特的民俗活动等。他们对这些小众文化表现出浓厚的兴趣，有的甚至专门学习少数民族的语言、舞蹈，深入研究其文化内涵。这种小众文化的传播，丰富了中国文化在国际上的展示内容，让世界看到了中国文化的多样性和丰富性。除了少数民族文化，一些传统的民间手工艺，如糖画、面塑、草编等，也在跨文化社交中受到外国友人的喜爱。民间艺人通过社交媒体展示自己的制作过程，精湛的技艺和独特的艺术风格吸引了大量外国粉丝。外国友人对这些手工艺品背后的历史文化背景充满好奇，纷纷询问制作方法和文化寓意。这不仅促进了民间手工艺的传承和发展，也让外国友人对中国传统文化有了更深入的认识，拓宽了他们对中国文化的探索范围。

（四）跨文化社交与其他领域协同，拓展文化传播影响力

跨文化社交与国际旅游、教育、经济等领域相互协同，进一步拓展了中国文化的传播影响力。在国际旅游方面，跨文化社交为游客提供了更多的旅游信息和文化体验建议。外国游客在计划来中国旅游前，会通过社交媒体向去过中国的人咨询旅游攻略，了解中国各地的文化特色和旅游景点。去过中国的外国友人会分享自己的旅游经历，推荐一些具有文化特色的旅游目的地，如古老的丽江古城、充满艺术氛围的景德镇等。这种跨文化社交中的口碑传播，吸引了更多外国游客前来中国，亲身体验中国文化，从而扩大了中国文化的传播范围。在教育领域，跨文化社交促进了国际教育交流的深入发展。学生和学者们通过社交媒体与国外的同行交流学习经验、分享学术成果，同时也传播中国的学术思想和文化理念。在国际学术交流群里，中国学者分享自己在传统文化研究、科技创新等领域的成果，引起了国外学者的关注和讨

论，这不仅提升了中国学术的国际影响力，也让国外学者对中国文化的学术价值有了更深入的认识。在经济领域，跨文化社交为中国文化产业的发展和文化产品的推广提供了新的渠道。中国的文化企业通过社交媒体平台向国际市场推广自己的产品，如电影、电视剧、动漫、音乐等。一些中国动漫作品在国际社交媒体上发布预告片和精彩片段，吸引了大量外国粉丝的关注和期待。这些粉丝通过社交媒体的传播和推荐，带动了更多人对中国动漫的兴趣，促进了中国动漫在国际市场的销售和传播，提升了中国文化产业的国际竞争力。

通过社交媒体的推动、文化交流的深入、小众文化的传播以及与其他领域的协同，跨文化社交点燃了人们探索中国文化的激情，让中国文化在全球范围内得到更广泛的传播和认可。

第二节　国家战略推动与政策支持

一、“一带一路”领航，开启文化交流新篇

“一带一路”倡议自提出以来，在促进国际合作、推动经济发展的同时，也为中国文化国际传播开辟了全新的篇章。这一倡议以其广泛的覆盖范围和深远的影响力，从多个维度为中国文化交流搭建了广阔的平台，促进了文化的多元互动与传播。

（一）文化交流平台的搭建与拓展

“一带一路”倡议连接了众多沿线国家和地区，构建起了庞大的国际合作网络，为中国文化交流创造了丰富的机会和多样的平台。通过举办各类文化活动，如文化年、艺术节、电影节等，

为中国文化的展示和传播提供了广阔的舞台。中国与沿线国家互办文化年活动，在文化年期间，通过艺术展览、文艺演出、文化讲座等多种形式，全方位展示中国的传统文化与现代文化成果。中国的书法、绘画、戏曲、音乐等艺术形式在这些活动中大放异彩，让沿线国家的民众近距离感受中国文化的魅力。中国的书法艺术展在“一带一路”沿线国家展出，精美的书法作品吸引了大量当地观众，他们通过欣赏书法作品，了解到中国汉字的独特魅力和深厚的文化底蕴。这些文化活动不仅促进了中国文化的传播，也增进了各国之间的文化交流与相互理解。除了文化年活动，“一带一路”沿线还举办了许多专业性的文化节事活动。丝绸之路国际电影节汇聚了来自沿线国家的优秀电影作品，为各国电影人提供了交流与合作的平台。在电影节上，中国电影凭借独特的文化内涵和艺术风格，受到了国际同行的关注和赞誉，进一步提升了中国电影在国际上的影响力，推动了中国电影文化的传播。

（二）文化产业合作的深化与发展

“一带一路”倡议推动了中国与沿线国家在文化产业领域的深度合作，为中国文化的国际传播提供了有力的产业支撑。在影视制作方面，中国与沿线国家的合作不断加强。双方共同投资、联合制作影视作品，整合各自的资源和优势，创作出了许多具有国际影响力的作品。中国与哈萨克斯坦联合制作的电影《音乐家》，以冼星海在哈萨克斯坦的经历为背景，展现了两国人民在特殊历史时期的深厚情谊。这部电影不仅在两国上映时受到观众的喜爱，还在国际电影节上获得了多个奖项，促进了两国文化的交流与传播。在动漫、游戏等新兴文化产业领域，中国与沿线国家的合作也日益紧密。双方通过技术交流、人才培养、版权合作等方式，共同推动文化产业的创新发展。中国的动漫企业与东南亚国家的动漫公司合作，将中国的传统文化元素与当地的文化特色相结合，开发出了一系列深受当地市场欢迎的动漫产品，既传播了中国文化，又促进了当地文化产业的发展。文化产业的合作还带动了文化贸易的增长。中国的文化产品，如图书、音像制品、艺术品等，在“一带一路”沿线国家的市场份额不断扩大。同时，中国也积极引进沿线国家的优秀文化产品，促进了文化的多元交流与融合。

（三）文化遗产保护与传承的国际合作

“一带一路”倡议注重文化遗产的保护与传承，推动了中国与沿线国家在这一领域的国际合作。丝绸之路作为古代文明交流的重要通道，沿线留下了丰富的文化遗产。中国与沿线国家共同开展文化遗产保护项目，通过技术交流、人员培训、资金支持等方式，加强对丝绸之路文化遗产的保护和修复。中国与乌兹别克斯坦合作对撒马尔罕古城进行保护和修复，中国的文物保护专家运用先进的技术和经验，帮助乌兹别克斯坦保护这一珍贵的文化遗产。在合作过程中，双方的文化遗产保护人员相互学习、交流经验，促进了文化遗产保护技术的传播和发展。“一带一路”倡议还推动了文化遗产数字化保护的国际合作。利用现代信息技术，对丝绸之路沿线的文化遗产进行数字化采集、存储和展示，让更多人能够了解和欣赏这些珍贵的文化遗产。中国与沿线国家共同建立了丝绸之路文化遗产数字平台，将沿线的历史遗迹、文物等进行数字化呈现，通过互联网向全球传播，扩大了丝绸之路文化遗产的影响力，促进了中国文化与沿线国家文化的交流与传承。

（四）民心相通促进文化交流的深入发展

“一带一路”倡议以民心相通为重要目标，通过加强人文交流，促进了中国与沿线国家人民之间的相互了解和友谊，为中国文化的深入传播奠定了坚实的基础。教育交流在“一带一路”民心相通建设中发挥着重要作用。中国与沿线国家开展了广泛的教育合作，包括学生交换、教师互访、学术交流等项目。越来越多的沿线国家学生来到中国留学，他们在中国学习专业知识的同时，深入了解中国的语言、文化和社会生活。这些留学生回国后，成为中国文化的传播者，将在中国的所见所闻、所学所感分享给身边的人，促进了中国文化在当地的传播。中国与泰国开展了大规模的教育交流项目，每年都有大量泰国学生来中国留学。这些学生在中国学习汉语、中医、中国历史文化等课程，回国后积极参与中泰文化交流活动，为增进两国人民的友谊和文化交流做出了贡献。旅游交流也是促进民心相通的重要方式（钱文韬，2024）。“一带一路”沿线国家丰富的旅游资源吸引了大量游客往来。中国游客在领略沿线国家自然风光和文化风情的同时，也向当地人民介绍中国的文化和风俗习惯。外国游客来到中国，亲身感受中国的历史文化和现代发展成就，对中国文化有了更直观、更深入的认识。旅游交流不仅促进了文化的传播，还带动了当地经济的发展，实现了文化与经济的良性互动。

二、产业政策护航，助力中国文化出海

国家的产业政策作为有力支撑，为中国文化“走出去”提供了坚实保障。从文化产业扶持政策的制定，到文化市场培育的推动，再到国际合作环境的优化，各项政策相互配合，全方位助力中国文化在国际舞台上绽放光彩。

（一）文化产业扶持政策的有力推动

随着中国积极加入全球化的进程，全球化的逻辑及其影响下的国际文化发展新趋势，也深刻地影响着中国文化发展的道路，而中国文化产业政策的出场，集中反映着中国的态度、政策和应对战略（贾旭东，2009）。为促进中国文化产业的发展，国家出台了一系列扶持政策，涵盖资金支持、税收优惠、项目补贴等多个方面。这些政策旨在增强文化企业的实力，提升其国际竞争力，为中国文化出海奠定坚实的产业基础。

在资金支持上，政府设立了多种专项基金。国家艺术基金专注于扶持各类艺术创作、传播与推广项目，众多优秀的舞台艺术作品借此机会得以精心打磨并走向国际舞台。一些具有中国传统文化特色的歌剧、舞剧，通过基金的资助，提升了制作水平，在国际艺术节上收获广泛赞誉。文化产业发展专项资金则重点支持文化产业的规模化、集约化、专业化发展，助力文化企业扩大生产规模、提升创新能力。部分动漫企业借助这笔资金，引进先进技术设备，打造出具有国际水准的动漫作品，成功打开国际市场。

税收优惠政策也为文化企业减轻负担、释放发展活力。对于出口的文化产品和服务，政府给予出口退税等优惠，降低企业成本，提高其在国际市场的价格竞争力。对从事文化产业的小微企业，实行税收减免政策，鼓励其积极创新，专注文化产品的研发与推广。不少小型文化创意公司在税收优惠政策的支持下，专注于挖掘中国传统文化元素，开发出一系列独具特色的文创产品，在海外市场颇受欢迎。

项目补贴政策则针对特定的文化项目。对那些具有国际传播潜力的文化项目，如优秀影视作品的海外推广、文化遗产数字化国际传播项目等，政府给予专项补贴，推动这些项目在国际上的传播与推广。一部以中国传统手工艺为主题的纪录片，在获得项目补贴后，得以在国际知名视频平台上进行推广，让更多外国观众了解到中国传统手工艺的魅力。

（二）文化市场培育政策的积极引导

完善文化市场准入与退出机制是文化市场培育的关键。政府逐步放宽市场准入门槛，吸引各类社会资本进入文化产业领域，激发市场活力。降低文化企业的注册门槛，简化审批流程，为新兴文化企业的创立和发展提供便利。这使得许多富有创意的小型文化企业能够迅速崛起，为中国文化产业注入新鲜血液。明确市场退出机制，对经营不善或违规的企业进行清理，维护市场的健康秩序，保障优质文化企业的发展空间。

加强文化市场监管是保障文化产业健康发展的重要举措。政府通过制定严格的市场规则，规范文化企业的经营行为，打击侵权盗版、低俗文化等不良现象，营造公平竞争、积极健康的市场环境。加大对网络文化市场的监管力度，整治不良信息传播，保护知识产权，为中国文化产业的创新发展提供良好的土壤。

推动文化市场主体的培育和发展，旨在打造一批具有国际竞争力的文化企业。政府鼓励文化企业进行跨地区、跨行业、跨所有制的兼并重组，实现资源整合和规模扩张。一些大型文化企业集团通过并购，整合了产业链上下游资源，提升了综合实力，在国际文化市场上更具话语权。扶持中小文化企业发展，为其提供创业辅导、技术支持、市场拓展等服务，助力它们成长为行业的中坚力量。许多中小文化企业在政府的扶持下，专注细分领域，打造出具有差异化竞争优势的文化产品，成为中国文化出海的新兴力量。

（三）国际合作促进政策的深度支持

为推动中国文化产业的国际合作，政府积极搭建国际文化交流与合作平台。举办各类国际文化展会，如中国国际文化产业博览交易会，吸引了全球众多文化企业参展，为中国文化企业与国际同行提供了交流、合作与贸易洽谈的机会。组织文化产业代表团参加国际知名文化活动，展示中国文化产业的发展成果，拓展国际合作渠道。中国文化产业代表团在国际影视节展上的亮相，吸引了众多国际影视公司的关注，促成了一系列合作项目。

鼓励文化企业开展跨境投资与贸易，政府出台相关政策，为文化企业提供金融支持、信息服务和风险保障。提供出口信贷、海外投资保险等金融服务，帮助文化企业解决资金难题和降低投资风险。建立国际文化市场信息服务平台，为企业提供国际市场动态、政策法规等信息，助力企业制定正确的国际市场拓展策略。某文化企业计划在海外投资建设文化传播机构，通过出口信贷获得了资金支持，借助信息服务平台了解当地市场需求和政策法规，顺利实现了海外布局，推动了中国文化在当地的传播。

（四）政策协同与创新机制的持续优化

为确保各项文化产业政策的协同发力，政府建立了高效的政策协同机制。加强不同部门之间的沟通与协作，文化、财政、税务、商务等部门形成合力，避免政策冲突，提高政策执行效率。在制定文化产业扶持政策时，财政部门提供资金支持，税务部门配合制定税收优惠政策，商务部门助力文化企业拓展国际市场，各部门协同推进政策的实施。

建立政策评估与调整机制，对文化产业政策的实施效果进行定期评估。根据评估结果，及时调整和完善政策，确保政策的科学性和有效性。若发现某项文化产业扶持政策在实施过程中存在资金使用效率不高的问题，通过调整资金分配方式和监管机制，提高资金的使用效益。

鼓励政策创新，结合时代发展需求和文化产业的新趋势，探索新的政策模式和支持方式。随着数字文化产业的兴起，政府出台相关政策，鼓励文化企业运用区块链、人工智能等新技术，创新文化产品的生产和传播方式。支持文化企业开展基于区块链技术的数字版权保护项目，利用人工智能进行个性化的文化内容推荐，推动中国数字文化产业在国际上的发展。

三、文化外交发力，提升中国文化位势

在全球化浪潮的推动下，国际间的交流与合作日益频繁，文化外交在国家对外战略中的地位愈发重要。中国积极开展文化外交活动，凭借其独特的理念与丰富多样的实践形式，有力地提升了中国文化在国际上的位势，增强了中国文化的国际影响力与吸引力。

（一）文化外交理念的传承与创新

中国文化外交始终秉持“和而不同”“美美与共”的理念，这一理念深深扎根于中华优秀传统文化的深厚土壤之中。“和而不同”强调在尊重各国文化差异的基础上，追求和谐共处与共同发展，摒弃文化霸权主义与文化歧视。“美美与共”则倡导不同文化相互欣赏、相互借鉴，共同构建多元共生的世界文化格局。

在新时代，中国将“人类命运共同体”理念融入文化外交实践，为文化外交注入了新的内涵。“人类命运共同体”理念着眼于人类的共同利益和未来发展，在文化层面上，它呼吁各国加强文化交流互鉴，共同应对全球性文化挑战，如文化多样性的保

护、文化遗产的传承等问题。通过文化外交传播这一理念，中国积极引导国际社会树立正确的文化观，促进不同国家和民族之间的文化认同与理解，推动全球文化的和谐发展。

（二）文化外交活动的多元实践

1. 高层文化外交引领方向

高层文化外交在展示国家文化形象、推动文化外交战略实施方面发挥着关键引领作用。国家领导人在国际交往中，常常借助文化交流活动传递中国文化价值观。例如，在重要国际会议和外交访问期间，安排具有中国特色的文化展示环节，邀请外国政要参观中国的历史文化遗迹、艺术展览等，让他们亲身感受中国文化的魅力。这种高层互动不仅增进了各国领导人之间的个人友谊，更为两国之间的文化交流与合作奠定了坚实基础，引领了双边文化外交的发展方向。

2. 多边文化外交拓展空间

中国积极参与联合国教科文组织等国际组织举办的多边文化活动，在全球文化治理中发挥着越来越重要的作用。中国倡导并推动“丝绸之路文化遗产保护行动计划”，联合沿线国家共同开展文化遗产的保护与研究工作，通过多边合作的方式，提升了中国在文化遗产保护领域的国际话语权。中国还积极参与国际文化标准的制定，在文化产业、文化贸易等领域提出中国方案和建议，为推动全球文化的公平、有序发展贡献中国智慧，拓展了中国文化外交的国际空间。

3. 双边文化外交增进互信

双边文化外交是中国文化外交的重要组成部分。通过与各国签订文化合作协定，开展丰富多彩的双边文化交流活动，如互办文化年、艺术展览、文艺演出等，增进了中国与各国之间的文化了解与信任。以中俄文化交流为例，多年来，中俄双方轮流举办“中俄文化年”“中俄语言年”等活动，涵盖了艺术、教育、学术等多个领域的交流。这些活动不仅促进了两国文化的相互传播，还为两国在政治、经济等其他领域的合作营造了良好的氛围，巩固和加强了双边友好关系。

（三）文化外交助力文化产业发展

文化外交与文化产业相互促进、协同发展。文化外交为文化产业的国际拓展提供了广阔的平台和机遇。借助文化外交活动，中国文化企业能够更好地了解国际市场需求和文化消费趋势，为文化产品的研发和推广提供依据。在各类国际文化交流活动中，文化企业可以展示自身的文化产品和服务，与国际同行进行交流与合作，拓展海外市场渠道。

同时，文化产业的发展也为文化外交提供了有力支撑。优质的文化产品是文化外交的重要载体，具有强大的传播力和感染力。中国的电影、电视剧、动漫、游戏等文化产品在国际市场上的影响力不断提升，通过这些文化产品，中国的价值观、文化理念得以更广泛地传播。中国的科幻电影在国际电影节上屡获佳绩，不仅展示了中国电影产业的制作水平，也向世界传递了中国的科学精神和人文关怀，为文化外交增添了新的亮点。

（四）文化外交促进文化人才培养

文化外交的发展离不开高素质的文化人才队伍。为满足文化外交的需求，中国加大了文化人才培养的力度。在高校教育中，许多高校开设了文化外交、国际文化交流等相关专业课程，培养具有跨文化交际能力、熟悉国际文化市场和文化外交政策的专业人才。通过理论教学与实践实习相结合的方式，让学生在学习过程中积累丰富的文化外交实践经验。

此外，中国还通过举办各类文化外交培训项目和交流活动，提升现有文化工作者的专业素养。针对文化外交一线的工作人员，开展跨文化沟通技巧、国际文化法规等方面的培训，提高他们在文化外交活动中的应对能力和业务水平。鼓励文化人才参与国际文化交流与合作项目，在实践中锻炼和成长，为中国文化外交事业的持续发展提供坚实的人才保障。

（五）文化外交面临的挑战与应对策略

在国际形势复杂多变的背景下，中国文化外交也面临着诸多挑战。部分西方国家对中国文化存在偏见和误解，通过各种手段对中国文化进行歪曲和抹黑，试图阻碍中国文化的国际传播。一些新兴国家在文化发展过程中，更加注重本国文化的保护和发展，对中国文化的接受度存在一定差异。

面对这些挑战，中国应进一步加强国际传播能力建设，创新文化传播方式和手段。利用新媒体技术，打造具有国际影响力的文化传播平台，如建设多语种的文化网站、社交媒体账号等，以更加生动、直观的方式向世界传播中国文化。加强与国际媒体的合作，积极开展对外宣传，及时回应国际社会对中国文化的关切和质疑，消除误解和偏见。

加强文化外交理论研究，深入分析不同国家和地区的文化特点、价值观念和文化需求，制定更加精准有效的文化外交策略。针对不同国家和地区的文化差异，开展差异化的文化交流活动，提高文化外交的针对性和实效性。积极参与国际文化规则的制定，争取在国际文化领域的更多话语权，为中国文化外交创造更加有利的国际环境。

中国文化外交在提升中国文化国际竞争力和吸引力，促进中国文化与各国文化的融合发展方面发挥着不可替代的重要作用（仲昭曦，2019）。通过传承与创新文化外交理念、开展多元的文化外交实践活动、助力文化产业发展、促进文化人才培养以及积极应对各种挑战，中国文化在国际上的影响力和吸引力不断增强。

第三节　新媒体技术的创新赋能

一、社交媒体拓展路径，拓宽中国文化传播版图

在全球化和数字化浪潮的交织推动下，社交媒体已成为中国文化国际传播的重要力量，全方位拓展传播路径，显著拓宽中国文化传播版图，让中国文化在世界舞台上焕发出新的活力。

（一）打破时空壁垒，实现全球即时覆盖

社交媒体平台的出现，彻底打破了传统传播模式在时间和空间上的束缚。像 Facebook、Twitter 这类全球性社交媒体，拥有数十亿的活跃用户，遍布世界各个角落。无论何时何地，只要有网络接入，中国文化内容就能迅速传播到全球用户的手中。例如，中国的一些官方媒体机构会在春节期间，在 Facebook 上发布春节庆祝活动的照片、视频以及相关文化介绍，这些内容能在短时间内被不同时区、不同国家的用户浏览和分享。据统计，仅 2024 年春节期间，此类内容的浏览量就达到了数亿次，点赞、评论和分享总数也超过了千万次，让全球民众能实时感受中国春节文化的独特魅力，极大地拓展了中国文化传播的地理范围和时间限制，使中国文化真正实现了全球“零时差”传播。

（二）强化互动参与，提升文化传播效能

社交媒体的互动性为中国文化传播带来了质的飞跃。在传统传播模式中，受众处于被动接收信息的地位，而社交媒体让海外用户能够深度参与到中国文化的传播过程中。以 Instagram 为例，许多中国的传统手工艺人、艺术家在上面分享自己的创作过程和作品，海外用户不仅可以欣赏，还能通过评论区询问制作技巧、表达自己的感受，甚至通过点赞和分享将这些内容传播给更多人。这种互动不仅增强了用户对中国文化的兴趣和理解，还形成了用户自发的传播链条。例如，一位中国刺绣艺术家在 Instagram 上发布的刺绣作品短视频，收获了数千条评论和上万次分享，众多海外用户在评论中表示对中国刺绣艺术的惊叹，这使得中国刺绣文化借助用户的互动传播到了更广泛的群体中，有效提升了中国文化的传播效果，助力传播版图不断扩大。

（三）丰富内容形式，满足多元受众需求

社交媒体支持多种内容形式的呈现，为中国文化传播提供了多样化的展示途径。文字、图片、音频、视频以及直播等形式，满足了不同受众的喜好和需求。对于喜欢直观感受的用户，抖音国际版（TikTok）上那些展示中国壮丽山河、特色建筑的短视频极具吸引力；而对于想要深入了解中国文化内涵的用户，喜马拉雅国际版上的中国历史故事、古典文学解读等音频内容则是他们的首选。此类小切口、可复制性强且投入较少的短视频创意，极易促使中国文化在海外引起文化破圈效果，满足不同守正需求（张伦、邓依林、吴晔，2022）。直播形式更是为海外受众带来了沉浸式体验，如一些中国的文化机构通过直播展示传统戏曲表演、中医针灸等文化项目，让海外观众仿佛身临其境。这种丰富

的内容形式吸引了不同年龄、不同文化背景的海外受众，使中国文化传播版图覆盖的群体更加多元化。

（四）借助算法推荐，精准触达目标受众

社交媒体的算法推荐机制为中国文化传播提供了精准营销的可能。以 YouTube 为例，其算法会根据用户的浏览历史、搜索记录和互动行为，为用户精准推送相关的中国文化内容。如果一个用户经常观看中国美食相关的视频，算法就会推荐更多中国美食制作、美食文化介绍的视频给他。这种精准推荐能够将中国文化内容直接推送给对其感兴趣的目标受众，提高了传播的效率和针对性。据相关数据显示，通过算法推荐触达的用户，对中国文化内容的点击率和互动率比随机推送高出数倍，有效扩大了中国文化的传播范围，推动了传播版图的进一步拓展。

（五）催生文化社群，构建良好传播生态

社交媒体促进了以中国文化为主题的社群形成，这些社群成为中国文化传播的重要据点。在 Reddit、豆瓣小组等平台上，有许多关于中国文化的讨论小组，涵盖了中国传统文化、现代文化的各个领域。小组成员们会分享自己对中国文化的见解、学习心得，还会推荐相关的文化作品和资源。比如，在一个关于中国武侠文化的 Reddit 小组中，成员们不仅讨论武侠小说、电影，还会分享自己对武侠文化所蕴含的中国传统价值观的理解，这种交流和分享吸引了更多人对中国武侠文化的关注。这些社群成员通过自己的社交网络，将中国文化传播到更广泛的人群中，形成了一个良好的文化传播生态，不断拓展着中国文化的传播版图。

二、数字技术革新形式，增添中国文化传播魅力

数字技术从多个维度革新了中国文化的传播形式，为中国文化国际传播增添了丰富魅力。通过 VR、AR、AI、短视频、直播、3D 建模、动画以及区块链等技术的应用，中国文化以更具吸引力、互动性和可信度的方式呈现在海外受众面前。

（一）虚拟现实（VR）与增强现实（AR）技术：打造沉浸式文化体验

VR 和 AR 技术为中国文化传播带来了沉浸式的体验变革。借助 VR 技术，海外受众能够身临其境地感受中国的历史文化场景。例如，中国的一些文化机构与科技企业合作，开发了以故宫为主题的 VR 应用程序。用户戴上 VR 设备，仿佛穿越时空，漫步在故宫的宫殿之间，可以近距离欣赏精美的建筑细节、观赏宫廷文物，甚至能观看虚拟的宫廷仪式表演。这种沉浸式体验向世界立体化地呈现多彩的中国，让海外受众对中国古代宫廷文化有了更为直观和深刻的理解，极大地提升了中国文化的影响力（娄红立，2020）。

AR 技术则通过增强现实场景，使中国文化元素以新颖的方式融入现实生活。一些博物馆利用 AR 技术，当观众使用手机扫描文物展品时，手机屏幕上会呈现出文物的历史背景介绍、虚拟复原图，甚至能展示文物的制作过程动画。这种互动式体验增强了观众对文物的兴趣和理解，使文化传播更具吸引力。在海外举办的中国文化展览中应用 AR 技术，能让外国观众更积极地参与到文化体验中，感受中国文化的独特魅力。

（二）人工智能（AI）技术：实现个性化文化推荐与创作辅助

AI 技术在内容推荐和创作方面为中国文化传播提供了有力支持。在推荐领域，AI 算法能够根据海外用户的浏览习惯、兴趣偏好和文化背景，为其提供个性化的中国文化内容推荐（王海燕，2025）。音乐平台可以利用 AI 分析用户的音乐喜好，向对中国传统音乐感兴趣的用户推荐古筝、二胡等传统乐器演奏的曲目，以及融合了中国音乐元素的现代音乐作品。

在内容创作上，AI 技术能够辅助文化创作者生成更具创意和吸引力的作品。例如，AI 绘画工具可以根据中国传统绘画的风格和元素，生成具有中国特色的画作；AI 写作助手可以帮助创作者构思故事脚本，将中国文化元素巧妙地融入其中。这些借助 AI 技术创作的文化产品，既保留了中国文化的精髓，又融入了现代创意，更符合海外受众的审美需求，有助于提升中国文化在国际上的吸引力。

（三）短视频与直播技术：提升文化传播的时效性与互动性

短视频和直播技术以其独特的优势，改变了中国文化的传播节奏和互动模式。短视频简短精练的特点，使其成为快速传播中国文化亮点的有效工具。像抖音国际版（TikTok）上，大量展示中国传统手工艺制作过程的短视频，如剪纸、糖画等，以其生动有趣的内容和紧凑的节奏，吸引了众多海外用户的关注。这些短视频在短时间内传递了中国文化的魅力，激发了海外用户进一步了解中国文化的兴趣。

直播技术则为中国文化传播带来了实时互动的体验。文化机构和创作者通过直播平台，实时展示中国的传统节日庆典、文化艺术表演等活动。在直播过程中，海外观众可以通过弹幕和评论与主播互动，提问、表达感受，主播能够及时回应，增强了传播的互动性和参与感。例如，中国的一些戏曲剧团通过直播平台进行演出，海外观众在欣赏戏曲表演的同时，还能了解戏曲的历史渊源、表演技巧等知识，这种实时互动让中国戏曲文化更易被海外观众接受和喜爱。

（四）3D 建模与动画技术：重塑中国文化的视觉呈现

3D 建模与动画技术为中国文化的视觉呈现带来了革命性变化。在文化遗产保护与传播方面，3D 建模技术能够对中国的历史建筑、文物等进行高精度数字化重建。以敦煌莫高窟为例，通过 3D 建模，莫高窟的壁画和佛像被完整地数字化呈现，不仅可以永久保存这些珍贵的文化遗产，还能通过虚拟展览的形式在全球范围内传播。观众可以通过电脑或移动设备，从不同角度欣赏莫高窟的艺术之美，了解其背后的历史文化内涵。

动画技术则以富有创意的方式讲述中国故事。近年来，中国的动画作品在国际上逐渐崭露头角，如《哪吒之魔童降世》《姜子牙》等。这些动画电影将中国传统文化元素与现代动画技术相结合，以精彩的剧情、精美的画面和独特的视觉风格，吸引了全球观众的目光。动画中的角色形象、场景设计等都融入了中国传统神话、历史故事等元素，让海外观众在欣赏动画的同时，深入了解中国文化的丰富内涵，提升了中国文化的国际影响力。

（五）区块链技术：保障文化传播的版权与信任

区块链技术在文化传播领域的应用，为中国文化传播提供了版权保护和信任保障。在版权保护方面，区块链的分布式账本技术可以确保文化作品的版权归属清晰可查，实现确权、授权、维权的统一（孟根龙、杨永岗、贾卫列，2019）。对于中国的文化创作者来说，无论是文学作品、音乐作品还是艺术作品，通过区块链技术进行版权登记，能够有效防止侵权行为，保障自身的合法权益。

在传播信任方面，区块链技术可以增强海外受众对中国文化内容的信任度。在信息繁杂的网络环境中，区块链技术可以对文化传播内容的真实性和来源进行溯源验证。当海外用户获取中国文化相关信息时，通过区块链技术，他们可以确认信息的真实性和可靠性，减少虚假信息的干扰，从而更放心地接受和传播中国文化内容，为中国文化在国际上的传播营造良好的信任环境。

三、人工智能优化策略，实现中国文化精准传播

人工智能通过精准受众洞察、个性化推荐算法应用、智能内容创作、情感分析驱动的策略调整、虚拟数字人创新传播体验以及跨语言传播优化等一系列策略，为中国文化精准传播提供了全面而有力的支持。

（一）精准受众洞察与定位

人工智能借助大数据分析技术，能够对海量的用户数据进行深度挖掘和分析，从而实现对海外受众的精准洞察和定位。社交媒体平台、文化类应用程序以及在线教育平台等积累了丰富的用户数据，涵盖用户的浏览行为、搜索记录、互动情况、地理位置、语言偏好等多方面信息。人工智能算法通过对这些数据的整合与分析，可以构建出细致入微的用户画像，精准把握用户对中国文化的兴趣点和需求。

例如通过对 YouTube 用户观看中国文化相关视频的行为数据进行分析，人工智能可以识别出那些对中国传统手工艺，如剪纸、刺绣等表现出浓厚兴趣的用户群体。进一步深入分析这些用

户的年龄、性别、所在地区以及文化背景等信息，能够发现不同细分群体对中国传统手工艺的关注点存在差异。年轻用户可能更关注手工艺与现代设计的融合，希望看到传统剪纸元素在时尚单品、创意家居中的应用；而年长用户则可能对传统手工艺的历史渊源、制作工艺细节更感兴趣。基于这些精准的洞察，传播者可以针对不同细分群体制定个性化的传播策略，推送符合他们兴趣和需求的内容，大大提高中国文化传播的针对性和有效性。

（二）个性化推荐算法的深度应用

个性化推荐算法是人工智能实现中国文化精准传播的核心技术之一。基于内容的推荐算法，通过对中国文化内容的特征提取和分析，如对中国古典文学作品的主题、风格、人物形象等元素进行拆解和标记，再结合用户的历史浏览和偏好数据，为用户推荐与之匹配的文化内容（朱迪、杜朝举，2025）。当用户对中国古代诗词表现出兴趣时，算法会推荐李白、杜甫等诗人的经典诗作，以及相关的诗词解读、赏析文章，甚至是诗词朗诵音频和视频。

基于用户的协同过滤算法，则通过分析具有相似兴趣爱好的用户群体的行为，为目标用户推荐他们可能感兴趣的中国文化内容。在文化资讯平台上，如果一群用户都对中国的武术文化感兴趣，且其中部分用户关注了太极拳的相关内容，那么算法会将太极拳的教学视频、武术赛事报道、武术文化讲座等信息推荐给其他具有相似兴趣的用户。这种个性化推荐机制能够让用户更容易接触到符合自己兴趣的中国文化内容，增加用户与中国文化的互动频率和深度，提升中国文化在国际受众中的传播效果。

（三）智能内容创作与优化

人工智能在内容创作方面为中国文化传播提供了强大的辅助能力。自然语言处理技术可以帮助创作者优化文案内容。在撰写介绍中国文化的文章时，人工智能写作助手不仅能够检查语法错误、优化词汇表达，还能根据文章的主题和目标受众，提供丰富的文化典故、历史故事等素材，使文章更具文化内涵和吸引力。

在图像和视频创作领域，人工智能绘画和视频生成技术能够根据创作者输入的关键词、风格要求等，快速生成具有中国文化特色的图像和视频素材。例如，输入“中国传统节日春节”，人工智能绘画工具可以生成包含红色春联、喜庆鞭炮、舞龙舞狮等元素的精美画作；人工智能视频生成技术则可以制作出展示春节期间家庭团聚、庙会活动等场景的短视频，生动展现春节的欢乐氛围和文化内涵。这些智能生成的素材为文化创作者节省了时间和精力，同时也为中国文化传播提供了更多新颖、富有创意的内容形式。

（四）情感分析与传播策略调整

人工智能的情感分析技术能够对海外受众的反馈进行实时监测和分析，帮助传播者了解受众对中国文化内容的情感态度，进而调整传播策略。通过对社交媒体评论、视频弹幕、文章留言等文本数据的分析，情感分析技术可以判断受众的情感倾向是积极、消极还是中性。

如果在某段时间内，关于中国某部文化纪录片的评论中出现较多负面情感反馈，人工智能可以快速定位到具体的问题点，如内容过于晦涩难懂、画面质量不佳等。传播者根据这些反馈，及时调整后续的创作方向和传播策略。对于内容晦涩的问题，可以在后续作品中增加通俗易懂的解释和生动有趣的案例；对于画面质量问题，加强拍摄和后期制作环节的质量把控。通过这种基于情感分析的动态调整，传播者能够不断优化中国文化传播内容，提高受众的满意度和接受度，实现更精准、有效的传播。

（五）虚拟数字人助力文化传播体验升级

虚拟数字人作为人工智能技术的创新应用，在中国文化传播中发挥着独特作用。拟人化的虚拟数字人可以通过生动形象的表现，为中国文化传播营造沉浸式体验。以中国传统文化为主题的虚拟偶像，其形象设计融合了中国传统服饰、妆容等元素，如身着汉服、梳着古典发髻的虚拟形象。这些虚拟偶像通过社交媒体、直播平台等渠道，向海外受众介绍中国传统文化知识，展示传统礼仪、舞蹈等内容。

虚拟数字人的交互性则增强了与海外受众的互动和连接。在直播过程中，虚拟数字人可以实时回答观众的提问，与观众进行游戏互动，根据观众的反馈调整表演内容。例如，在一场介绍中国传统手工艺的直播中，虚拟数字人一边展示剪纸制作过程，一边与观众互动，解答观众关于剪纸技巧和文化寓意的疑问，让观众更深入地了解中国剪纸文化。这种互动方式使海外受众更积极地参与到中国文化传播过程中，提升了中国文化传播的效果和影响力。

（六）跨语言传播的智能优化

语言障碍是中国文化国际传播面临的一大挑战，而人工智能的智能翻译技术为解决这一问题提供了有效的解决方案。智能翻译工具基于深度学习算法，能够实现多种语言之间的快速、准确翻译。在传播中国文化内容时，无论是文字、音频还是视频，智能翻译技术都能将其翻译成多种语言，打破语言壁垒。

智能翻译技术还在不断优化，以适应不同文化背景下的语言表达习惯。对于一些具有中国文化特色的词汇和概念，如“阴阳”“五行”“功夫”等，智能翻译工具不再局限于简单的字面翻译，而是结合文化背景进行意译或加注解释，帮助海外受众更好地理解其内涵。通过更精准、更符合文化习惯的翻译，中国文化内容能够更顺畅地在全球传播，减少因语言和文化差异导致的误解，实现更高效的跨文化传播。

第四节　中国国际形象提升与影响力扩大

一、国际活动展风采，驱动中国文化传播

国际活动为中国文化传播提供了丰富的机遇和多样的平台。通过大型体育赛事、国际文化交流活动、国际会议与论坛以及国际活动志愿者的努力，中国文化在国际舞台上绽放出独特的光彩，其传播范围不断扩大，影响力持续提升。

（一）大型体育赛事：文化魅力的激情绽放

大型体育赛事具有强大的全球吸引力和广泛的传播力，为中国文化传播创造了绝佳契机。以奥运会为例，2008 年北京奥运会的成功举办，成为中国文化向世界展示的盛大舞台（孙文迪、刘畅、李欣，2016）。开幕式上，极具中国特色的表演将古老的华夏文明生动地呈现在全球观众面前。从气势恢宏的击缶而歌，展现中国传统的礼乐文化；到以长卷形式演绎的中国古代四大发明，彰显中国古代科技对世界文明发展的贡献；再到太极拳表

演，传递中国传统哲学中阴阳平衡、和谐共生的理念。这些精彩的表演，让全球数十亿观众直观地感受到中国文化的博大精深，极大地激发了他们对中国文化的兴趣。

在奥运会的举办过程中，中国的美食文化、民俗文化等也得到了充分展示。奥运村为各国运动员和工作人员提供了丰富多样的中国美食，从北京烤鸭到各类地方特色小吃，让外国友人品尝到中国美食的独特风味，感受到中国饮食文化的魅力。同时奥运场馆周边设置的民俗文化展示区，展示了剪纸、刺绣、传统手工艺等民俗文化，外国友人可以亲自体验这些传统技艺，深入了解中国民俗文化的内涵。

除了奥运会，其他国际体育赛事同样为中国文化传播发挥了重要作用。如每年在中国举办的国际马拉松赛事，吸引了来自世界各地的选手参与。赛事举办地往往会结合当地的文化特色，打造具有地域文化标识的赛事活动。例如在西安举办的马拉松比赛，选手们在奔跑过程中穿越古老的城墙，感受这座历史名城的厚重文化底蕴；而在少数民族聚居地区举办的赛事，则融入了当地的民族文化元素，如民族歌舞表演、特色服饰展示等，使外国选手和观众在参与体育赛事的同时，深入了解中国的地域文化和民族文化。

（二）国际文化交流活动：多元文化的交融盛宴

国际文化交流活动为中国文化与世界各国文化的交流互鉴提供了广阔平台。各类文化节、艺术展览、国际电影节等活动，让中国文化与其他国家的文化相互碰撞、相互交融。在国际文化节上，中国的传统艺术表演，如京剧、杂技、舞龙舞狮等，以其独特的艺术魅力吸引了众多外国观众。京剧作为中国的国粹，其精美的服饰、独特的唱腔和精湛的表演技艺，让外国观众领略到中国戏曲艺术的独特韵味。杂技表演则以其高难度的动作和精彩的编排，展示了中国传统艺术的魅力和中国人的智慧与勇气。

国际艺术展览也是中国文化传播的重要渠道。中国的书法、绘画艺术在国际上备受关注，许多中国艺术家的作品在国际艺术展览中展出，吸引了大量外国艺术爱好者和专业人士的参观。这些作品不仅展示了中国艺术的独特风格和技法，更传达了中国文化的审美观念和价值取向，如中国的山水画以其独特的意境和笔墨韵味，展现了中国人对自然的热爱和对和谐生活的向往，让外国观众在欣赏艺术作品的同时，对中国文化有了更深刻的理解。

国际电影节为中国电影走向世界提供了舞台。近年来，越来越多的中国电影在国际电影节上获奖，受到国际观众的喜爱。中国电影以其丰富的题材、独特的视角和深刻的内涵，展现了中国社会的变迁和中国人的生活情感，如《卧虎藏龙》将中国的武侠文化与东方哲学相结合，在全球范围内取得了巨大成功，不仅让外国观众对中国武侠文化产生了浓厚兴趣，也引发了他们对中国传统文化价值观的思考。这些电影在传播中国文化的同时，也促进了中外文化的交流与理解。

（三）国际会议与论坛：思想交流的文化桥梁

国际会议和论坛汇聚了各国的专家学者、政要和各界精英，是国际思想交流的重要场所。中国积极举办和参与各类国际会议与论坛，在传播中国文化方面发挥了重要作用。在一些国际经济论坛上，中国提出的发展理念和合作倡议，蕴含着中国传统文化中的“和”“合”思想，例如“一带一路”倡议倡导的共商、共建、共享原则，体现了中国传统文化中合作共赢、和谐共生的价值观念。在这些论坛上，中国的专家学者和代表通过演讲、交流等方式，向世界介绍中国的发展理念和文化内涵，增进了国际社会对中国文化的理解和认同。

在国际学术会议上，中国学者在各个领域的研究成果也传播了中国文化的智慧。在哲学、历史、文学等人文社科领域的国际会议上，中国学者分享中国传统文化的研究成果，介绍中国古代哲学思想、历史文化遗产和文学经典。这些研究成果不仅展示了中国文化的深厚底蕴，也为国际学术界提供了新的研究视角和思路。如在国际汉学研究会议上，中国学者与外国汉学家共同探讨中国文化的内涵和价值，促进了中国文化在国际学术界的传播和研究。

此外，一些主题性的国际会议，如世界文化遗产保护会议、国际非物质文化遗产论坛等，为中国文化遗产的保护和传播提供了国际交流的平台。中国在文化遗产保护方面的经验和成果在这些会议上得到分享，同时也借鉴了国际上先进的保护理念和技术。通过参与这些会议，中国文化遗产的保护理念和成果得到了国际社会的认可，进一步提升了中国文化在全球的影响力。

（四）国际活动志愿者：文化传播的青春使者

国际活动志愿者是中国文化传播的重要力量。在各类国际活动中，志愿者们以热情的服务和专业的素养，向外国友人展示中国的文化风貌和精神气质。他们不仅为活动的顺利举办提供了保障，更是中国文化的生动传播者。志愿者们通过与外国友人的日常交流，分享中国的风俗习惯、传统节日等文化知识。在国际体育赛事中，志愿者们为外国运动员和观众提供帮助和引导的同时，会向他们介绍中国的传统体育文化，如武术、太极拳等的历史和健身价值。在国际文化交流活动中，志愿者们协助外国友人参与文化体验活动，讲解中国传统艺术的特点和技巧，让外国友人更深入地了解中国文化。

志愿者们的行为举止也体现了中国文化的价值观。他们展现出的热情好客、乐于助人的品质，正是中国传统文化中“仁爱”思想的体现。在国际会议和论坛中，志愿者们的专业服务和良好素养，向世界展示了中国年轻一代的风采，传递了中国文化中注重礼仪、尊重他人的价值观念。许多外国友人通过与志愿者的接触，对中国文化有了更直观、更积极的认识，成为中国文化的传播者和友好使者。

二、经济发展强辐射，吸引世界聚焦中国文化

中国经济的发展从多个维度吸引着世界聚焦中国文化。通过彰显文化自信、促进贸易往来、推动文化产业发展、借助科技创新和发展国际旅游等方式，中国文化在国际上的影响力不断扩大。

（一）经济实力提升彰显文化自信，吸引国际关注

随着中国经济总量的持续增长，中国在全球经济格局中的地位日益重要。这种经济实力的提升让中国人民对本国文化的认同感和自豪感不断增强，文化自信也随之提升。中国文化不再仅仅是东方一隅的特色文化，而是凭借着经济发展的支撑，逐渐走向世界舞台的中央，吸引着国际社会的目光。经济的繁荣使得中国在国际事务中的话语权不断提高，为中国文化的传播创造了有利条件。在国际经济合作、贸易往来等活动中，中国积极展示自身的文化特色和价值观念，让世界看到中国文化与现代经济发展相互融合的魅力。例如在国际经济会议上，中国代表的发言不仅传递着经济发展的理念，还融入了中国传统文化中的智慧，如“和而不同”“合作共赢”等思想，这些理念与中国经济发展的成功实践相结合，引发了国际社会对中国文化的浓厚兴趣，促使更多

人主动去了解中国文化的内涵。

（二）贸易往来促进文化交流，传播中国文化元素

国际贸易是中国文化传播的重要载体，如丝绸之路等，充分体现着中国文化与异文化的交流和碰撞（王滋，2013）。中国作为全球最大的货物贸易国之一，在与世界各国的贸易往来中，大量具有中国文化特色的商品走向国际市场，成为传播中国文化的“使者”。从传统的丝绸、陶瓷、茶叶，到现代的电子产品、文创产品，这些商品不仅具有实用价值，还蕴含着丰富的中国文化元素。丝绸以其精美的工艺和华丽的图案，展现了中国古代高超的纺织技术和独特的审美观念；陶瓷上的精美纹饰和造型，体现了中国传统文化的艺术魅力；茶叶的种植、采摘和冲泡工艺，承载着中国悠久的茶文化。在现代，以中国传统文化为主题的文创产品更是在国际市场上备受欢迎，如以故宫元素为灵感设计的文具、饰品等，将中国的历史文化与现代生活相结合，让外国消费者在使用这些产品的过程中，感受到中国文化的独特韵味。此外中国企业在海外投资和建设的过程中，也注重传播中国文化，如中国在非洲参与基础设施建设时，不仅带去了先进的技术和管理经验，还通过举办文化活动、建设文化设施等方式，增进当地民众对中国文化的了解。中国援建的学校中，会开设中文课程和中国文化讲座，让非洲的孩子们从小就接触和了解中国文化，促进了中国文化在当地的传播。

（三）文化产业蓬勃发展，打造文化传播新名片

中国经济的发展为文化产业提供了充足的资金、技术和人才支持，推动文化产业蓬勃发展，成为中国文化国际传播的新引擎。近年来，中国的电影、动漫、游戏等文化产业取得了显著成

就，在国际市场上崭露头角。中国电影市场规模不断扩大，电影制作水平也日益提高，越来越多的中国电影走向国际电影节的舞台，并获得了国际奖项和观众的认可。像《流浪地球》将中国的科幻想象与家国情怀相结合，在全球范围内引发了强烈反响，不仅展示了中国电影的制作实力，还传播了中国的价值观和文化理念。动漫产业同样发展迅速，中国的动漫作品在题材和风格上不断创新，融入了丰富的中国传统文化元素，如《哪吒之魔童降世》以中国传统神话故事为蓝本，进行了大胆的改编和创新，在国际上受到了广泛欢迎，让世界看到了中国动漫的独特魅力。游戏产业作为新兴的文化产业，也在国际市场上展现出强大的竞争力。一些中国游戏企业开发的具有中国文化特色的游戏，如以中国古代神话为背景的角色扮演游戏，吸引了大量海外玩家。这些游戏通过精美的画面、丰富的剧情和独特的文化元素，让海外玩家在游戏过程中了解和感受中国文化，成为中国文化传播的新方式。

（四）科技创新赋能文化传播，拓展国际传播渠道

经济发展推动了科技创新，而科技创新为中国文化的国际传播提供了新的手段和渠道。互联网、大数据、人工智能等新兴技术的应用，打破了文化传播的时空限制，让中国文化能够更快速、更广泛地传播到世界各地。社交媒体平台成为中国文化传播的重要阵地。中国的文化机构、艺术家和普通民众通过 Facebook、Twitter、YouTube 等国际社交媒体平台，分享中国的文化活动、艺术作品和生活方式，吸引了大量海外用户的关注和互动。例如，许多中国的非物质文化遗产传承人在社交媒体上展示自己的技艺，如剪纸、刺绣等，让海外观众直观地感受到中国传统手工艺的魅力。同时虚拟现实（VR）和增强现实（AR）技术

为文化传播带来了沉浸式体验。一些博物馆和文化遗址利用 VR 和 AR 技术，开发虚拟展览和互动体验项目，让海外观众可以足不出户就领略到中国文化遗产的魅力。如敦煌研究院推出的数字敦煌项目，利用 VR 技术让用户仿佛置身于敦煌莫高窟中，欣赏精美的壁画和佛像，深入了解敦煌文化的历史和艺术价值（丝绸之路（敦煌）国际文化博览会，2024）。此外大数据和人工智能技术的应用，使得文化传播能够更加精准地定位目标受众。通过分析用户的兴趣、行为和文化背景等数据，文化传播者可以为不同的受众推送个性化的中国文化内容，提高文化传播的效果。

（五）国际旅游蓬勃发展，增进文化体验与理解

随着中国经济的发展，国际旅游市场日益繁荣，中国成为越来越多外国游客向往的旅游目的地。国际旅游的蓬勃发展为外国游客提供了亲身感受中国文化的机会，增进了他们对中国文化的体验和理解。外国游客来到中国，不仅可以参观故宫、长城、兵马俑等闻名世界的历史文化遗迹，感受中国悠久的历史和灿烂的文明，还可以深入到中国的各个城市和乡村，体验当地的民俗风情，品尝中国的美食，参与传统的节日庆典。例如在春节期间，许多外国游客来到中国，亲身感受春节的热闹氛围，参与贴春联、吃年夜饭、放鞭炮等传统活动，对中国的春节文化有了更深刻的理解和认同。同时中国的旅游企业也在不断提升服务质量，开发具有文化特色的旅游产品和线路，满足外国游客对中国文化的探索需求。一些旅游线路将中国的历史文化、自然风光和民俗体验相结合，让外国游客在旅游过程中全方位地了解中国文化。此外，旅游景区的建设和管理也更加注重文化内涵的挖掘和展示，通过导游的讲解、文化表演等形式，向外国游客传播中国文化知识。

三、塑造推广文化品牌，提升中国文化国际声誉

塑造和推广文化品牌是提升中国文化国际声誉的重要途径。通过挖掘文化内涵、整合传播渠道、加强国际合作、培养专业人才和强化品牌保护等措施，能够打造出具有国际影响力的中国文化品牌，让中国文化在国际舞台上绽放更加耀眼的光芒，提升中国文化的国际声誉和影响力。

（一）挖掘文化内涵，打造特色文化品牌

中国拥有悠久的历史和灿烂的文化，这为文化品牌的塑造提供了丰富的资源。深入挖掘中国传统文化的精髓，是打造特色文化品牌的核心。以故宫博物院为例，其充分挖掘故宫所蕴含的历史文化价值，将故宫的建筑、文物、宫廷文化等元素进行创意转化，推出了一系列极具特色的文创产品。从精美的故宫主题文具、饰品，到融合现代科技与传统文化的数字文创作品，这些产品不仅展现了故宫的独特魅力，还满足了不同消费者的需求。

在挖掘传统文化内涵的同时，还应结合现代社会的需求和审美趋势，对传统文化进行创新表达。如近年来一些以中国传统神话故事为蓝本创作的动漫作品，通过对故事进行重新演绎，融入现代价值观和时尚元素，使其更符合当代观众的口味。《姜子牙》这部动漫电影，在保留传统神话故事框架的基础上，对人物形象和故事主题进行了深度挖掘，探讨了关于正义、信仰等现代话题，引发了观众的广泛共鸣，成功打造出具有中国特色的动漫文化品牌。

除了传统文化，还应关注现代中国文化的发展，挖掘新时代的文化内涵。中国在科技、艺术、体育等领域的成就，也可以成为文化品牌塑造的素材，如中国的航天事业取得了举世瞩目的成

就，以此为背景打造的航天文化品牌，不仅可以传播中国的航天精神，还能展现中国在现代科技领域的实力。通过举办航天主题展览、开发航天科普文创产品等方式，让世界了解中国航天文化，提升中国文化在现代科技领域的国际声誉。

（二）整合传播渠道，扩大文化品牌影响力

在信息时代，整合多种传播渠道是推广文化品牌的重要手段。传统媒体与新媒体的融合，能够形成全方位、多层次的传播网络，扩大文化品牌的传播范围。中国的一些文化品牌积极与电视台、广播电台等传统媒体合作，通过纪录片、文化节目等形式进行宣传。如《舌尖上的中国》这一文化品牌，通过电视纪录片的形式，展现了中国各地丰富多样的美食文化，不仅在国内引起了强烈反响，还在国际上获得了广泛关注，让世界对中国的饮食文化有了更深入的了解。

社交媒体平台在文化品牌传播中也发挥着重要作用。利用 Facebook、Twitter、TikTok 等国际社交媒体平台，文化品牌可以发布生动有趣的内容，吸引海外用户的关注和互动。许多中国的非物质文化遗产传承人通过 TikTok 平台展示传统技艺，如剪纸、糖画等，这些短视频以其独特的艺术魅力吸引了大量海外粉丝，使中国的非物质文化遗产品牌在国际上得到了更广泛的传播。此外线下活动也是传播文化品牌的重要途径。举办文化展览、艺术演出、文化交流活动等，可以让海外受众亲身感受中国文化品牌的魅力。中国的一些艺术团体在国际上举办巡回演出，将京剧、杂技等传统艺术带到世界各地，通过现场表演的形式，让外国观众近距离领略中国艺术的魅力，提升了中国文化艺术品牌的国际影响力。

（三）加强国际合作，提升文化品牌国际竞争力

国际合作是提升文化品牌国际竞争力的有效方式。首先，品牌定位至关重要，既要具备区别于他国品牌的特质，又要体现普世性价值理念，这样才能更容易获得他国民众的理解和接受，从而扩大中国文化品牌的国际市场（王菲，2024）。具体可以通过与国际知名文化机构、企业合作，整合资源，借助对方的渠道和影响力，推动中国文化品牌走向世界。中国的电影产业在国际合作方面取得了不少成果。一些中国电影公司与好莱坞电影公司合作拍摄电影，在合作过程中，不仅学习了好莱坞先进的电影制作技术和管理经验，还将中国的文化元素融入电影中，借助好莱坞电影的全球发行渠道，使中国文化元素在国际上得到更广泛的传播。如《长城》这部电影，由中美联合制作，将中国的长城文化与好莱坞的电影制作模式相结合，在全球范围内取得了较高的票房成绩，提升了中国长城文化品牌的国际知名度。

在文化产业领域，还可以通过国际合作举办文化活动，提升文化品牌的国际影响力。中国与其他国家共同举办的文化年、艺术展览等活动，为双方的文化品牌提供了展示和交流的平台。在这些活动中，中国的文化品牌可以与国际知名品牌相互学习、相互借鉴，提升自身的品质和竞争力，如在中法文化年活动中，中国的书法、绘画等艺术品牌与法国的艺术品牌进行交流展示，促进了中法文化的交流与合作，同时也提升了中国艺术品牌在法国乃至欧洲的影响力。此外参与国际文化产业标准的制定，也是提升中国文化品牌国际竞争力的重要举措。在文化产品的质量标准、版权保护等方面，积极参与国际规则制定，能够使中国文化品牌在国际市场上获得更公平的竞争环境，提高中国文化品牌的国际话语权。

（四）培养专业人才，为文化品牌发展提供支撑

专业人才是塑造和推广文化品牌的关键。培养具备跨文化传播能力、文化创意能力和市场营销能力的专业人才，是推动文化品牌发展的重要保障。在高校教育中，加强相关专业的建设，设置文化产业管理、跨文化传播等专业课程，培养学生对文化品牌的策划、推广和管理能力。一些高校还与文化企业合作，建立实习基地，让学生在实践中积累经验，提高实际操作能力。

文化企业也应重视人才的培养和引进。通过内部培训、外部进修等方式，提升员工的专业素质和创新能力。同时，积极引进具有国际视野和丰富经验的高端人才，为文化品牌的发展注入新的活力。例如，一些大型文化企业聘请国际知名的设计师、营销专家，为文化品牌的设计和推广提供专业支持。此外还应加强对文化人才的激励机制建设。通过提供良好的工作环境、合理的薪酬待遇和发展空间，吸引和留住优秀人才。对在文化品牌塑造和推广中做出突出贡献的人才，给予表彰和奖励，激发他们的积极性和创造力。

（五）强化品牌保护，维护文化品牌的国际声誉

强化品牌保护意识，加强文化品牌的知识产权保护，是维护文化品牌国际声誉的重要措施。在国际市场上，文化品牌面临着侵权、抄袭等风险，因此，必须加强知识产权保护力度。中国政府应完善相关法律法规，加强对文化品牌知识产权的保护。加大对侵权行为的打击力度，提高侵权成本，为文化品牌的发展创造良好的法律环境。

文化企业自身也应增强品牌保护意识，及时进行商标注册、版权登记等，保护自己的品牌权益。一些中国文化企业在进入国

际市场之前，就对品牌进行全面的知识产权布局，防止他人恶意抢注商标。同时，加强对市场的监测，及时发现和处理侵权行为。此外还应加强国际间的知识产权合作与交流。与其他国家的知识产权保护机构建立合作关系，共同打击跨国侵权行为，维护文化品牌在国际市场上的良好声誉。

第六章 区域国别视域下中国文化国际传播的探索

第一节　理论基础梳理

一、区域国别与中国文化国际传播研究的理论交融溯源

区域国别研究与中国文化国际传播研究的融合，是在历史发展进程中逐渐形成的，有着深厚的历史根源与时代发展需求背景。

（一）区域国别研究的起源与发展

区域国别研究起源于20世纪初的欧洲。当时，世界格局处于深刻变革期，欧洲列强的殖民统治促使他们对殖民地及其他国家地区产生强烈探索欲。英国作为世界强国，率先建立了斯拉夫学院和亚非学院，开启了对特定区域和国家系统研究的进程（李宝贵、刘家宁，2022）。学者们在这些学院深入探究不同区域的政治体制、经济模式、社会结构以及文化传统，积累了丰富研究成果。这一时期的区域国别研究主要服务于殖民统治和对外扩张需求，为英国国际事务决策提供重要依据。

二战后，国际形势巨变，美国崛起为超级大国。为推行对外政策，美国政府大力支持区域国别研究。美国高校和研究机构积极投入，研究领域不断拓展，涵盖政治、经济、文化、历史等多方面。美国的区域国别研究不仅关注国际关系，还深入各国社会

文化层面，为美国在国际政治、经济和文化交流中占据主导地位提供有力支持。

（二）中国文化国际传播的历史演进

中国文化国际传播历史久远，古代丝绸之路是其重要传播契机。丝绸之路连接中国与中亚、西亚乃至欧洲，是贸易通道，也是文化传播桥梁。中国的丝绸、瓷器、茶叶等商品运往西方，中国文化也随贸易传播到沿线国家。各国商人、使者和学者在与中国交往中学习中文、了解中国文化，促进了中文在亚洲地区的广泛传播。

遣唐使时期，日本派遣大量留学生和学问僧来中国学习。他们深入学习中国的语言、文化、科技等知识，将中文和中国文化带回日本。这些遣唐使在日本的社会、文化发展中发挥了重要作用，推动了中国文化在日本的传播与发展，对日本的语言、文字、文学等方面产生了深远影响。

（三）全球化背景下二者联系日益紧密

随着全球化推进，区域国别研究与中国文化国际传播的联系愈发紧密。区域国别研究为中国文化国际传播提供了深入了解目标区域的视角。以非洲地区为例，通过研究非洲的区域国别情况，我们能了解到当地复杂的语言生态，多种本土语言与外来语言交织，教育体系的发展现状，包括教育资源的分布、教育政策对语言学习的影响，以及独特的文化传统，如丰富的民俗文化、艺术形式等。这些信息为中国文化在非洲的传播提供了依据，有助于制定针对性策略，如根据当地语言文化特点设计教学方法，结合文化传统选择合适的传播内容。

中国文化国际传播也丰富了区域国别研究的内容。中国文化在不同区域的传播过程，是不同文明交流与互动的过程。研究中国文化在东南亚地区的传播，能看到中文与当地语言相互影响，产生了新的词汇和表达方式；中国文化元素融入当地文化，在节日庆典、艺术创作等方面有所体现。这成为理解区域文化交流与互动的重要维度，让区域国别研究更加全面深入。

（四）相互影响与融合趋势的具体体现

在研究方法上，区域国别研究中的田野调查、比较研究等方法，为中国文化国际传播研究提供了借鉴。中国文化国际传播研究可以通过田野调查深入不同区域，了解当地民众对中国文化的认知、学习需求和使用情况；运用比较研究分析不同区域中国文化传播的差异，总结经验教训。中国文化国际传播研究中的受众分析、传播效果评估等方法，也能丰富区域国别研究的方法体系，提升其研究的科学性和准确性。

在研究目的上，二者相互契合。区域国别研究旨在促进不同区域和国家间的相互理解与合作，中国文化国际传播致力于推动中国文化在全球的传播，增强中国文化影响力，促进文化交流。二者都服务于促进国际交流、推动人类社会发展的总体目标，在发展过程中相互促进，逐渐形成融合趋势，共同推动相关领域的发展。

二、跨文化传播理论在区域中国文化传播中的应用

在区域国别视域下，中国文化传播置身于多元文化交织的环境中，跨文化传播理论为其突破传播困境、实现文化交流搭建了坚实的桥梁。不同区域文化差异显著，这既是中国文化传播的阻碍，更是其独特魅力的源泉。深入理解并灵活运用跨文化传播理论，对推动中国文化在不同区域的有效传播起着决定性作用。

（一）区域文化差异剖析与传播策略制定

不同区域的文化差异对中国文化传播影响深远。以中东地区为例，宗教在社会生活中占据核心地位，伊斯兰教教义深刻影响着人们的价值观、生活方式和社交礼仪。在斋月期间，人们从黎明到日落禁食，这种宗教习俗贯穿于日常生活中。在中国文化传播时，传播者若不了解这些习俗，可能会在不当的时间开展活动或传播内容，引发误解。

在编写中文教材时，需充分考虑这些文化差异。介绍中国传统节日春节时，可与中东地区的开斋节进行对比。春节期间，中国人通过贴春联、放鞭炮、吃团圆饭等方式辞旧迎新、祈愿幸福；开斋节则是穆斯林庆祝斋月结束的节日，人们会进行盛大的庆祝活动，互赠礼物。尽管两个节日的宗教背景和庆祝方式不同，但都包含着家庭团聚、欢乐祥和的情感。通过这种对比，中东地区的学习者能更直观地理解春节的意义，感受到中国文化中对家庭和美好生活的重视。

（二）文化适应理论在欧美地区的实践运用

欧美地区个人主义文化盛行，注重个人自由、权利和自我实现；而中国文化强调集体主义，追求个人与集体、社会的和谐统一。这种价值观差异在中文教学和文化活动中需要妥善处理。

运用文化适应理论，传播者可引入体现个人与集体平衡的案例。中国体育赛事团队在国际比赛中的协作故事是绝佳素材。中国女排在比赛中，每位队员都有明确的分工，主攻手、副攻手、二传手等各司其职，但又紧密配合。朱婷作为主攻手，在发挥强大进攻能力的同时，也依靠队友的传球、防守支持。通过讲述此类故事，欧美受众能看到中国文化中个人与集体相辅相成的关系，理解个人成就离不开团队协作。在中文课堂上，教师可组织学生围绕这些案例进行讨论，让他们分享自己在团队活动中的经历，引导他们思考个人在团队中的价值和责任，加深对中国文化价值观的理解。

（三）文化体验活动助力文化融合与传播

组织文化体验活动是跨文化传播理论在区域中国文化传播中的重要实践手段。在欧美地区举办丰富多样的中国文化体验活动，能让当地受众亲身感受中国文化的魅力，打破文化隔阂。

举办中国传统艺术展览是一种有效的方式。书法艺术以笔墨展现中国文化的神韵，绘画艺术传达中国人对自然、生活的感悟，剪纸艺术则体现民间智慧与审美。在展览现场，安排专业艺术家讲解艺术作品的创作背景、文化内涵，并进行现场示范，邀请观众参与体验。观众在亲手书写书法、创作剪纸的过程中，能更深刻地感受中国艺术的独特魅力，理解中国文化中对意境、和谐的追求。

开展中国美食节活动也能吸引众多欧美受众。中国美食文化丰富多样，八大菜系各具特色。在美食节上，提供饺子、烤鸭、川菜等经典美食，让欧美受众品尝不同风味。同时，设置烹饪课程，教授他们制作简单的中国菜肴，如包饺子、炒宫保鸡丁等。在学习烹饪的过程中，他们不仅能掌握烹饪技巧，还能了解中国饮食文化中对食材搭配、火候掌握的讲究，以及饮食与健康的关系，感受中国文化中“民以食为天”的理念。

（四）跨文化传播理论在其他区域的创新性应用

在东南亚地区，文化多元，宗教、民族习俗丰富多样。中国文化传播要融入当地文化环境。编写中文教学教材时，可融入当地华人的奋斗故事和文化传承。比如讲述马来西亚华人如何在当地传承中国传统节日习俗、保持中文教育传统等。在文化活动方面，结合当地的宗教节日和中国传统节日举办融合性活动。在泰国，将泼水节与中国的端午节相结合，举办“水韵端午”活动，展示泼水节的欢乐氛围和端午节的文化内涵，如赛龙舟、包粽子等，促进不同文化间的交流与融合。

在非洲地区，中国文化传播可结合当地丰富的口头传承文化和独特艺术形式。将中国的民间故事改编成适合非洲受众的版本，融入非洲音乐、舞蹈元素。举办中文表演活动，让非洲民众参与其中。在表演中，融入非洲传统舞蹈动作和音乐节奏，使中国文化学习与当地特色紧密结合。例如，将《西游记》故事改编成戏剧，用非洲鼓点作为节奏背景，演员身着融合非洲特色服饰的戏服，以生动有趣的方式传播中国文化，促进文化的交流与融合。

（五）跨文化传播理论在区域中国文化传播中的持续发展与展望

随着全球化进程的加速，不同区域间的文化交流日益频繁，跨文化传播理论在区域中国文化传播中的应用也将不断发展和深化。传播者需要持续关注不同区域文化的动态变化。社会的发展、科技的进步以及国际交流的日益紧密，都可能导致区域文化发生改变。例如，在一些新兴的国际化城市，文化呈现出更加多元融合的趋势，传统的文化边界逐渐模糊。传播者应及时捕捉这些变化，调整传播策略和内容，确保中国文化传播始终与当地社会发展相契合。

传播技术的不断革新也为跨文化传播理论的应用提供了新的机遇和挑战。互联网、社交媒体以及虚拟现实等技术的广泛应用，打破了传统传播的时空限制。通过线上平台，中国文化传播可以覆盖更广泛的区域和受众，但也面临着信息过载、传播效果难以精准评估等问题。传播者需要利用这些新技术，创新传播方式，如制作沉浸式的中文学习虚拟现实体验内容，开展线上文化交流活动等，提升中国文化传播的吸引力和影响力。

跨文化传播理论在区域中国文化传播中的应用还需要更加注重文化的深度融合，不仅是简单地介绍中国文化，而是要深入挖掘不同文化之间的共通点和互补性，促进文化的相互理解和尊重。在传播中国传统文化的同时，也要积极吸收当地文化的精华，实现文化的双向交流与共同发展。

三、文化生态学理论在区域中国文化传播环境的剖析

文化生态学理论为研究区域国别视域下的中国文化传播环境提供了独特且关键的视角，它强调文化与所处环境之间相互依存、相互影响的关系（陈华文，2024）。在全球化的背景下，中国文化在不同区域的传播状况受到当地社会、经济、政治等多种环境因素的综合作用，深入剖析这些关系对于推动中国文化的有效传播意义重大。

（一）区域环境对中国文化传播的多元影响

不同区域的社会、经济、政治环境犹如塑造中国文化传播态势的模具，对其产生着深远且多维度的影响。在经济发达且与中国经贸往来密切的区域，以欧盟部分国家为例，中国文化学习需求因经济合作的需求而不断攀升。随着中国与欧盟贸易规模的持续扩大，众多欧盟企业积极开拓中国市场，这使得对具备中文交际能力的人才需求日益旺盛。在德国，许多汽车制造企业与中国开展深度合作，为了更好地沟通与协作，企业内部鼓励员工学习中国文化，甚至会为员工提供中国文化培训课程。这种经济上的

紧密联系为中国文化传播创造了有利的物质基础和市场需求。

从文化生态角度来看，这些地区的文化包容性较强，多元文化相互交融。在一些城市，如伦敦、巴黎等，开设了众多中文学校和文化中心，这些机构不仅为当地居民提供了学习中国文化的场所，还举办各类丰富多彩的文化活动，如书法展览、戏曲表演等，营造了浓厚的中国文化学习氛围。当地居民通过参与这些活动，能够更深入地了解中国文化，从而进一步激发他们体验中国文化的兴趣，形成了一个有利于中国文化传播的良性循环。

与之形成对比的是，在一些文化传统与中国差异较大且经济联系相对较少的地区，中国文化传播面临诸多挑战。在一些中东地区国家，宗教文化在社会生活中占据主导地位，其文化传统强调宗教教义的遵循和独特的生活方式，与中国文化存在较大差异。同时由于经济合作相对有限，中国文化在这些地区的实用价值未得到充分体现，导致中国文化传播缺乏足够的动力和支持，如在一些当地学校的课程设置中，中文作为外语学习的选择并不普遍，学生和家长对中文学习的积极性不高。

（二）文化生态学理论在非洲地区的应用实践

非洲部分地区为文化生态学理论在中国文化传播中的应用提供了独特的实践场景。尽管这些地区经济相对落后，但文化具有独特的活力，人们对外部文化充满好奇，这为中国文化传播提供了潜在的机遇。运用文化生态学理论，传播者可以深入挖掘当地文化特色，将中国文化与之有机结合，开发具有本土元素的中文教材和文化活动。

在中文教材编写方面，可以融入非洲传统艺术元素。例如将中国的民间故事与非洲的木雕、面具艺术相结合，在教材中配上精美的非洲艺术插图，或者将中国故事改编成适合非洲学生表演的短剧，融入非洲传统舞蹈动作和音乐节奏。这样的教材不仅能够吸引非洲学生的注意力，还能让他们在学习中国文化的过程中感受到熟悉的本土文化元素，增强学习的亲近感和趣味性。

在文化活动策划上，举办特色文化展览是一种有效的方式。可以将中国的传统绘画、书法与非洲的艺术作品一同展示，让观众在欣赏不同文化艺术魅力的同时，感受文化的多样性。在展览过程中，安排专业人员进行讲解，介绍中国文化与非洲文化的异同点，促进文化的交流与理解。例如在中国传统山水画与非洲部落绘画的对比讲解中，引导观众发现两者在对自然的描绘、色彩运用等方面的独特之处，激发他们对不同文化的兴趣。

（三）结合教育政策与资源的传播策略调整

关注当地的教育政策和资源是中国文化传播适应区域文化生态环境的重要环节。在非洲地区，各国的教育政策和资源状况差异较大。一些国家教育资源相对匮乏，学校基础设施薄弱，师资力量不足。在这种情况下，与当地教育机构合作显得尤为重要。传播者可以与当地学校合作，根据学校的实际情况，制订灵活的中国文化教学计划。例如，针对师资不足的问题，可以开展教师培训项目，为当地教师提供中国文化教学方法和教材使用的培训，提高他们的教学能力。

利用有限的资源开展有效的中国文化教学活动也是关键。在一些缺乏多媒体设备的学校，可以采用传统的教学方法，如利用黑板、粉笔进行汉字书写教学，通过讲故事、唱中文歌曲等方式进行历史文化教学。此外还可以利用互联网的力量，开发适合当地网络条件的在线学习资源，如简单的中文学习 APP，提供基础的中文课程、文化赏析等功能，让学习者可以随时随地学习中国文化。

（四）文化生态学理论在其他区域的拓展分析

在东南亚地区，文化多样性同样显著，中国文化传播面临着机遇与挑战并存的局面。该地区与中国有着深厚的历史文化渊源，部分国家有大量的华人华侨，中文在这些地区有一定的群众基础。然而不同国家的文化生态和教育政策差异较大。在新加坡，中文是官方语言之一，政府重视中文教育，在学校教育体系中，中文课程设置较为完善，从小学到大学都有系统的中文教学。这种政策支持为中国文化传播提供了有力保障，使得中国文化在新加坡的社会生活中发挥着重要作用。

而在一些东南亚国家，虽然有一定数量的华人，但由于历史、政治等原因，中文教育的发展受到限制。在这些地区，中国文化传播需要充分考虑当地的文化生态，尊重当地的主流文化和价值观。可以与当地的文化机构合作，举办融合中国文化与当地文化的活动，如在泰国举办融合中国春节和泰国宋干节元素的庆祝活动，增进不同文化之间的理解和认同，为中国文化传播创造更有利的社会文化环境。

第二节　实践经验总结

一、亚洲地区区域国别中国文化传播实践

（一）东南亚国家的成功模式与创新举措

东南亚地区由于地理位置临近中国，且有着庞大的华人华侨群体，在中国文化传播方面具备独特优势。新加坡作为典型代

表，将中文列为官方语言之一，从教育体系入手构建了完善的中国文化传播体系。在新加坡的学校教育中，从小学开始就设置了系统的中文课程，课程内容丰富多样，涵盖语言知识、文学作品、文化习俗等多个方面。除了传统课堂教学，学校还积极组织各类中国文化活动，如中文朗诵比赛、书法比赛、戏剧表演等，激发学生学习中国文化的兴趣。

新加坡的教育部门与高校、研究机构紧密合作，不断创新中国文化教学方法，例如运用沉浸式教学法，打造全中式的学习环境，让学生在日常生活和学习场景中自然地运用中文，感受文化，增强交流。同时利用现代科技手段，开发线上中国文化学习平台，提供丰富的学习资源，包括互动式课程、虚拟场景对话练习等，满足不同学习需求和学习习惯的学生。此外新加坡还注重与中国的教育交流与合作，定期组织学生和教师互访，开展学术交流活动，借鉴中国先进的文化教育经验。

泰国在中国文化传播方面则走出了一条特色发展道路。泰国政府积极推动中国文化教育，将中文纳入国民教育体系，越来越多的学校开设了中国文化课程。为解决中文师资短缺问题，泰国一方面邀请中国的中文教师赴泰任教，另一方面与中国高校合作，开展师资培训项目，培养本土中文教师。泰国的中国文化教学注重结合本土习俗和学生兴趣，在教材编写上融入泰国的文化元素和生活场景，使学生更容易理解和接受。比如在中文教材中介绍泰国的传统节日、美食等内容，同时穿插中国文化知识，通过对比让学生感受两种文化的异同，增进文化理解。

在传播渠道上，泰国充分利用社交媒体和线上平台。创建了多个中国文化学习的社交媒体账号，发布有趣的中文学习视频、文化介绍文章等，吸引了大量泰国民众关注。此外还与当地的电视台合作，开设中国文化学习节目，邀请中文教师和文化专家进行讲解，扩大中国文化传播的影响力。

（二）东北亚国家的特色路径与发展成果

韩国对中文的重视程度日益提高，中国文化学习在韩国逐渐成为一种潮流。韩国的中国文化传播主要依托于教育机构和文化交流活动。在教育方面，除了学校开设中文课程外，社会上涌现出许多专业的中国文化培训机构，这些机构针对不同年龄段和学习目的的人群，提供多样化的培训课程，如商务中文课程、旅游文化课程、中文口语课程等，满足了韩国民众多元化的学习需求。

韩国积极举办各类中国文化交流活动，增进民众对中国文化的了解。如每年举办的“中国文化节”，涵盖了中国传统艺术表演、美食展示、文化展览等多个板块，吸引了大量韩国民众参与。在文化节上，民众可以欣赏到中国的京剧、武术表演，品尝到地道的中国美食，参观中国历史文化展览，深入感受中国文化的魅力，从而激发他们学习中国文化的热情。同时韩国的高校与中国高校开展了广泛的学术交流与合作，通过学生交换项目、学术研讨会等形式，促进了中国文化在学术领域的传播和交流。

日本在中国文化传播方面有着悠久的历史，近年来也不断探索新的发展路径。日本的中国文化教育注重培养学生的实际应用能力，在课程设置上增加了许多实用性内容，如商务沟通、旅游会话等。为提高中国文化教学质量，日本的学校和教育机构邀请了众多中国的教育专家进行讲学和指导，同时引进中国先进的文化教材和教学资源。

在文化传播方面，日本利用动漫、影视等文化产业优势，融入中国文化元素。一些日本动漫作品中出现了中文台词、中国文化场景等，吸引了大量日本年轻人对中国文化的关注。此外日本的地方政府和民间组织积极开展与中国的友好城市交流活动，通过举办文化交流活动、互派访问团等方式，推动中国文化在地方层面的传播，促进了两国人民之间的相互了解和友谊。

二、欧洲地区区域国别中国文化传播实践

（一）英国：中国文化教育

在英国，中国文化教育发展迅速，逐步构建起了较为完善的教育体系。在学校教育层面，从小学到中学，中国文化课程的开设比例不断增加。英国政府将中文纳入了“关键语言”战略，加大对中文教育的支持力度，鼓励学校开设中文课程。为保障中文教学质量，英国教育部门制定了详细的中文课程标准，明确了不同阶段学生的学习目标和要求。

在师资培养方面，英国与中国高校和教育机构合作，开展了多种形式的师资培训项目。例如“中文教师奖学金项目”，选派英国的中文教师到中国进行短期培训，学习先进的教学理念和方法。同时英国本土的高校也开设了中国文化教育相关专业，培养本土中文教师。在教材编写上，英国结合本国学生的特点和需求，编写了具有针对性的中文教材，这些教材注重趣味性和实用性，融入了英国的文化元素和生活场景，便于学生理解和学习。

在推广策略上，英国充分利用文化机构和社交平台。英国文化协会积极组织各类中国文化活动，如中文讲座、书法展览、中国电影放映等，吸引英国民众参与。此外还通过社交媒体平台发布中国文化学习资源、活动信息等，扩大中国文化传播的影响力，如在 Facebook、Twitter 等平台上开设中文学习账号，定期发布有趣的中国文化学习内容和互动话题，吸引了大量粉丝关注。

（二）法国：中国文化融合

法国以其浓厚的文化氛围和对多元文化的包容态度，在中国文化传播方面进行了独特的探索。法国的中国文化教育注重与本土文化的融合，在教学过程中，教师会将中国文化与法国文化进行对比和联系，帮助学生更好地理解中国文化。例如在讲解中国传统节日时，会与法国的相关节日进行对比，让学生感受不同文化在庆祝方式、文化内涵等方面的异同。

法国的高校在中国文化传播中发挥了重要作用。高校开设了丰富多样的中文课程，除了语言课程外，还有中国文学、历史、哲学等文化课程。许多高校还成立了中文研究中心，开展中文教学研究和学术交流活动。在文化传播方面，法国的博物馆、艺术画廊等文化场所经常举办与中国文化相关的展览和活动，如卢浮宫曾举办中国古代艺术展览，吸引了大量法国民众参观，让他们近距离感受中国文化的魅力。

此外法国的中国文化传播还借助了文化创意产业的力量。一些法国的设计师将中国文化元素融入时尚设计、家居装饰等领域，推出了具有中国特色的产品，这些产品在市场上受到欢迎，也进一步传播了中国文化。同时法国的电影、音乐等艺术作品中也逐渐融入了中国文化元素，如一些法国电影中出现了中文对白或中国文化场景，促进了中国文化在法国文化领域的传播。

三、美洲地区区域国别中国文化传播实践

（一）美国的多渠道中国文化传播与影响力提升

美国作为世界强国，在中国文化传播方面拥有丰富的资源和多样的渠道。在教育领域，美国的中小学和高校广泛开设中国文

化课程。美国政府通过“关键语言启动计划”等项目，支持中国文化教育的发展，鼓励学校增加中国文化课程的开设和提高教学质量。许多高校还与中国高校开展了联合培养项目，为学生提供更深入学习和了解中国文化的机会。

除了学校教育，美国的中国文化传播还借助了社会机构和企业的力量。一些非营利性组织致力于推广中国文化，如“美中友好协会”，通过举办中文讲座、文化活动等方式，向美国民众普及中文知识和中国文化。同时，随着中国经济的发展，越来越多的美国企业与中国开展业务往来，这些企业为员工提供中文培训，提高员工与中国合作伙伴沟通的能力，这也进一步推动了中国文化在美国的传播。

在媒体传播方面，美国的主流媒体开始增加对中国相关内容的报道，一些电视台和广播电台开设了中文节目，介绍中国的文化、经济、科技等方面的发展。此外互联网和社交媒体在美国的中国文化传播中发挥了重要作用。许多中文学习网站和 APP 在美国市场受到欢迎，如“汉语学习乐园” APP，提供了丰富的中国文化学习资源，包括课程视频、游戏互动、在线测试等功能，方便美国民众随时随地学习中国文化。

（二）加拿大的多元文化背景下中国文化传播发展

加拿大是一个多元文化国家，这种文化背景为中国文化传播提供了有利条件。加拿大的中国文化传播呈现出多元化的特点，在教育、文化、社区等多个层面展开。在教育领域，加拿大的学校开设了不同层次的中文课程，从基础的中文语言课程到高级的中国文化研究课程，满足了不同学生的需求。同时，加拿大的教育部门注重培养学生的跨文化交流能力，在中文教学中融入多元文化教育内容，让学生了解不同文化之间的差异和联系。

加拿大的文化机构积极推动中国文化的传播。比如加拿大的博物馆会举办中国文化展览，展示中国的历史文物、艺术作品等，让加拿大民众更直观地感受中国文化的魅力。在社区层面，加拿大的华人社区发挥了重要作用。华人社区组织了各种中国文化活动，如春节联欢晚会、中文演讲比赛等，吸引了众多加拿大民众参与，增进了不同文化背景人群之间的交流和理解。

此外加拿大的中文媒体也在不断发展壮大。中文报纸、电视台和广播电台为加拿大的中文学习者和华人华侨提供了丰富的信息和文化内容。这些媒体不仅传播中国文化，还关注加拿大当地的华人社区动态，成为连接华人与主流社会的重要桥梁，促进了中国文化在加拿大的广泛传播。

四、大洋洲地区区域国别中国文化传播实践

（一）澳大利亚的中国文化教育发展与推广活动

澳大利亚的中国文化教育在过去几十年中取得了显著进展。澳大利亚政府高度重视中国文化教育，将中文纳入国家课程体系，在全国范围内推广中文教学。从小学到中学，中文课程是许多学校的重要外语课程选择之一。为提高中国文化教学质量，澳大利亚教育部门制定了详细的教学大纲，明确了不同年级学生的学习目标和内容。

在师资培养方面，澳大利亚采取了多种措施。一方面，邀请中国的文化教育专家赴澳讲学和培训教师；另一方面，鼓励本土高校培养中文教育专业人才。同时，澳大利亚还建立了中文教师专业发展网络，为教师提供交流和学习的平台，分享教学经验和资源。在教材编写上，澳大利亚结合本国学生的特点和文化背景，编写了具有本土特色的中文教材，这些教材注重实用性和趣

味性，融入了澳大利亚的生活场景和文化元素，使学生更容易接受和理解。

为推广中国文化教育，澳大利亚举办了丰富多彩的文化活动。例如每年举办的“澳大利亚中文周”，涵盖了中文演讲比赛、书法展览、中国文化表演等多项活动，吸引了大量学生和民众参与。此外澳大利亚的学校还与中国的学校开展了广泛的交流与合作，通过学生交换项目、姐妹学校合作等形式，增进两国学生之间的了解和友谊，推动中国文化教育的发展。

（二）新西兰的中国文化传播特色与成果展示

新西兰在中国文化传播方面形成了独特的发展模式。新西兰的中国文化传播注重与当地毛利文化的融合，在教学和文化活动中，将中国文化与毛利文化进行对比和交流，促进不同文化之间的相互理解和尊重。如在中文课堂上，教师会介绍毛利文化的特色，如毛利人的传统舞蹈、艺术等，同时也会向学生展示中国文化的魅力，让学生感受多元文化的魅力。

新西兰的中国文化教育在学校和社区层面同步推进。在学校，中国文化课程的开设越来越普及，许多学校还将中文学习与其他学科相结合，开展跨学科教学活动，像在历史课上，通过对比中国和新西兰的历史发展，让学生更好地理解不同国家的文化和历史。在社区层面，新西兰的华人社区和文化机构积极组织各类中国文化活动，如春节庙会、中文电影放映等，吸引了众多新西兰民众参与。这些活动不仅传播了中国文化，还增进了社区居民之间的联系和交流。

此外新西兰的中国文化传播还借助了旅游业的发展。随着中国游客数量的不断增加，新西兰的旅游行业对中文人才的需求也日益增长。许多旅游景点和酒店开始提供中文服务，招聘会中文的员工，这也促使更多的新西兰人学习中国文化，进一步推动了中国文化在新西兰的传播。

五、非洲地区区域国别中国文化传播实践

（一）南非的中国文化教育推广与交流活动

南非作为非洲的重要国家，在中国文化传播方面积极探索。南非政府对中国文化教育持支持态度，鼓励学校开设中国文化课程。近年来，越来越多的南非学校将中文纳入课程体系，中国文化教育逐渐从大城市向中小城市和乡村地区拓展。为解决中文师资短缺问题，南非与中国开展了紧密的合作。中国派遣了大量中文教师赴南非任教，同时为南非的中文教师提供培训和进修机会。

在文化交流方面，南非举办了丰富多样的中国文化活动。例如“南非中文文化节”，活动内容包括中国文化展览、中文演讲比赛、中国传统艺术表演等。此外南非的高校与中国高校开展了学术交流与合作，通过学生交换项目、联合研究等形式，促进了中国文化的学术传播与交流。

南非还利用当地的媒体资源推广中文和中国文化。一些南非的电视台和广播电台开设了中文节目，介绍中国的文化、经济、科技等方面的发展。同时南非的社交媒体平台上也出现了许多中文学习和文化交流的群组，方便南非民众学习中文和分享中国文化的相关信息。

（二）埃及的中国文化传播发展与合作交流成果

埃及作为非洲的文化大国，在中国文化传播方面有着独特的优势和成果。埃及的中国文化教育发展迅速，许多学校和大学开设了中国文化课程。埃及政府认识到文化在促进与中国交流合作

中的重要性，加大了对中国文化教育的支持力度。在师资培养方面，埃及与中国合作，选派优秀的埃及学生到中国学习中文教育专业，培养本土中文教师，同时邀请中国的中文教育专家到埃及讲学和培训教师，提高中国文化教学质量。

在文化交流方面，埃及积极举办各类与中国文化相关的活动。例如在开罗举办的“中国文化周”，展示了中国的传统艺术、美食、科技成果等，吸引了大量埃及民众参观和参与。此外埃及的博物馆还举办了中国文物展览，让埃及民众更深入地了解中国悠久的历史文化。

埃及还利用自身的地理位置优势，加强与周边国家在中国文化传播方面的合作。通过举办区域性的中国文化教育研讨会和交流活动，促进中国文化在中东和北非地区的传播，提升了中国文化在该地区的影响力。

第三节　多元案例分析

一、汉语在东南亚地区的传播与影响

在全球化的浪潮下，语言的传播与交流成为文化交融的关键纽带。汉语在东南亚地区的传播源远流长，其传播轨迹复杂多样，深刻地影响了当地的社会、文化、经济等各个层面，为区域间的文化多元共生搭建了坚实的桥梁。

（一）汉字传播：文化交流的先驱

1. 初始传入与生根发芽

早在秦始皇统一六国之后，汉字就伴随着政治版图的拓展传

入越南。彼时，越南正处于文化发展的关键时期，汉字的到来为其提供了系统记录和传播信息的有效工具。汉字迅速在越南的官方文书、教育体系中占据重要地位，成为越南史上第一种正式文字。这一时期，汉字的传播主要集中在官方层面，用于行政管理、法律条文的书写等，为越南的政治制度建设和文化传承奠定了基础。

2. 发展与普及的多元推动

魏晋南北朝及唐宋时期，中原文人学士纷纷南下，他们带来了丰富的文化知识、先进的学术思想以及精湛的文学艺术，而汉字则成为这些文化传播的核心载体。与此同时，朝廷推行的一系列文化教育政策，如设立学校、鼓励学术交流等，极大地促进了汉字在越南的传播与普及。在这一阶段，汉字逐渐从官方走向民间，深入越南社会的各个阶层。普通民众开始接触和学习汉字，汉字在越南的文化教育、文学创作、商业活动等领域得到广泛应用，其影响力不断扩大。

3. 成为文化标志与传承载体

越南独立后，深受中国文化的熏陶，逐步确立了以儒家学说为主的思想体系，并将科举制度作为选拔人才的主要途径。在这样的教育和选拔制度下，汉字成为每一个受教育者必须努力学习和掌握的文字，不仅是传播文化信息的主要载体，更成为彰显身份地位的重要标志。越南古代的哲学、经学、史学等领域的著作，几乎都是用汉字书写而成。这些珍贵的文献承载着越南的历史记忆、文化传承和民族精神，成为越南文化的重要组成部分。即便在法国殖民统治时期，汉字被禁用，越南的爱国文人依然坚守对汉字的热爱，用汉字创作了许多具有深刻思想内涵和民族精神的文学作品，如潘佩珠的《绝命诗》，这些作品不仅是文学瑰宝，更是汉字在越南顽强生命力的有力见证。

4. 向周边国家的扩散及影响

随着时间的推移，汉字的影响力逐渐从越南扩散到周边国家。在古代，东南亚地区国家之间的政治、经济和文化交流频繁，越南作为汉字传播的重要节点，将汉字文化传播到了更广泛的区域。周边国家的学者、商人、僧侣等通过与越南的交往，接触和学习汉字，逐渐认识到汉字的重要性和魅力。汉字的传播为东南亚地区带来了先进的文化理念，如儒家的仁爱、礼仪观念，道家的自然、和谐思想等；科学知识，如天文、历法、医学等方面的知识；文学艺术，如诗词、绘画、书法等。这些文化元素的传播，对当地文化的发展产生了深远的推动作用，促进了东南亚地区文化的繁荣和发展。

（二）华人移民：文化传播的使者

1. 移民历史与经贸驱动

中国人向东南亚的移民历史可以追溯到 17 世纪，在随后的几个世纪里，经历了多次大规模的移民潮。这些移民潮的主要驱动力源自中国与东南亚国家之间日益增长的经贸合作需求。在明代，朝贡贸易作为中国历史上特有的对外经济和文化交流形式，在政治、经济和文化层面架起了中国与周边国家沟通的桥梁。东南亚国家如暹罗、爪哇、苏门答腊、占城与满剌加等，纷纷派遣华人作为朝贡使团的成员。这些华人在完成朝贡任务的同时，也将中国的文化、技术和语言带到了东南亚地区。他们带去了中国的丝绸、瓷器、茶叶等商品，也传播了中国的传统手工艺、农业技术和医学知识。在语言方面，他们与当地居民交流，使得汉语在东南亚地区有了更广泛的传播基础。

2. 文学作品传播与翻译

清朝中后期，前往东南亚地区的华人人数激增。这些华人远离家乡，在异国他乡面临着陌生的环境和生活压力，为了排解旅途中的思乡之情，他们常以《三国演义》《水浒传》等中国古典文学作品为伴。这些作品不仅成为他们精神上的寄托，还在当地华人社区中广泛传阅，使得中国古典文学作品在东南亚地区广为流传。为了让东南亚人民更好地理解和接受中国文学作品，许多华人及当地知识分子不遗余力地将这些作品翻译成当地语言。他们在翻译过程中，不仅注重语言的转换，还努力保留作品中的文化内涵和艺术特色，使当地民众能够更深入地领略中国文学的魅力。这一翻译工作进一步推动了汉语在东南亚地区的传播，让更多人有机会接触和了解中国文化。

3. 语言融合与文化交流

华人移民在东南亚地区与当地民众通婚往来，极大地促进了语言的融合和文化的交流。在马来西亚，华人男性与马来族女性结合，形成了独特的“巴巴文化”家庭。在这些家庭中，保持着中国的生活方式，子女继承中国的伦理道德和宗教信仰，语言也夹杂着南方方言词汇。“巴巴”和“娘惹”们通晓汉语和马来语，成为中马文化交流的重要群体。他们在日常生活中，不仅传承和弘扬着中国文化，还积极将中国文化介绍给当地民众，促进了不同文化之间的相互理解和融合。例如出生于“巴巴文化”家庭的著名翻译家曾锦文，凭借其对中马文化的深入理解和精湛的语言能力，将不少中国古典文学作品，如《三国演义》《水浒传》《西游记》等翻译介绍至马来西亚，为中国文化在马来西亚的传播作出了杰出贡献。

4. 华人社区的传播作用

华人社区作为中国文化在海外的“栖息地”，充斥着各类中文招牌、路牌、告示等汉语教学资源。这些资源在日常生活中潜移默化地影响着当地民众，为他们提供了学习汉语的机会，承担着汉语在东南亚国家传播的重要任务。在华人社区中，还有各种传统节日庆典、文化活动，如春节、中秋节等，这些活动不仅是华人传承和弘扬中国文化的重要方式，也吸引了当地民众的参与，让他们更直观地感受中国文化的魅力，增进对汉语的了解和兴趣。

（三）华文媒体：语言传播的新引擎

1. 早期刊物奠定基础

早期华人移民在东南亚国家创办的华人刊物，为华文文学与华文媒体的发展奠定了基础。自 19 世纪中晚期起，随着华人移民数量的增加和经济实力的增强，华侨华人创立的华语报刊数量逐渐增多。这些报刊大多设有专门刊载中国文学作品的栏目，为中国文化在东南亚地区的传播提供了平台。同时，海外华人翻译家们担任编辑工作，他们凭借对中文和当地语言的精通，将大量优秀的文学作品翻译并刊载在报刊上，使得中国文化能够以更贴近当地民众的方式传播开来。这些早期刊物不仅传播了中国文化，还为华人社区提供了信息交流的平台，增强了华人之间的联系和凝聚力。

2. 华人作家作品的影响

20 世纪 50 年代以来，东南亚华人作家创作的大批汉语文学作品在东南亚文坛迅速走红（肖瑶瑶、许瑞娟、杨雯旭，2024）。这些作品以其独特的视角、丰富的情感和深刻的内涵，展现了东南亚华人的生活经历和文化认同，受到了当地读者的广泛喜爱。例如，泰国华人作家吴继岳在《她的一生》一书中，对东南亚华人社会现实状况进行了真切而生动的描写，让读者深入了解到华人在海外的奋斗历程和文化传承。这些作品不仅丰富了东南亚文学的内涵，也为汉语在当地的传播注入了新的活力。它们让当地民众更深入地了解华人的生活和文化，促进了不同文化之间的交流和理解。

3. 大众媒体的推动

21 世纪以来，随着广播电视等大众媒体的充分发展，为汉语在东南亚的传播提供了更为丰富多样的媒介载体。广播电台通过播放汉语节目，为听众提供了学习汉语的机会；电视台则通过播放华语电视剧、电影等，让观众在欣赏节目的同时，感受汉语的魅力。这些大众媒体不仅为汉语国际化提供了丰富多彩的内容，还借助其广泛的传播渠道，拓宽了中国文化的国际传播范围，加速了中国文化在东南亚国家的传播进程。例如，一些电视台播放的汉语教学节目，采用生动有趣的教学方式，吸引了大量当地观众学习汉语；华语电视剧中的精彩剧情和鲜明的人物形象，也激发了观众对汉语和中国文化的兴趣。

4. 华文媒体的现状与作用

目前，东南亚各国几乎都设有专门的华文报纸或中文电台，以满足国内华人华侨及汉语学习者的需求。在菲律宾，除了有《世界日报》《商报》《联合日报》等多份华文日报发行外，不少广播电台及电视台也使用华语播报。这些华文媒体不仅为华人华侨提供了了解家乡信息的窗口，也为当地民众学习汉语、了解中国文化提供了重要渠道。印度尼西亚不仅发行了《印度尼西亚日报》《新生日报》《千岛日报》等中文报刊，还在美都电视台专门播放中文节目。这些媒体通过报道中国的新闻、文化活动、经济发展等内容，让印尼民众更加全面地了解中国，促进了中国文化在印尼的传播。除了传统的报刊，华语电视剧凭借其独特的魅力与广泛的受众，在促进中国文化在东南亚地区的传播中发挥了不可或缺的作用。马来西亚自 1999 年起引入《包青天》与《水浒传》等中国大陆影视作品，这些作品以其精彩的剧情、鲜明的人物形象和丰富的文化内涵，激发起了国内民众对中国文化与汉语学习的浓厚兴趣，有力地推动了中国文化的海外扩散及华语的国际化进程。

5. 对当地文学的影响

通过华文媒体对华文文学作品的推广与学者们的翻译实践，大批中国文学作品在东南亚国家广泛传播，并对当地本土文学产生了深远影响。在东南亚国家，中国传统文学作品的译介主要集中为诗词、古典小说、传统戏剧等文学体裁。郁达夫的诗歌散文以其独特的艺术风格和深刻的思想内涵，受到了东南亚读者的喜爱；《三国演义》《水浒传》《红楼梦》《白蛇传》等古典小说，以其丰富的故事内容和鲜明的人物形象，成为东南亚民众了解中国文化的重要窗口；鲁迅及莫言的系列作品在东南亚国家也广为流传，他们的作品以其深刻的社会洞察和独特的文学风格，引发了当地读者对中国社会和文化的深入思考。这些中国文学作品的传播，为当地文学创作提供了新的灵感和借鉴，促进了当地文学的发展和创新。

（四）宗教信仰：文化交融的纽带

1. 宗教场所的教育功能

东南亚地区的宗教场所，如寺庙、宗祠等，不仅是宗教活动的中心，也是汉语教学的重要阵地。时至今日，东南亚地区的许多宗教场所仍然承担着汉语教学的重要任务，是东南亚地区重要的汉语教学力量之一。东南亚各国还保留了大量具有宗教背景的华文学校和教育机构，这些学校在传授宗教知识的同时，也注重汉语教育，为当地华人华侨子女提供了学习汉语的机会，培养了一批又一批精通汉语的人才。在这些学校里，学生们通过学习汉语，不仅能够更好地理解宗教经典，还能传承和弘扬中国文化。

2. 宗教仪式中的汉语元素

宗教场所及宗教仪式中保留的汉语词汇也为华人和汉语学习者提供了不少便利。在宗教仪式中，汉语词汇的使用使得华人在异国他乡能够保持对母语的熟悉感，也为当地其他族群学习汉语提供了切入点。例如，在一些佛教寺庙的诵经仪式中，会使用汉语念诵经文，这让华人能够在宗教活动中感受到家乡的气息，也吸引了当地其他族群对中国文化的关注和学习。宗教仪式中的汉语歌曲、咒语等，也成为传播中国文化的重要载体。

3. 中国僧人的传播作用

中国僧人在东南亚地区的宗教活动中也发挥了重要作用。唐朝高僧义净大师、近现代著名高僧虚云和尚等，都曾在马来西亚、缅甸、泰国、柬埔寨等国通过汉语讲授佛经弘扬佛法。他们在传播佛教教义的同时，也促进了汉语在当地的传播。义净大师在东南亚期间，不仅翻译了大量佛经，还与当地学者交流佛教思想和文化，推动了中国与东南亚国家佛教文化的交流，进一步促进了中国文化在东南亚国家的传播。这些中国僧人以其渊博的学识和高尚的品德，赢得了当地民众的尊重和敬仰，他们的传教活动也为中国文化传播创造了良好的氛围。

4. 民间信仰的传播与融合

随着大批华人移居到东南亚国家，妈祖、观音、城隍、关帝、大伯公、郑和、孔夫子、鲁班先师以及祖先崇拜等华人民间信仰也逐渐传入了东南亚地区，并与佛教等相互融合发展，在一定程度上推动了汉语在东南亚地区的传播。妈祖信仰作为中国东南沿海最重要的民间信仰之一，在华人开拓海上丝绸之路的过程中，广泛传播至东南亚地区。妈祖信仰仪式等活动，成为中国文化传播的重要载体。在这些活动中，人们通过祭祀、庆典等形式，传承和弘扬妈祖文化，同时也传播了汉语。随着时间的推移，妈祖信仰的文化功能进一步拓展，许多新加坡的行业公会甚至将妈祖尊为行业保护神。在菲律宾的描东岸省，妈祖信仰呈现出与当地天主教信仰相融合的趋势，一座妈祖天后宫内供奉的妈祖神像实际上是天主教的凯萨赛圣母形象。这种宗教融合现象不仅体现了文化的多元共生，也为文化传播创造了更有利的环境。

5. 文化盛事中的汉语传播

印尼山口洋地区的元宵大游行已从最初的华人“迎神日”仪式演变为当地最具规模的多民族文化盛事。在游行过程中，用汉语书写的经文在当地社会得到广泛传播。这一活动不仅吸引了众多山地民族的积极参与，也促进了不同文化之间的交流与融合。在游行中，人们通过欣赏汉语经文、参与相关文化活动，对汉语有了更深入的了解，进一步推动了汉语以及中国文化在东南亚的传播。这种文化盛事成了汉语传播的重要契机，让更多人感受到了汉语和中国文化的魅力。

（五）文化机构：语言教育的摇篮

1. 华文教育的模式与发展

东南亚的华文教育分为正规教育与非正规教育两类，这两种教育模式在许多东南亚国家同时存在。正规教育即公办国民学校，学生可以在校接受系统的华文教育；非正规教育则是指私人开办的华文补习班与汉语培训学校等，多在课外时间对学生进行汉语辅导。东南亚各国的华文学校发展水平参差不齐，泰国、老挝、越南、印度尼西亚、马来西亚、新加坡、柬埔寨、菲律宾、文莱等国，华文教育已被纳入国民教育体系。新加坡的华文教育体系成熟，不仅从幼儿园到高中都开设了汉语课程，还设有华文补习中心和汉语短期培训班，为学生提供了多样化的学习选择，培养了大量精通汉语的人才。在新加坡的学校里，学生们通过系统的课程学习、丰富的文化活动等方式，深入学习汉语和中国文化，提高了汉语水平和文化素养。

2. 孔子学院等机构的贡献

近年来，除了学校教育和私人华校，孔子学院、孔子课堂、“一带一路”汉学文化分中心、华语文学组织等文化机构也为汉语在东南亚的传播作出了卓越的贡献。截至 2024 年 5 月，我国已在除东帝汶以外的东南亚 10 国建立 45 所孔子学院和 17 所孔子课堂，其中泰国有 27 所孔子学院，是亚洲孔子学院数量最多的国家。这些孔子学院和孔子课堂通过开展汉语教学、文化活动、学术交流等，为当地民众提供了学习汉语和了解中国文化的机会。例如，孔子学院举办的汉语水平考试、中国文化讲座、传统艺术体验等活动，吸引了大量当地民众参与，提高了他们对汉语和中国文化的兴趣。此外，孔子学院还与当地学校、企业等合作，开展汉语培训、文化交流等项目，推动了汉语以及中国文化在当地的应用和传播。

3. 高校合作与学术交流

我国也与东南亚地区部分高校建立了合作关系，通过中外合作办学、国际学术研讨会等形式，扩大了汉语在东南亚的影响力。在合作办学项目中，双方高校互派教师和学生，开展联合培养、学术研究等活动，促进了汉语在高校中的传播。如一些高校开展的“2＋2”联合培养项目，让学生在国内和东南亚高校分别学习两年，不仅提高了学生的汉语水平，还增强了他们对不同文化的理解和适应能力。国际学术研讨会则为学者们提供了交流汉语教学和文化研究成果的平台，推动了汉语在学术领域的传播。学者们在研讨会上分享研究成果、交流教学经验，促进了汉语教学和研究的发展，也提高了中国文化在东南亚学术领域的地位。

二、岭南音乐文化在马来西亚的传播与发展

岭南音乐文化在马来西亚的传播与发展，不仅承载着中华文化的深厚底蕴，还在与马来西亚本土文化的碰撞与交融中，展现出独特的魅力和强大的生命力。下面将从传播历程、社会价值、面临问题以及发展策略等多个方面进行深入剖析。

（一）传播历程：从萌芽到繁荣的文化之旅

1. 早期传播：华人移民的开拓之举

岭南音乐文化在马来西亚的传播可追溯至明代甚至更早时期，当时海上丝绸之路的繁荣促使大量华人从岭南地区移民至马来西亚，这些早期移民大多为劳工、农民和小商贩，他们背井离乡，将岭南地区的音乐、舞蹈、戏曲等艺术形式带到了这片陌生的土地（何瑞梅，2024）。在艰苦的劳作之余，他们通过哼唱家乡的曲调、表演简单的民间音乐来慰藉思乡之情，这些音乐成为他们在异国他乡的精神寄托。尽管早期的岭南音乐文化在马来西亚还不成气候，多为简单的闽粤地区民间音乐，且由于移民文化层次较低、经济条件差，缺乏相关文献记载，但他们的努力为岭南音乐文化在马来西亚的传播奠定了不可或缺的基础。他们是岭南音乐文化在海外传播的先驱者，用自己的方式在异国土地上播下了文化的种子。

2. 近现代传播：会馆文化的有力助推

早期华人移民带来的岭南音乐文化种子，在马来西亚特殊的地理与人文环境中逐渐生根发芽。近现代以来，马来华人会馆文化兴盛起来。由于当时华人生活并不富裕，精神娱乐活动匮乏，各会馆举办的免费酬神戏便成为华人重要的娱乐方式，也是他们寄托思乡之情、宣扬文化归属感和认同感的重要途径。在这些酬

神祭祖活动中，岭南音乐不仅作为仪式音乐，营造庄重的氛围，更是娱神的重要手段，通过精彩的表演表达对神灵的敬意。

会馆定期举办的活动，为岭南音乐在马来西亚的传播与发展提供了关键平台。不同地域的华人汇聚于此，共同欣赏和参与岭南音乐表演，使得岭南音乐文化在当地的影响力不断扩大。音乐在这些活动中逐渐融入当地华人的生活，成为他们文化生活的重要组成部分。例如，在一些会馆的酬神戏中，会表演粤剧、潮剧等岭南传统戏曲，演员们精湛的技艺和独特的唱腔吸引了众多华人观看，大家在欣赏表演的过程中，加深了对岭南音乐文化的理解和热爱，也使得岭南音乐文化带着特殊的时代烙印在当地保存并传播开来。

3. 当代传播：文化交流与融合的新篇

进入当代，岭南音乐文化在马来西亚的传播更加广泛和深入。随着社会的发展和文化交流的日益频繁，带有研究性质的社团开始在当地涌现。这些社团致力于岭南音乐文化的挖掘、整理和研究，通过举办各种音乐会、讲座和展览，向当地民众展示岭南音乐文化的独特魅力。例如，一些社团会邀请专业的岭南音乐家举办讲座，介绍岭南音乐的历史渊源、音乐特色和演奏技巧，让当地民众对岭南音乐有更深入的了解。

同时这些社团积极推动岭南音乐与马来当地音乐的互动与交融。在音乐创作上，鼓励音乐家们将岭南音乐元素与马来音乐元素相结合，创作出富有特色的作品。以陈善宝、梁静茹、阿牛等为代表的创作人和歌手，他们的音乐作品中融入了大量的岭南音乐文化元素，如独特的旋律、歌词中的方言词汇等，不仅在马来享有盛誉，还在国际上产生了一定的影响。他们的作品为中国音乐文化的国际传播与交流作出了积极贡献。

如今随着全球化的深入发展和中马两国文化交流的日益密

切，岭南音乐文化在马来的传播进入了一个新的发展阶段。两国政府和文化机构间的交流日益深入，共同举办了许多丰富多彩的文化活动，如客家山歌交流会、粤语歌唱大赛、客家童谣音乐节等。这些活动规模不断扩大，参与人数越来越多，不同程度地促进了岭南音乐文化在马来西亚的传播与发展。在客家山歌交流会上，两国的歌手们相互切磋技艺，分享演唱经验，让更多人了解到客家山歌的独特韵味；粤语歌唱大赛则吸引了众多音乐爱好者参与，激发了他们对粤语歌曲和岭南音乐文化的兴趣；客家童谣音乐节通过展示各种富有童趣的童谣，让孩子们在欢乐中感受岭南音乐文化的魅力。这些活动不仅丰富了两国人民的文化生活，也增进了两国人民的友谊与合作。

（二）社会价值：文化融合的多元力量

1. 强化华人社群的身份认同与凝聚力

岭南音乐文化对于马来华人社群而言，是中华文化根脉的重要组成部分，是他们身份认同的显著标志。参与岭南音乐文化相关活动，如参加客家山歌演唱、欣赏粤剧表演等，能够让华人社群成员感受到自己与祖籍之间的深厚联系，找到身份认同和归属感。在这些活动中，大家共同传承和弘扬岭南音乐文化，增进了彼此之间的情感交流，不同程度地推进了华人社群内部的团结与合作，从而增强了华人族群的凝聚力与向心力。在马来西亚的一些华人社区，定期举办的岭南音乐文化活动成了社区居民的重要文化活动，大家积极参与，共同传承和发展岭南音乐文化，使得社区更加团结和谐。

2. 增进中马文化的交融与理解

岭南音乐文化在马来西亚的传播与发展，为中马两国文化交流与理解提供了重要的平台与机遇。音乐作为一种无国界的语言，能够跨越语言和文化的障碍，促进两国人民的沟通与交流。岭南音乐文化具有深厚的文化底蕴，其歌词中蕴含的中庸、和合、勤奋、忍耐等品质，以及独特的旋律特点，都有助于马来民众更加深入地了解中国文化及其背后的内涵。通过欣赏和学习岭南音乐，马来民众可以感受到中国文化的独特魅力，增进对中国文化的理解和尊重，从而促进中马两国人民的交流与友谊。例如在一些中马文化交流活动中，马来民众通过学习演奏岭南音乐乐器，如二胡、古筝等，深入了解了中国音乐文化的内涵，也增进了与华人的情感交流。

3. 促进两国经济发展与就业的增长

在当今世界，文化与经济的联系日益紧密，文化在经济发展中展现出强大的动力。关注岭南音乐文化在马来西亚的传播与发展，能够有效促进当地经济文化的发展，带动两国文化和旅游相关产业的增长。举办各种类型的中马音乐节、世界音乐节、热带雨林艺术节等活动，不仅可以丰富两国人民的文化娱乐生活，还可以吸引大量游客，带动和刺激文旅上下游等相关经济产业的增长。在音乐节期间，当地的酒店、餐饮、交通等行业都会迎来大量的消费者，为当地经济发展注入活力。同时，这些活动也为当地创造了更多的就业机会，促进了就业增长。

（三）面临问题：发展途中的挑战与困境

1. 缺乏融合创新，影响力受限

岭南音乐文化在马来西亚的传播与发展面临着诸多现实问题，其中最为突出的是与马来其他族群的跨界融合创新不足，与马来大众文化的融合程度较低。长期以来，岭南音乐文化的传播局限在华人圈内，尤其是广东籍华人群体内，未能打破固有的圈层，获得马来人及印度人的广泛认同和喜爱。这主要是因为相关工作大多围绕现有资源的开发与利用，忽视了对岭南音乐文化内在历史底蕴与文化内涵的挖掘，以及对外传播的重要性。

在马来西亚这个多元文化国家，各种音乐流派和文化产品层出不穷，竞争异常激烈。岭南音乐文化作为一种外来文化，需要面对来自世界各地音乐文化的竞争和挑战，其在马来的传播市场受到一定的限制。岭南音乐文化中的歌词、表演形式等往往与特定的语言和文化背景相关联，对于不懂中文或缺乏相关文化背景知识的海外观众来说，在理解和接受上存在一定困难。加之新时代的华人青年受到多元化教育的影响，对岭南音乐文化的兴趣远不如他们的父辈，对其传播与发展缺乏热情。这些因素导致岭南音乐文化在马来当地尚未形成深入的文化品牌及文化内涵，难以吸引马来境内其他族群更多的关注和文化记忆。

2. 宣传推广不足，认同感较低

尽管岭南音乐文化具有独特的魅力，但在马来西亚的宣传推广工作却存在不足。随着网络、社交媒体等数字媒体的不断涌现，信息传播变得更加便捷，但岭南音乐文化在马来并没有得到大范围的传播。一方面，由于其在传承与发展过程中缺乏融合创新，没有充分融合马来境内的音乐文化元素，如马来音乐文化、印度音乐文化、东马雨林音乐文化等，共同创作和同台演出较少，未形成与马来其他族群同唱一首歌、共谱一首曲的良好场景。另一方面，岭南音乐文化本身在宣传与推广上力度不够，华人族群没有充分意识到应该将岭南音乐文化中所蕴含的精神内涵一起打包推广出去，以不断刷新大众对岭南文化的固有认知，导致马来大众对岭南音乐文化的认同感较低。许多马来民众对岭南音乐文化了解甚少，甚至存在误解，这严重影响了岭南音乐文化在马来西亚的传播与发展。

3. 传承人才短缺，教育传承脱节

马来西亚的华人人口占比近年来呈下降趋势，这对中国传统文化在马来的传承和发展产生了一定影响。岭南音乐文化的传承与发展主要依靠华人，特别是广东籍华人的力量。然而，随着华人群体的逐渐缩减，再加上不少华人青年对岭南音乐文化缺乏传承与创新意识，大多数年轻人不愿意从事岭南音乐文化资源的挖掘、整理及创新工作，导致传承人才短缺，教育传承出现脱节。在马来西亚，虽然政府不反对华人传统文化及其相关活动，但并没有承担起传播和发展中华传统音乐文化的责任和义务。这使得岭南音乐文化在传承过程中面临诸多困难，如缺乏资金支持、教学资源不足等，进一步影响了其在马来西亚的传播与发展。

（四）发展策略：突破困境的探索与实践

1. 加强对外宣传推广，扩大融合力

为了推动岭南音乐文化在马来西亚的传播与发展，首先要加强对外宣传推广工作。可以通过举办音乐会、音乐节、音乐研讨会等活动形式，邀请海外音乐家和岭南音乐爱好者共同参与，为他们提供一个交流和展示的平台。组织岭南音乐家赴海外演出，与马来当地音乐家进行面对面的交流和合作，用请进来和走出去相结合的方式推动岭南音乐文化的国际传播。定期举办中马客家山歌交流会、岭南童谣创作大赛、粤剧展演等活动，全方位呈现岭南文化的艺术魅力与文化底蕴。在这些活动中，不仅要展示岭南音乐的表演，还要通过讲座、展览等形式，深入介绍岭南音乐文化的历史渊源、文化内涵和艺术特色，让马来百姓感知岭南音乐文化中所蕴含的古今中外文化精髓与内涵，使岭南音乐文化在交流互鉴中焕发出新的生机。

受岭南特殊的地理和文化环境的影响，岭南音乐一直具有较

强的“外移性”特点。在传播过程中，可以充分利用这一特点，进行融合创新。以潮州弦诗为例，在马来西亚的传播与发展过程中，可以在保留主要旋律乐器的基础上，替换几件音色相近的节奏型乐器进行融合演出。把乐队中的“鼓”替换成马来西亚人常用的革多克鼓（Geduk）或甘东巴克鼓（Gedumbak），把“木鱼”替换成东南亚常见的打击乐曲克希（Kesi）等。在音乐表演上，华人音乐家可以尝试将马来西亚或印度的音乐元素融入自己的演出中，在旋律上可以考虑用被称为东南亚琵琶的萨佩（Sape）进行创作，节奏上可以用印度的节奏之王——塔布拉鼓（Tabla）进行演绎等。通过这些融合创新，不仅可以保留岭南音乐特有的旋律韵味，还能丰富其音色，促进中马音乐文化的交融，诠释“和而不同”的文化理念。

2. 投入资金重视人才培养，夯实传承基础

弘扬岭南音乐文化中所蕴藏的精神与价值，展现其历史面貌，唤醒人们对中华传统文化的记忆，助推岭南音乐文化回归本位，是传承和保护它的重要出发点。对于岭南音乐文化的海外传播与发展，除了整合各方资源做好跨界融合外，还需加大资金投入，重视相关人才的培养。培养马来语人才、岭南文化外语翻译人才、中马传统音乐演奏演唱人才及区域国别学相关研究人才等。

目前由于缺少充足的经济支撑，岭南音乐文化在马来西亚的传播与发展呈现出随意性与盲目性，难以进入正规的“活态”传承轨道。同时，缺乏资金也导致很难吸引优秀的人才投入到岭南文化相关资料的收集、整理、加工及创新工作之中。因此相关部门应引起足够的重视，设立专项基金，用于支持岭南音乐文化在马来西亚的传播与发展。通过提供奖学金、研究经费等方式，吸引更多的人才参与到岭南音乐文化的传承与创新工作中来。对岭南音乐文化在创作、表演、理论研究等相关人才进行“三位一体”的培育，以此带动其他学科与专业共同生发出岭南文化的精神气质和艺术风范，最终使岭南音乐文化与马来人民实现情感上的同频共振。

3. 利用互联网资源，扩大传播路径

随着科学技术的发展，互联网为文化传播提供了强大的平台。利用互联网资源，能够突破地域限制，将岭南音乐文化传播到更广泛的人群中。通过线上线下相结合的方式，向全球观众呈现中国传统音乐文化。制作高质量的岭南音乐文化视频，在各大视频平台、社交媒体上发布，吸引更多人的关注。利用虚拟现实（VR）、增强现实（AR）等技术，打造沉浸式的岭南音乐体验，让观众仿佛置身于岭南音乐的世界中，感受其独特魅力。

中马两国可以共同开展线上音乐活动，如线上音乐会、音乐比赛等，鼓励两国音乐爱好者参与，增进两国人民对彼此音乐文化的了解。在2024年中马建交50周年之际，马来著名音乐人阿牛创作和采用中马双语演唱的中马建交50周年纪念歌曲《SayangSayang》，以及中马合作创作的主题歌曲《携手未来》，通过线下和网络传播的方式唱响海内外，取得了良好的传播效果。岭南音乐文化可以借鉴这些成功经验，借助当下互联网和各类短视频平台的力量，不断推进产业的融合升级，实现与世界各地音乐文化的交融与碰撞，让岭南音乐文化在新时代焕发出新的活力。

第七章
区域国别视域下中国文化国际传播的策略

第一节　强化区域国别研究，优化传播基础

在全球化不断深入的当下，中国文化国际传播对于提升国家文化软实力、促进国际文化交流意义重大。区域国别研究能够为中国文化国际传播筑牢根基，通过深入剖析不同区域和国家的特点，为传播工作提供精准指导，增强传播的针对性与实效性。

一、深入了解区域文化差异

（一）历史发展脉络差异

不同国家和地区有着独特的历史演进轨迹，这深刻塑造了其文化特质。以欧洲和亚洲部分国家为例，欧洲历经古希腊、古罗马文明的起源，中世纪的发展，以及文艺复兴、工业革命等重要阶段，形成了注重理性思维、个体主义的文化传统。像法国，从高卢时期到法兰克王国，再到近代的政治变革，其文化中对自由、平等、博爱的追求与漫长历史紧密相连。而亚洲的日本，在古代深受中国文化影响，同时又在明治维新后积极吸收西方文化，形成了既保留传统东方美学，如茶道、武士道精神，又融合西方现代科技与管理理念的独特文化。

这种历史差异使得不同国家对中国文化的接受度和理解方向

不同。在向欧洲传播中国文化时，由于其历史上对理性思辨的重视，我们可以突出中国古代哲学如儒家、道家思想中的思辨性内容，像儒家对人性、道德伦理的探讨，与西方哲学中对伦理道德的思考进行对比与融合，以引发欧洲受众的兴趣。而在向日本传播时，鉴于两国历史上的文化渊源，可侧重于挖掘中国传统文化在日本的传承与演变，以及现代中国文化在传统基础上的创新发展，如中国当代动漫中对传统神话故事的新演绎，激发日本受众的文化共鸣。

（二）宗教信仰差异

宗教在许多国家的文化中占据核心地位，不同宗教信仰塑造了各异的价值观念和行为准则。在中东地区，伊斯兰教是主流宗教，其教义对社会生活的方方面面都有着深刻影响，如在饮食上禁食猪肉，在服饰上女性需遵循一定的着装规范。在传播中国文化时，涉及食品文化传播，就需避免使用猪肉相关元素；在文化活动的组织中，也要尊重当地的宗教礼仪和禁忌。

在印度，印度教信仰深入人心，其轮回、因果报应等观念影响着印度人的生活态度和社会结构。当传播中国文化中的佛教文化时，可结合印度教与佛教的历史渊源和教义关联，深入解读中国佛教在发展过程中的独特之处，如禅宗的顿悟思想，让印度受众更易理解和接受。而在西方基督教国家，圣诞节、复活节等宗教节日是重要的文化符号，我们可以将中国的传统节日与之进行类比，解释春节在中国人心中的地位和意义，让西方受众从熟悉的文化概念出发，理解中国节日文化。

（三）价值观念差异

价值观念的不同也导致不同区域对中国文化的理解和接受存

在差异。西方一些国家强调个人主义，注重个人的自由、权利和成就，鼓励个人通过竞争实现自我价值；而中国文化强调集体主义，重视个人对集体、社会的责任和奉献，追求群体的和谐与稳定。在传播中国文化时，对于西方受众，可以通过讲述中国企业在海外积极履行社会责任，带动当地经济发展和社区建设的故事，让他们理解中国集体主义价值观中对他人和社会的关怀，同时也展示中国文化在现代社会中的积极影响。

在一些非洲国家，家族和部落观念很强，社会关系紧密。在传播中国文化时，可将中国家庭文化中尊老爱幼、家族团结的理念与非洲的家族观念相结合，强调两者的相似之处，促进非洲受众对中国文化的认同。

（四）社会习俗差异

社会习俗是文化的直观体现，涵盖礼仪、节日、婚丧嫁娶等诸多方面。在礼仪方面，日本的鞠躬礼仪有着严格的规范，不同场合鞠躬的角度和时长都有讲究；而西方多采用握手、拥抱等方式。在中国文化传播活动中，与日本交往时，遵循其鞠躬礼仪规范，能展示对当地文化的尊重；在西方则以合适的握手、拥抱礼仪融入当地社交氛围。

节日习俗也各具特色，如巴西的狂欢节，人们通过盛大的游行、歌舞来庆祝，充满欢乐和激情；中国的春节则强调家庭团聚、祭祀祖先、辞旧迎新。在向巴西传播中国春节文化时，可以举办春节主题的游行活动，融入舞龙舞狮、传统音乐表演等元素，与巴西狂欢节的热闹氛围相契合，吸引巴西民众参与体验，增进他们对中国春节文化的了解。

（五）语言文字差异

语言文字是文化的重要载体，不同语言的语法结构、词汇含义和表达方式都反映着其背后的文化内涵。英语作为国际通用语言，在词汇和语法上有其自身特点，而汉语有着独特的表意文字体系和丰富的语言表达方式。在翻译中国文化作品时，若简单直译，可能会导致文化内涵的丢失或误解。例如，“阴阳”这一概念，在英语中很难找到完全对应的词汇，若直接译为“Yin and Yang”，西方受众可能难以理解其深刻含义。此时可通过解释性翻译，如“Yin and Yang represent two complementary and opposing forces in Chinese philosophy, which interact to form the balance and harmony of the universe”，帮助西方受众理解。同时利用不同语言的文化意象差异，在传播中进行巧妙转化，如将中国诗词中的“鸿雁”意象，类比为西方文化中代表传递信息的“信鸽”，使西方受众更易理解中国诗词的意境。

二、精准定位传播受众

（一）基于年龄层次的受众定位

不同年龄层次的人群对中国文化的兴趣点和接受方式差异显著。青少年群体充满好奇心和探索欲，对新鲜事物接受度高，且热衷于流行文化和数字媒体。针对这一特点，可借助动漫、游戏、短视频等形式传播中国文化，如以中国古代神话故事为蓝本制作动漫作品，像《哪吒之魔童降世》在海外受到众多青少年喜爱，通过精彩的剧情和精美的画面展现中国传统神话元素和价值观。利用热门游戏平台开发融入中国文化元素的游戏，如在一些角色扮演游戏中加入中国传统武术招式、古代建筑场景等，让青少年在游戏过程中感受中国文化的魅力。

中青年群体通常具有较高的知识水平和文化素养，对文化的深度和内涵有更高追求，关注文化与现实生活的关联。对于这部分受众，可以举办文化讲座、研讨会，邀请专家学者探讨中国文化在当代社会的价值和应用，如中国传统中医养生文化在现代健康管理中的应用。推出深度文化报道和评论文章，在专业媒体平台上发表，分析中国文化产业的发展趋势、中国文化对全球文化多样性的贡献等内容，满足中青年群体对文化深度解读的需求。

老年群体往往对传统文化有着深厚的情感和浓厚的兴趣，注重文化的传承和历史底蕴。为他们提供中国传统戏曲、书法、绘画等艺术表演和教学活动，如在海外华人社区或当地文化中心举办京剧演出、书法培训班等，让老年群体亲身参与和体验中国传统文化的魅力。制作介绍中国传统文化历史和传承的纪录片，在电视媒体或专门的文化平台上播放，以丰富的历史资料和生动的讲述，满足老年群体对传统文化的热爱。

（二）基于社会阶层的受众定位

社会上层人士通常具有较高的社会地位、经济实力和文化影响力，他们对文化的鉴赏和消费能力较强，关注文化的高端性和独特性。针对这一阶层，可以举办高端文化艺术展览，如中国古代书画珍品展、中国当代艺术大师作品拍卖会等，邀请社会上层人士参与，展示中国文化艺术的精湛技艺和深厚内涵，提升中国文化在高端文化领域的影响力。开展文化外交活动，邀请各国政要、商界精英参加中国文化主题活动，如在重要国际会议期间举办中国文化之夜，通过精心策划的文艺表演、文化交流活动，增进他们对中国文化的了解和认同。

中产阶级注重生活品质和文化素养的提升，追求文化的实用性和多样性。可以为他们提供与中国文化相关的教育培训课程，如中国传统茶艺、烹饪、中医养生等课程，让他们在学习实用技能的过程中感受中国文化的魅力。推出高品质的文化旅游产品，如定制中国文化深度游线路，带领中产阶级游客参观中国的历史文化名城、传统村落，体验中国传统文化的生活场景，满足他们对文化旅游的品质需求。

普通民众更关注与日常生活息息相关的文化内容，追求文化的趣味性和亲近感。通过社区文化活动传播中国文化，如在当地社区举办中国美食节、传统手工艺制作工作坊等，让普通民众在参与活动的过程中，近距离感受中国美食文化和传统手工艺的魅力。利用社交媒体平台发布有趣的中国文化短视频，如中国民间艺术表演、趣味民俗活动等，以轻松幽默的方式吸引普通民众的关注，让中国文化走进他们的日常生活。

（三）基于职业群体的受众定位

教育工作者对文化教育资源和跨文化交流有较高需求，他们希望将中国文化融入教学内容，拓宽学生的国际视野。针对这一群体，可以开发中国文化教育教材和课程资源，如编写适合不同年龄段学生的中国文化读本、制作多媒体教学课件等，为教育工作者提供丰富的教学素材。举办国际文化教育交流活动，邀请国内外教育工作者共同探讨中国文化在国际教育中的应用和发展，促进教育工作者之间的经验分享和合作。

文化艺术从业者对中国文化的艺术表现形式和创新元素感兴趣，希望从中获取创作灵感，丰富自身的艺术表达。为他们提供中国文化艺术交流平台，如举办国际文化艺术研讨会、中国文化艺术创作营等，让文化艺术从业者深入了解中国传统艺术的美学理念和创作技巧，促进中外文化艺术的交流与融合。展示中国当代文化艺术的创新成果，如在国际艺术展览中设置中国文化艺术专区，展示中国现代舞蹈、实验戏剧、数字艺术等领域的创新作品，为文化艺术从业者提供新的创作思路和灵感来源。

企业从业者关注中国文化对企业发展和国际商务合作的影响，希望了解中国市场的文化背景和商业文化。可以举办中国文化与商业发展的专题讲座和培训课程，介绍中国传统文化中的商业智慧，如儒家的诚信观念在企业经营中的应用，以及中国当代商业文化的特点和发展趋势。组织商务文化交流活动，为企业从业者搭建与中国企业交流合作的平台，通过文化交流增进彼此的了解和信任，促进国际商务合作的开展。

三、整合区域研究资源

（一）加强研究机构间合作

当前，我国的区域国别研究体系已经相当成熟，与我国当前国家地位相适应的区域国别研究格局已初步形成，各政府有关部门、科研院所和高校加强合作、协同创新，能够形成强大合力，为维护我国对外战略发展和人类命运共同体建设提供了重要参考（孙学美，2024）。高校拥有丰富的学术人才资源和浓厚的学术氛围，在基础理论研究方面具有优势；科研院所专注于特定领域的深入研究，在应用研究和技术创新方面成果显著；政府部门的研究机构则能把握政策导向，提供宏观战略视角。

建立联合研究项目机制是促进合作的有效方式。例如针对“一带一路”沿线国家文化传播与交流的研究，高校可以发挥其多学科综合研究的优势，组织历史学、文化学、传播学等学科的专家进行理论研究；科研院所可利用先进的研究技术和设备，开展文化传播效果评估等应用研究；政府部门研究机构则从政策层面提供指导，确保研究成果与国家战略需求相契合。通过联合研究，整合各方资源，提高研究的深度和广度，为中国文化在“一带一路”沿线国家的传播提供有力支持。

共享研究设施和数据资源也是加强合作的重要内容。高校的图书馆、实验室，科研院所的专业数据库、研究设备等，应逐步实现资源共享。如建立区域研究文献共享平台，整合各方的图书、期刊、研究报告等文献资源，为研究人员提供便捷的文献检索和借阅服务。搭建区域研究数据共享平台，汇聚经济、文化、社会等各类数据，为研究人员提供全面的数据支持，避免重复研究，提高研究效率。

（二）培养跨学科研究人才

区域国别研究的综合性和复杂性，要求研究人员具备跨学科知识和技能。跨学科人才不仅要掌握历史学、政治学、社会学、文化学等基础学科知识，还要熟悉传播学、国际关系学等相关专业知识，同时具备一定的外语能力和跨文化交流能力。

在高校课程设置方面，应开设跨学科的区域国别研究课程体系。比如设立“区域国别研究概论”课程，介绍区域国别研究的基本理论、方法和研究框架；开设“跨文化传播与交流”课程，培养学生的跨文化传播意识和能力；设置针对不同区域和国家的专题课程，如“欧洲文化与社会”“东南亚政治与经济”等，让学生深入了解特定区域和国家的特点。通过系统的课程学习，使学生构建起跨学科的知识体系。

实践教学环节对于培养跨学科研究人才至关重要。鼓励学生参与国际交流项目，如参加海外实习、交换生项目等，让学生在真实的国际环境中锻炼跨文化交流能力。组织学生参与区域研究课题，从资料收集、数据分析到撰写研究报告，全程参与研究过程，提高学生的研究能力和解决实际问题的能力。例如学生参与“中国文化在非洲传播现状与策略研究”课题，通过实地调研、访谈等方式，深入了解非洲文化和中国文化在当地的传播情况，提出针对性的传播策略建议。

（三）构建区域研究信息平台

构建全面、高效的区域研究信息平台，能为中国文化国际传播提供丰富的信息资源和便捷的研究工具。信息平台应整合各类研究资料，包括学术文献、政策文件、统计数据、文化案例等。如收集国内外关于区域国别研究的学术期刊、学位论文、研究报告等文献资料，建立文献数据库；整理各国政府发布的文化政策文件、外交政策文件等，为研究人员提供政策参考；收集经济、人口、文化产业等各类统计数据，为研究中国文化在不同国家和地区的传播环境提供数据支持。

开发智能检索和分析工具，能提高信息平台的实用性。通过智能检索工具，研究人员可以快速准确地检索到所需的信息，提高研究效率。利用数据分析工具，对收集到的数据进行深入分析，挖掘数据背后的规律和趋势。例如通过对社交媒体数据的分析，了解不同国家和地区民众对中国文化的关注热点和情感倾向，为制定精准的传播策略提供依据。

建立信息共享和交流社区，促进研究人员之间的互动与合作。研究人员可以在社区中分享研究成果、交流研究经验、讨论研究问题。比如设立在线论坛，针对中国文化国际传播中的热点问题，如文化折扣现象、文化适应性策略等，组织研究人员进行讨论，激发研究思路，促进学术创新。通过信息共享和交流社区，形成一个活跃的区域研究学术共同体，推动区域研究的发展。

四、结合区域特点创新研究方法

（一）运用田野调查法深入区域内部

田野调查法强调研究者深入实地，亲身参与和观察研究对象的日常生活、文化活动等，获取第一手资料。在区域国别研究中，这种方法尤为重要。例如在研究东南亚地区的中国文化传播时，东南亚地区民族众多、文化多元，不同国家和地区对中国文化的接受和融合程度差异较大。研究者可以深入到当地的社区、集市、寺庙等场所，与当地居民进行面对面的交流。参与当地的传统节日庆祝活动，像泰国的春节庆祝活动，观察中国文化元素如舞龙舞狮、贴春联等是如何与泰国本土文化元素相结合的，了解当地居民对这些文化活动的看法和感受。通过长期的田野调查，研究者能够深入了解中国文化在东南亚地区的传播路径、传播效果以及面临的问题，这些一手资料能够为后续的研究和传播策略制定提供有力支撑。

（二）借助大数据分析把握传播趋势

随着信息技术的飞速发展，大数据在研究中的应用越来越广泛。在区域国别研究中，大数据分析能够帮助研究者从海量的数据中挖掘出有价值的信息，把握中国文化国际传播的趋势。以欧洲地区为例，通过收集欧洲各大社交媒体平台、新闻网站、文化论坛等关于中国文化的讨论数据，运用大数据分析技术，可以了解欧洲民众对中国文化的兴趣点、关注点以及情感倾向。分析发现欧洲年轻人对中国的电竞文化、动漫文化关注度较高，而中老年人对中国的传统哲学、中医养生文化更感兴趣。基于这些数据结果，在向欧洲传播中国文化时，就可以针对不同年龄段的群体制定差异化的传播策略，推出更符合他们需求的文化产品和活动，提高传播效果。

（三）开展跨文化比较研究凸显文化特质

跨文化比较研究是将中国文化与不同区域的本土文化进行对比分析，找出文化之间的异同点，从而更清晰地凸显中国文化的特质，为传播提供方向。在研究中国文化在中东地区的传播时，将中国文化中的家庭观念与中东地区基于伊斯兰教教义形成的家庭观念进行比较。中国文化强调家庭的整体性和家族传承，中东地区的家庭观念则在宗教教义的影响下，更注重家族的宗教传承和社会地位的延续。通过比较发现，两者都重视家庭的稳定性和长辈的权威，但在传承方式和家庭关系的侧重点上存在差异。在传播中国文化时，就可以利用这些异同点，强调中国文化中家庭观念与中东地区文化的相通之处，增进中东地区民众对中国文化的亲近感，同时巧妙地介绍中国文化独特的家庭文化元素，如春节期间阖家团圆、祭祀祖先等活动背后所蕴含的家庭情感纽带，让中东地区民众更好地理解和接受中国文化。

第二节　创新传播内容与形式，增强传播吸引力

区域国别视域下中国文化国际传播面临着复杂且多元的文化环境与受众需求。创新传播内容与形式是提升中国文化国际传播效果、增强其吸引力的核心路径。通过精准把握不同区域国别的文化特质、流行趋势，量身定制传播策略，能够打破文化隔阂，让中国文化在全球范围内绽放独特魅力，促进文化间的交流与互鉴。

一、挖掘区域共通文化元素，定制特色传播内容

（一）聚焦家庭观念的共通性

家庭观念在全球文化中普遍占据重要地位，是人类情感与社会结构的基石。在向西方传播中国文化时，以中国家庭题材电视剧为切入点，能有效拉近与西方受众的距离。例如《都挺好》，这部剧围绕家庭内部的矛盾与和解展开，展现了家庭成员之间复杂而深厚的情感。西方家庭同样面临着代际冲突、亲情维系等问题，剧中苏大强的“作”、子女们在处理家庭问题时的挣扎，都能让西方观众产生共鸣。通过在欧美主流视频平台推广此类电视剧，同时配合剧情解读、文化背景介绍等内容，帮助西方观众理解中国家庭文化中长幼有序、孝悌观念的内涵，以及现代中国家庭在社会变迁下的转型与发展。

在亚洲地区，家庭观念更为紧密且具有相似性。传播中国文化时，可借助社交媒体平台，发起“亚洲家庭文化分享”活动。鼓励中国和亚洲其他国家的民众分享家庭故事、传统习俗、家庭聚会的照片或视频。以中国春节家庭团聚的场景为开篇，展现贴春联、吃年夜饭、长辈给晚辈发红包等传统习俗，引导亚洲其他国家民众分享他们的节日家庭活动，如韩国的春节祭祀、日本的正月新年等。在活动中，深入解读中国家庭文化中团圆、传承的意义，促进亚洲地区民众对中国家庭文化的理解与认同，强化文化间的共通情感纽带。

（二）利用自然崇拜的契合点

许多国家和地区都存在自然崇拜现象，对大自然的敬畏与热爱是共通的文化情感。在北欧国家，当地居民对森林、湖泊、极

光等自然景观有着深厚的情感，他们的文化中充满了与自然相关的神话传说和生活习俗。传播中国文化时，可将中国的山水文化与之相结合。以中国山水画为例，通过举办线上线下画展，展示中国山水画独特的笔墨意境和对自然山水的审美表达。在画展中，设置讲解环节，向北欧观众介绍中国山水画中蕴含的道家“天人合一”思想，以及画家们如何通过描绘山水表达对自然的敬畏与热爱。同时对比北欧传统绘画中对自然景观的描绘手法，找出两者在对自然美的追求上的契合点，增进北欧观众对中国山水文化的理解。

在南美洲，玛雅文化、印加文化是自然演进的结果，都体现了对自然的尊崇（陈平原、袁一丹，2023）。当地的宗教信仰和传统习俗与自然紧密相连。传播中国文化时，可推出以中国自然文化为主题的纪录片，如《美丽中国》，展现中国各地壮丽的自然风光、丰富的动植物资源以及人与自然和谐共生的生活方式。在纪录片中，融入中国古代关于自然的哲学思想，如“道法自然”，并与南美洲本土文化中对自然的认知进行类比。通过在南美洲主流媒体平台播放纪录片，举办观众见面会，邀请专家解读等方式，加深南美洲观众对中国自然文化的认知与喜爱。

（三）结合社会议题的共通性

在全球范围内，环保、社会公平、教育等社会议题受到广泛关注。在传播中国文化时，结合这些共通的社会议题，能让中国文化更具时代感和现实意义。在传播中国文化时，可通过社交媒体平台分享中国在生态农业领域的成功案例。例如介绍中国浙江安吉通过发展白茶种植，实现生态保护与经济发展双赢的故事。展示安吉从过去的环境污染到如今的“绿水青山就是金山银山”的转变过程，分享当地农民如何采用绿色种植技术，减少农药使用，保护土壤和水源，同时提高茶叶品质，增加收入。通过这些案例，向欧洲观众传递中国传统文化中“天人合一”“取之有度”的生态智慧，以及中国在应对全球环境问题上的积极态度和实践成果。

在非洲国家，教育公平是社会发展的重要议题。中国在教育扶贫方面积累了丰富的经验，传播中国文化时，可通过中非教育交流活动，分享中国的教育理念和实践。如介绍中国在偏远地区实施的教育扶贫项目，包括建设希望小学、开展支教活动、利用互联网技术实现优质教育资源共享等。组织中国教育专家到非洲举办教育论坛，分享中国在提高教育普及率、提升教育质量方面的经验，同时展示中国传统文化中尊师重道、有教无类的教育思想，为非洲国家的教育发展提供参考，增进非洲国家对中国文化的认同感。

二、融合区域流行文化形式，创新传播表达

（一）结合区域影视风格创作

不同国家和地区的影视风格各具特色，将中国文化元素融入当地流行的影视风格中，能够有效吸引目标受众。在韩国，浪漫爱情剧和奇幻剧广受欢迎。传播中国文化时，可与韩国影视制作公司合作，打造融合中国文化元素的浪漫奇幻剧。例如以中国古代神话故事《白蛇传》为蓝本，进行现代改编。剧情设定在现代韩国，女主角是拥有神秘力量的中国留学生，她与韩国男主角在一次意外中相遇，共同揭开了一段跨越时空的奇幻爱情故事。剧中融入中国传统神话元素，如白蛇的化身、法术的运用等，同时结合韩国流行的浪漫爱情剧叙事手法，展现男女主角之间曲折动人的爱情。在场景布置上，既有中国传统的园林景观，又有韩国

的都市街景；在服饰设计上，融合中国古代服饰与现代时尚元素，打造独特的视觉效果。通过韩国主流电视台和视频平台播出，吸引韩国观众的关注，同时借助社交媒体进行话题营销，引发观众对中国文化的讨论。

在印度，宝莱坞电影以其独特的歌舞风格和精彩剧情闻名。传播中国文化时，可与印度电影人合作，拍摄一部中印文化融合的歌舞电影。故事围绕着一位中国舞蹈家和一位印度音乐家展开，他们在追寻艺术梦想的过程中相遇，共同克服文化差异，创作出融合中印舞蹈和音乐特色的作品。影片中，大量运用中国的古典舞蹈、民间舞蹈和印度的宝莱坞歌舞，打造绚丽多彩的视听盛宴。在剧情中，融入中国的传统文化价值观，如坚韧不拔、团结协作等，同时展现印度文化中对艺术的热爱和追求。通过在印度各大影院上映，举办电影首映礼和文化交流活动，邀请中印两国演员和艺术家共同宣传，提高电影的知名度和影响力，促进印度观众对中国文化的了解。

（二）运用区域社交媒体流行趋势

社交媒体是内容传播的重要渠道，其向大众传递着各种文化信息、价值观念、艺术内容等，在全球文化传播中发挥着重要作用，但不同国家和地区的社交媒体平台和流行趋势各异（蒋中琪，2023）。在日本，LINE、Twitter 等平台用户众多，且对可爱、治愈系内容情有独钟。传播中国文化时，可在 LINE 上推出以中国传统动物为主题的表情包，如以熊猫、锦鲤为原型设计的可爱形象，配以简洁的中国文化祝福语或介绍。如熊猫表情包可以设计成拿着毛笔写书法、穿着汉服的形象，配上“祝你平安喜乐”等祝福语；锦鲤表情包可以设计成在莲花池中嬉戏的场景，配上“好运连连”等话语。同时在 Twitter 上发起“中国治愈系美景”

话题活动，鼓励用户分享中国的美丽风景照片，如桂林山水、黄山云海等，同时介绍照片背后的文化故事和地理知识。通过这些方式，吸引日本用户的关注和参与，让他们在使用社交媒体的过程中，潜移默化地了解中国文化。

在欧美地区，Instagram、TikTok 等平台流行短视频和创意内容。传播中国文化时，可在 TikTok 上创建中国文化主题账号，发布有趣、富有创意的短视频。比如制作“中国传统美食挑战”系列短视频，邀请欧美网红参与，让他们尝试制作中国的饺子、包子、火锅等美食，在制作过程中介绍中国美食的文化背景、食材选择和烹饪技巧。通过网红的影响力和短视频的传播力，吸引欧美用户关注中国美食文化。在 Instagram 上，发布精美的中国文化摄影作品，如中国传统建筑、民间艺术等，配以生动的文字描述和话题标签，如中国古建筑之美中国民间艺术，提高内容的曝光率，吸引欧美用户对中国文化的兴趣。

（三）融入区域音乐舞蹈元素

音乐和舞蹈是跨越文化的艺术语言，将中国音乐舞蹈与区域特色相结合，能够创造出独特的艺术魅力。在拉丁美洲，热情奔放的拉丁舞和丰富多样的民间音乐深受喜爱。传播中国文化时，可将中国传统音乐元素与拉丁音乐相融合，创作新的音乐作品。例如将中国的二胡与拉丁美洲的吉他、手鼓等乐器结合，演奏出具有独特风格的音乐。在旋律上，融入中国传统音乐的五声音阶和拉丁音乐的动感节奏，创作出既富有中国韵味又充满拉丁风情的歌曲。同时编排融合中国武术动作和拉丁舞步伐的舞蹈表演，将中国武术的刚劲有力与拉丁舞的热情奔放相结合，打造出独特的舞台效果。通过在拉丁美洲举办音乐舞蹈演出、文化交流活动等，让当地观众感受中国文化与拉丁文化融合的魅力。

在欧洲，古典音乐和芭蕾舞具有深厚的文化底蕴。传播中国文化时，可与欧洲的音乐舞蹈团体合作，推出融合中国文化元素的作品。如与欧洲交响乐团合作，创作一部以中国唐诗为主题的交响诗。在音乐创作中，运用中国传统乐器如古筝、竹笛等，与交响乐团的乐器相结合，通过音乐描绘唐诗中的意境和情感。同时与芭蕾舞团合作，编排一部以中国民间故事为蓝本的芭蕾舞剧，在舞蹈动作中融入中国古典舞蹈的手势、身韵等元素，在舞台布景和服装设计上体现中国文化特色。通过在欧洲各大城市的演出，吸引欧洲观众欣赏中国文化与欧洲古典艺术融合的作品，提升中国文化在欧洲的影响力。

三、打造区域特色文化活动，提升传播体验

（一）举办主题文化展览

根据不同国家和地区的文化特点和受众兴趣，举办具有针对性的中国文化主题展览，能够为当地民众提供深入了解中国文化的机会。在法国，这个艺术氛围浓厚的国家，举办“中国当代艺术展”。展览选址在巴黎的知名艺术场馆，展示中国当代艺术家的绘画、雕塑、装置艺术等作品。展览以“传统与现代的对话”为主题，展示中国当代艺术家如何在作品中融合中国传统文化元素与现代艺术表现手法，例如展示画家以中国传统水墨画技法描绘现代都市生活的作品，雕塑家运用中国传统神话故事为灵感创作的现代雕塑等。在展览过程中，设置艺术家现场创作环节，邀请中国当代艺术家与法国艺术家进行交流合作，共同创作艺术作品，增进两国艺术家之间的了解与合作。同时举办艺术讲座和研讨会，邀请中法两国的艺术评论家、学者共同探讨中国当代艺术的发展趋势和文化内涵，吸引法国艺术爱好者、专业人士以及普

通民众的关注，提升中国当代艺术在法国的知名度和影响力。

在澳大利亚，举办“中国生肖文化展”。澳大利亚多元文化氛围浓厚，且当地民众对新奇的文化事物充满兴趣。展览在澳大利亚的主要城市巡回展出，通过图片、实物、多媒体等多种形式展示中国生肖文化的历史渊源、传说故事、艺术表现形式等。展览现场设置互动体验区，如生肖剪纸制作、生肖面具彩绘等活动，让澳大利亚民众亲身体验中国生肖文化的乐趣。同时结合澳大利亚的本土文化特色，举办“澳大利亚动物与中国生肖”主题活动，邀请当地的动物专家和文化学者，探讨澳大利亚本土动物与中国生肖动物的相似之处，以及两者在文化象征意义上的异同。通过这些活动，增加展览的趣味性和吸引力，让澳大利亚民众在轻松愉快的氛围中了解中国生肖文化。

（二）开展文化交流演出

组织具有中国特色的文艺演出团队到不同国家和地区进行文化交流演出，是传播中国文化的重要方式。在东南亚地区，举办“中国戏曲东南亚巡演”。东南亚地区华人众多，且对中国传统文化有一定的认同感。巡演选择东南亚各国的主要城市进行演出，剧目涵盖京剧、越剧、黄梅戏等多种中国戏曲剧种。演出前，在当地举办戏曲文化讲座，邀请戏曲专家向当地观众介绍中国戏曲的历史、种类、表演形式、唱腔特点等知识，同时现场展示戏曲的化妆、服饰穿戴等过程，让观众对戏曲有初步的了解。演出过程中，在舞台两侧设置字幕，将唱词和念白翻译成当地语言，方便观众理解剧情。此外在演出间隙，安排演员与观众互动，教授观众一些简单的戏曲动作和唱腔，增加观众的参与感。通过这些活动，让东南亚观众更好地欣赏中国戏由的艺术魅力，传承和弘扬中国戏曲文化。

在非洲，举办“中非文化艺术交流演出”。非洲是一个充满活力和文化多样性的大陆，与中国有着深厚的友谊。演出将中国的民族音乐、舞蹈、杂技等艺术形式与非洲的本土艺术相结合，打造一场多元文化交融的艺术盛宴。演出中，中国的艺术家们表演具有中国民族特色的节目，如蒙古族的马头琴演奏、维吾尔族的舞蹈等，同时邀请非洲当地的艺术家参与演出，展示非洲的传统舞蹈、音乐和民间艺术。在演出过程中，设置文化交流环节，让中非两国的艺术家们分享创作心得和艺术体验，增进彼此之间的文化了解和友谊。通过这样的交流演出，促进中非文化的交流与合作，提升中国文化在非洲的影响力。

（三）设立文化体验中心

在不同国家和地区设立中国文化体验中心，为当地民众提供一个长期、稳定的了解和体验中国文化的场所。在英国伦敦，设立中国文化体验中心。中心位于伦敦的繁华地段，交通便利。中心内设置多个功能区域，如书法绘画区、茶艺区、传统手工艺区、数字文化体验区等。在书法绘画区，配备专业的书法和绘画老师，定期举办书法绘画课程，教授英国民众学习中国的书法和绘画技巧。课程内容从基础的笔画练习到作品创作，逐步引导学员感受中国书法绘画的艺术魅力。在茶艺区，每天定时举办茶艺表演活动，向英国民众展示中国的茶艺文化，包括茶叶的种类、泡茶的方法、茶具的使用等知识，同时邀请他们品尝不同种类的中国茶。在传统手工艺区，展示和教授中国的传统手工艺，如剪纸、刺绣、陶瓷制作等。通过现场示范和手把手教学，让英国民众亲身体验中国传统手工艺的制作过程，感受中国传统文化的博大精深。在数字文化体验区，利用虚拟现实（VR）、增强现实（AR）等技术，让英国民众身临其境地感受中国的历史文化遗迹，如故宫、长城等。通过这些功能区域的设置，为英国民众提供全方位、多层次的中国文化体验服务。

在新加坡，设立中国文化体验中心。新加坡是一个多元文化的国家，对中国文化有着较高的关注度。中心除了设置常规的文化体验区域外，还结合新加坡的教育体系和社会需求，设立文化教育区。在文化教育区，开展中国文化主题的短期培训课程，如中国传统文化概论、中国历史故事、中国语言学习等，面向新加坡的学生、教师和社会人士招生。课程采用互动式教学方法，通过讲座、讨论、实践活动等形式，让学员深入了解中国文化。同时与新加坡的学校、社区合作，开展中国文化进校园、进社区活动，将中国文化体验中心的资源推广到更广泛的群体中，提高中国文化在新加坡的传播效果。

第三节　拓展多元传播渠道，扩大传播范围

在区域国别视域下，传统单一的传播模式已难以满足日益多样化和复杂化的国际传播需求，传播渠道的多元化拓展是中国文化走向世界的关键所在（王吉栋，2024）。不同区域与国家在媒体环境、受众喜好、文化市场等方面差异巨大，这就需要我们因地制宜，全方位、多维度地挖掘和运用各类传播渠道，推动中国文化在全球范围内广泛且深入地传播。

一、整合传统媒体资源，强化区域针对性传播

（一）欧美地区纸质媒体合作

在欧美地区，报纸、杂志等纸质媒体拥有稳定的读者群体。

以英国为例，《泰晤士报》《卫报》在英国社会影响力广泛。中国可与它们展开长期稳定的合作，不仅定期刊登中国传统医学、当代文学的深度报道，还可涉及中国传统建筑、哲学思想等领域。如策划“中国传统建筑美学”系列报道，从中国古代宫殿、园林的建筑风格，到现代建筑如何传承传统元素，结合建筑实例，配上精美的手绘插图和实景照片，让英国读者了解中国建筑文化中蕴含的和谐、对称等美学理念。比如介绍故宫，详细阐述故宫的整体布局遵循中轴线对称原则，体现了古代中国皇权的威严与庄重，同时宫殿建筑的色彩运用、装饰图案等都有着丰富的文化寓意，像红色象征吉祥、繁荣，黄色代表皇家尊贵。

在美国，《纽约时报》《华盛顿邮报》等媒体受众众多。针对美国读者关注的环保、科技热点，除了阐述“天人合一”对生态保护的启示，还可深入探讨中国传统科技智慧对现代科技发展的影响。像中国古代天文学成就对现代航天探索的启发，从古代天文观测仪器的发明，到古人对天体运行规律的研究成果，展现中国科技文化的深厚底蕴和对世界科技发展的贡献。举例说明中国古代的浑天仪，它是精确测量天体位置的重要仪器，其设计和制造体现了古人对宇宙的深刻理解，而现代航天探索中对天体的观测和定位技术，在一定程度上也借鉴了古代天文观测的思路和方法。

（二）亚洲电视媒体合作

电视媒体方面，在亚洲，中国与韩国、日本的电视台合作空间广阔。共同制作“东亚文化寻根”节目时，可设置不同主题的篇章。在“汉字文化”篇，深入研究汉字在三国的演变与应用，邀请语言学家讲解汉字在不同时期传入韩日的历史背景，以及三国如何在汉字基础上发展出本国的文字体系，如讲述日本假名是如何从汉字的草书和楷书演变而来，韩国的谚文在创造过程中对汉字的借鉴与创新。在“传统节日”篇，对比三国春节、中秋等节日的庆祝方式、习俗差异，以及背后蕴含的文化内涵，同时还可以加入美食文化、传统技艺等篇章，全方位增进东亚地区民众对彼此文化的了解。例如在美食文化篇章中，对比中国饺子、日本饺子和韩国饺子在制作方法、馅料选择、食用方式上的不同，以及这些差异背后的地域文化因素。

（三）非洲电视媒体合作

在非洲，随着基础设施的逐步完善，电视的普及率不断提高。中国与非洲当地电视台合作时，除了播放《中国民俗故事》动画系列片，还可打造更多类型的节目。比如制作“中国与非洲的故事”纪录片，记录中国在非洲援建基础设施、开展农业合作、提供医疗援助等方面的真实故事，展现中非友好情谊。在农业合作方面，讲述中国农业专家如何帮助非洲农民改进种植技术，提高农作物产量，解决粮食问题。同时结合非洲当地的发展需求，制作农业技术、职业技能培训等具有实用价值的节目，在传播文化时为非洲民众提供实际帮助。例如制作关于养殖技术的节目，详细介绍如何科学养殖家禽家畜，提高养殖效益，助力非洲农业发展。

（四）拉丁美洲广播媒体合作

广播媒体在特定区域和场景下也具有独特优势。在拉丁美洲的一些偏远地区，网络覆盖有限，但广播信号可以广泛到达。中国与当地广播电台合作推出“早安中国”广播节目时，除了涵盖传统音乐、民间故事、当代发展成果等内容，还可增加互动环节。比如设置听众来信、来电板块，解答拉丁美洲听众对中国文化的疑问，邀请他们分享自己对中国文化的印象和感受。同时还可以根据当地的文化特色和节日，适时推出特别节目，如在墨西哥亡灵节期间，制作介绍中国清明节与亡灵节文化差异与共通之处的节目，增进文化交流。在介绍两个节日时，阐述它们虽然在形式和时间上有所不同，但都表达了对逝者的缅怀和对生命的尊重，通过对比和交流，让拉丁美洲听众更好地理解中国文化。

二、深耕新媒体平台，实现区域化精准传播

（一）欧美社交媒体运营

在社交媒体领域，欧美地区以 Instagram、Twitter、Facebook 等平台为主流。

Instagram 以其强大的视觉传播优势，吸引着大量年轻用户。中国文化传播者发起“中国色彩美学”主题活动时，不仅要展示中国传统色彩在建筑、服饰、绘画等领域的应用，还可深入挖掘色彩背后的文化寓意。例如红色在中国文化中象征着吉祥、繁荣，可通过展示故宫的红墙黄瓦、春节期间的红色春联和喜庆的红色灯笼，让欧美年轻群体了解红色在中国文化中的特殊意义。同时结合现代时尚设计，展示中国传统色彩如何融入国际时尚潮流中，如中国设计师将青花瓷的蓝色运用到高级时装设计中，使传统色彩焕发出新的魅力，激发欧美年轻群体对中国传统美学的兴趣。

在 Twitter 上，建立中国文化资讯官方账号至关重要。除了及时发布中国文化活动的全球动态，还应主动关注欧美文化界人士的动态和话题，积极参与讨论。比如当欧美地区举办大型艺术展览时，中国文化资讯账号可以分享中国类似艺术形式的特点和发展，与当地文化形成对比和呼应。针对欧美文化界人士对

中国文化的疑问，邀请中国专家学者进行专业解答，通过互动交流，逐渐消除误解，提升中国文化在欧美文化圈的关注度和认可度。

（二）亚洲社交媒体运用

亚洲地区的社交媒体平台呈现出多样化的特点。微信在马来西亚、新加坡等国家的华人社群中广泛使用，LINE 在日本、韩国备受欢迎，KakaoTalk 在韩国拥有大量用户。

利用 LINE 的社群功能创建“中国书法研习社”群组，定期邀请中国书法大师进行线上教学直播，是传播中国书法文化的有效方式。在直播过程中，大师不仅可以示范书法的书写技巧，还能讲解书法所蕴含的哲学思想和审美观念。例如在讲解楷书时，阐述楷书笔画规整、结构严谨所体现的中国人对秩序和规范的追求；在展示草书时，强调草书自由奔放的线条所展现的中国艺术的写意精神。组织群成员进行书法作品展示和交流活动，鼓励日本、韩国民众分享自己的学习心得，增进他们对中国书法文化的理解和热爱。

在 KakaoTalk 上推出“中国动漫同好会”群组，除了分享中国优秀动漫作品的创作背景、角色设定等内容，还可以举办线上动漫创作比赛。以中国传统文化元素为主题，鼓励韩国粉丝进行动漫创作，然后在群组内展示和评选优秀作品。这样不仅能激发韩国粉丝对中国动漫的兴趣，还能促进他们对中国传统文化的深入了解，进一步推动中国动漫文化在韩国的传播。

（三）短视频平台创意传播

短视频平台在全球范围内发展迅猛，在印度（在印度可考虑其他新兴平台或策略）、巴西等互联网发展迅速且人口众多的国家，短视频拥有庞大的用户群体。

以印度为例，制作融入印度宝莱坞风格舞蹈元素的中国武术短视频时，要注重舞蹈与武术动作的巧妙融合。比如将宝莱坞舞蹈中富有节奏感的肢体动作与中国武术的刚劲有力相结合，创造出独特的视觉效果。在视频中，详细介绍中国武术的流派、特点和健身功效，让印度观众在欣赏精彩舞蹈的同时，了解中国武术的文化内涵。

针对巴西，制作展示中国传统手工艺与巴西狂欢节元素结合的短视频时，可进一步拓展创意。除了用中国剪纸艺术创作巴西狂欢节面具，还可以用中国刺绣工艺制作狂欢节服装的配饰，或者用中国传统的扎染技术为狂欢节的旗帜增添色彩。通过这些创意短视频，让巴西民众在熟悉的狂欢节氛围中，充分感受中国传统手工艺的独特魅力。

（四）中东直播平台推广

直播平台逐渐成为中国文化传播的重要阵地。在中东地区，人们对商业和文化交流热情高涨。举办“中国—中东文化贸易直播节”，邀请中国和中东地区的商家、文化专家共同参与。在直播中展示中国的特色商品，如丝绸、陶瓷等，不仅要介绍商品的外观和用途，还要深入讲解其背后的文化内涵。比如在介绍丝绸时，讲述丝绸在中国古代的发展历史、丝绸之路上的贸易往来以及丝绸所代表的中国传统工艺的精湛技艺。同时邀请中东文化专家分享中东文化与中国文化的交流历史，如古代丝绸之路对中东地区经济和文化的影响，促进双方文化的相互了解和商业合作。此外在直播过程中设置互动环节，回答观众的提问，增强观众的参与感，提升直播的传播效果。

三、借助文化产业合作，拓宽国际传播路径

（一）影视产业多元合作

在影视产业领域，与好莱坞合作拍摄具有中国文化元素的电影已取得成功范例，如《功夫熊猫》系列。未来中国应进一步拓展合作范围，与亚洲、非洲、拉丁美洲等地区的影视公司深入合作。

与非洲电影公司合作拍摄以“中非友谊”为主题的电影时，深入挖掘中非人民在教育、医疗、基础设施建设等领域的真实故事。例如讲述中国教师在非洲偏远地区支教，帮助当地孩子打开知识大门，改变他们命运的故事，展现中国医疗队在非洲开展医疗救助，克服重重困难为当地民众治病的感人瞬间，以及中国工程师团队在非洲建设公路、桥梁等基础设施，改善当地交通状况，促进经济发展的艰辛历程。通过这些真实故事，展现中非人民深厚的友谊，电影在非洲各地放映后，能让非洲民众更直观、深入地了解中国，增进彼此的情谊。

与拉丁美洲的影视公司合作，拍摄一部以中国古代丝绸之路与拉丁美洲历史文化交流为背景的奇幻电影。在创作过程中，巧妙融合中国和拉丁美洲的神话传说。比如将中国的龙与拉丁美洲的羽蛇神的故事相结合，创造出独特的奇幻情节。在电影场景设计上，展现古代丝绸之路的繁华，以及与拉丁美洲独特的自然景观和人文风情的碰撞，打造具有强烈视觉冲击力和文化感染力的影视作品。通过在拉丁美洲市场上映，传播中国文化，激发拉丁美洲民众对中国文化的兴趣。

（二）动漫产业协同发展

动漫产业方面，中国与日本、韩国在亚洲地区的合作潜力巨大。以三国题材为例，中日韩三国动漫企业联合创作以三国为背景的动漫作品时，充分发挥各自的优势。日本动漫擅长细腻的人物刻画和精彩的剧情编排，韩国动漫在画面风格和色彩运用上独具特色，中国动漫则对三国历史文化有着深厚的理解和丰富的素材积累。三国企业可共同研讨，将不同的动漫风格融合，创作出既有精彩故事，又有独特艺术风格的动漫作品，吸引亚洲各国的动漫爱好者。

同时中国动漫企业积极参与在日本举办的东京国际动漫节、在韩国举办的富川国际漫展等国际动漫盛会。在这些展会上，不仅展示中国动漫的最新成果，还举办主题活动，如中国动漫发展论坛，邀请国内外专家共同探讨动漫产业的发展趋势，分享中国动漫在文化传承和创新方面的经验。此外中国动漫企业还可与欧美、拉丁美洲等地区的动漫企业合作，学习其先进的制作技术，如 3D 建模、特效制作等，借鉴成熟的运营经验，像动漫品牌推广、产业链延伸等，打造具有全球影响力的中国动漫品牌。

（三）出版产业国际合作

出版产业领域，中国出版企业与国际知名出版社合作翻译出版中国优秀文学作品和学术著作。针对欧美读者，选择具有代表性的中国当代文学作品，如莫言、刘慈欣的作品。在翻译过程中，邀请专业的翻译团队，确保译文准确传达原文的内涵和风格，同时进行精美的装帧设计，符合欧美读者的审美习惯。通过国际知名出版社在欧美市场发行，让欧美读者领略中国当代文学的魅力。

在亚洲地区，由于文化上的相近性，与当地出版社合作出版更多关于中国传统文化、历史、哲学的普及读物。以用漫画形式解读《论语》《孟子》等经典著作为例，用生动有趣的漫画形象和简洁易懂的文字，将经典中的智慧展现出来。在创作过程中，充分考虑亚洲不同国家的文化背景和阅读习惯，进行适当的本地化改编，以通俗易懂的方式向亚洲民众传播中国文化，增进亚洲国家对中国传统文化的理解和认同。

（四）音乐产业跨界融合

音乐产业的国际合作也为中国文化传播带来新机遇。中国音乐人在与不同区域的音乐人合作创作时，积极将中国音乐元素融入国际流行音乐中。在欧洲，与英国的电子音乐制作人合作，将中国传统乐器竹笛的声音融入电子音乐作品中。在创作过程中，探索竹笛与电子音乐节奏、旋律的融合点，比如利用竹笛独特的音色为电子音乐增添空灵、悠远的氛围，创造出具有东方韵味的电子音乐。通过在欧洲的音乐电台、音乐节等平台推广，让欧洲听众感受中国音乐元素的魅力。

在非洲，与非洲本土音乐人合作，将中国的五声音阶与非洲的节奏韵律相结合。五声音阶独特的和谐感与非洲富有活力的节奏碰撞，创作出充满活力的音乐作品。在合作过程中，双方互相学习，中国音乐人借鉴非洲音乐中对节奏的独特运用，非洲音乐人了解中国五声音阶的文化内涵。将这些作品在非洲的音乐电台、音乐流媒体平台推广，增进非洲民众对中国音乐文化的喜爱。

（五）游戏产业创新传播

游戏产业近年来发展迅速，成为中国文化传播的新兴力量。

中国游戏企业与国际游戏公司合作开发具有中国文化特色的游戏。以中国古代神话为背景，开发一款面向全球市场的大型多人在线角色扮演游戏。在游戏设计中，充分融入中国传统建筑、服饰、神话故事等文化元素。针对欧美玩家注重游戏剧情和角色塑造的特点，打造丰富曲折的剧情，如以夸父逐日、精卫填海等神话故事为蓝本，设计出充满挑战和惊喜的任务线；塑造个性鲜明的角色，每个角色都有独特的技能和背景故事。针对亚洲玩家对游戏社交性和画面精美的追求，加强游戏的社交功能，如创建帮派、组队副本等玩法，方便玩家互动交流；优化游戏画面品质，精细呈现中国传统建筑的细节和中国传统服饰的华丽，通过在全球各大游戏平台上线，吸引全球游戏玩家，传播中国文化。

四、依托区域与多边平台，提升文化传播影响力

（一）亚洲区域平台的深度参与

在亚洲地区，中国积极参与和推动亚洲文化理事会、亚洲文明对话大会等组织和活动的开展。亚洲文化理事会作为亚洲文化交流的重要平台，为各国文化交流提供了良好的契机。中国在其框架下，与其他亚洲国家共同举办“亚洲民间艺术展”。在展览筹备过程中，中国精心挑选具有代表性的剪纸作品，从南北方不同风格的剪纸艺术入手，展示剪纸艺术在民俗活动、节日庆典中的应用。同时与日本、韩国等国家的合作伙伴共同策划展览布局，将中国剪纸、日本浮世绘、韩国传统刺绣等艺术瑰宝进行有机排列，通过对比和融合，展现亚洲民间艺术的多样性与独特魅力。展览期间，还组织各国艺术家进行现场创作和交流，分享创作心得，促进亚洲各国文化交流互鉴，让中国民间文化在亚洲地区得到更广泛的传播和认可。

在亚洲文明对话大会期间，组织“亚洲美食文化节”是传播中国饮食文化的重要举措。中国八大菜系各具特色，从川菜的麻辣鲜香到粤菜的精致细腻，每一道菜都蕴含着丰富的文化内涵。在美食文化节上，不仅展示八大菜系的经典菜品，还邀请知名厨师现场展示烹饪技艺，讲解菜品背后的历史故事和文化寓意。举办美食烹饪大赛，鼓励亚洲各国厨师以本国食材和烹饪手法，融入中国饮食文化元素进行创作，增进各国对中国饮食文化的理解和创新应用。通过各国嘉宾的品尝体验和口碑传播，进一步增进亚洲各国人民对中国文化的了解和喜爱。

（二）欧洲平台的多元文化交流

在欧洲，借助中欧文化对话机制、中法文化年、中意文化年等平台和活动，中国开展了形式多样的文化交流。在中欧文化对话机制下，举办“中欧文化创意产业论坛”具有重要意义。论坛邀请中欧双方的文化企业、专家学者共同参与，围绕文化创意产业的发展趋势、创新模式等话题展开深入探讨。中国在论坛上展示在数字文化、创意设计等领域的创新成果，如中国的数字艺术展览、虚拟现实文化体验项目等，让欧洲同行了解中国文化创意产业的发展活力。同时，与欧洲企业开展项目对接和合作洽谈，推动中国文化创意产品进入欧洲市场，提升中国文化在欧洲文化产业领域的影响力。

在中法文化年期间，举办“中国当代艺术大展”是展示中国当代艺术创新活力的重要契机。展览精心挑选中国当代绘画、雕塑、装置艺术等多元艺术形式的优秀作品，在法国各大城市巡回展览。在展览策划上，注重与法国本土艺术风格和文化背景的结合，通过展览主题的设置和作品解读，让法国民众更好地理解中国当代艺术的创作理念和文化内涵。展览期间，还举办艺术讲座、艺术家见面会等活动，加强中法艺术家之间的交流与互动，提升中国文化在欧洲艺术领域的知名度和影响力。

（三）全球平台的积极利用

在全球层面，联合国教科文组织等国际组织为中国文化传播提供了重要契机。中国积极参与联合国教科文组织的各类文化项目，在非物质文化遗产保护领域取得了显著成果。以太极拳和京剧为例，中国成功申报这些项目为世界非物质文化遗产后，通过联合国教科文组织的宣传推广，它们在全球范围内得到广泛关注。中国借助这一平台，举办国际非物质文化遗产交流活动，邀请各国专家学者和传承人共同探讨非物质文化遗产的保护与传承。在活动中，展示太极拳和京剧的表演和教学，让全球观众亲身感受中国非物质文化遗产的魅力，提升中国文化在全球的知名度和美誉度。

此外中国还借助世界贸易组织等经济合作平台，推动中国文化产业的国际化发展。在世界贸易组织的框架下，中国积极参与国际贸易规则的制定，为中国文化产品和服务的出口创造有利条件。通过推动文化产品的贸易自由化，降低文化产品的贸易壁垒，促进中国电影、动漫、音乐等文化产品在全球市场的流通，同时加强与其他成员国的文化产业合作，共同开拓国际文化市场，提升中国文化产业在全球的竞争力。

（四）区域经济合作组织中的文化融合

在区域经济合作组织中，如亚太经合组织（APEC）、中国—东盟自由贸易区等，中国将文化交流与经济合作紧密结合。在APEC会议期间，举办“APEC文化创意产业博览会”是促进文化产业合作与交流的重要举措。博览会上，展示中国和亚太地区其他国家的文化创意产品，涵盖数字文化、设计服务、艺术品等多个领域。通过展览展示、项目对接、贸易洽谈等活动，促进亚太地区文化创意产业的合作与发展，同时利用博览会的平台，传播中国文化创意理念和创新成果，提升中国文化在亚太地区的影响力。

在中国—东盟自由贸易区建设过程中，开展“中国—东盟文化旅游年”活动具有重要意义。活动推出一系列文化旅游线路，将中国的历史文化名城如西安、北京、桂林等与东盟各国的特色景点串联起来。在旅游线路设计上，注重文化体验和交流，安排游客参观历史文化遗迹、参与民俗活动、品尝当地美食等。通过旅游活动，促进中国与东盟各国之间的文化交流与经济发展相互促进，进一步扩大中国文化在东盟地区的传播范围，增进中国与东盟各国人民之间的友谊和了解。

第四节　提升传播效果，加强受众互动

由于世界各国和地区在文化背景、社会环境、媒体生态等方面存在显著差异，受众对中国文化的认知、兴趣和接受程度也各不相同。而中华文化与当地本土文化的契合度、亲和力不同，传播效能也不同（王景云，2023）。因此深入了解区域国别特点，有针对性地加强与受众的互动，成为提升中国文化国际传播效果的关键所在。

一、基于区域受众特征的精准传播策略

（一）区域受众文化背景剖析与传播内容适配

1. 欧美地区

欧美地区深受基督教文化浸润，个人主义、理性主义和创新

精神是其社会价值观的重要基石。美国的“美国梦”，强调个人凭借自身努力实现价值，这一观念深入人心。在向美国传播中国文化时，运动员苏炳添的故事是极佳范例。他多年如一日坚持艰苦训练，不断突破身体极限，打破亚洲百米纪录，这一事迹体现的拼搏精神，与美国追求个人成就的价值观高度契合，能引发美国受众共鸣，促使他们认识并认同中国文化中积极进取的一面。

2. 欧洲地区

欧洲拥有深厚的历史文化底蕴，艺术、哲学和文学在社会生活中占据重要地位。以法国为例，法国民众对艺术的热爱和对美学的追求举世闻名。中国文化传播可聚焦传统艺术领域，举办绘画和书法展览。展览中不仅展示作品，还应详细解说国画中写意画的泼墨技法、工笔画的细腻勾勒等独特笔墨技法，讲解画家如何借山水、花鸟等元素营造意境，表达内心世界。开展艺术讲座，深入剖析书法蕴含的阴阳平衡、刚柔并济等哲学思想，以及不同字体的审美特点，满足法国受众对文化深度的追求，助其深入理解中国文化内涵。

3. 中东地区

中东地区以伊斯兰教文化为主导，宗教教义深刻影响人们的行为和价值观，集体主义和家族观念浓厚。向中东地区传播中国文化时，需尊重当地宗教文化传统，选择契合的内容。介绍中国传统节日，可着重强调春节期间家庭团聚、互敬互爱的氛围，与中东重视家庭和睦的价值观相呼应。讲述中国企业在中东参与基础设施建设项目时，突出中方与当地社区合作，如雇佣当地劳动力、提供培训就业机会、保护生态环境并开展文化交流活动，展现中国文化“和为贵”的理念，增进中东受众对中国文化的理解与接受。

4. 亚洲的日本和韩国

日本和韩国深受儒家文化影响，注重礼仪、秩序和团队合作，且动漫、流行文化发展迅速。中国文化传播可借助这些特点，将传统文化元素融入现代流行文化。在动漫创作上，以中国古代神话为背景，融入儒家勇敢、正义、忠诚等道德观念，创作出富有想象力的作品，凭借精彩剧情和精美画面吸引日韩受众。音乐领域，推出融合古筝、二胡等传统乐器音色的流行歌曲，利用日韩成熟的音乐电台、流媒体平台等传播渠道，让他们在熟悉的流行文化氛围中感受中国文化魅力。

5. 非洲地区

非洲地区本土文化丰富多样，音乐、舞蹈、手工艺等艺术形式是其文化的重要体现，同时非洲国家重视经济发展和社会进步。中国文化传播可举办“中非文化艺术交流节”，展示中国传统音乐舞蹈，与非洲本土艺术交流互鉴；展示精美的刺绣、古朴的陶瓷等手工艺品，展现中国传统手工艺的精湛技艺。此外分享中国农村发展特色产业实现脱贫致富的经验，如种植特色农产品、发展乡村旅游等案例，为非洲国家提供发展思路，满足非洲受众对发展的需求，增强他们对中国文化的关注和兴趣。

（二）区域受众兴趣偏好洞察与传播形式选择

1. 欧美地区

欧美地区，尤其是美国，快节奏的生活使民众倾向于简洁明了、具有视觉冲击力的信息。社交媒体上短视频、图片传播广泛。中国文化传播可制作短小精悍的短视频，如“30 秒了解中国传统美食”，选取北京烤鸭、四川火锅、广东早茶等代表性美食，展示制作过程，配以生动解说，介绍美食风味和文化故事。在 Instagram 等平台发布中国传统建筑、自然风光的高清图片，如故宫、黄山、丽江古城等，搭配简洁而富有吸引力的文字介绍其历史背景、建筑特色和文化象征意义，激发美国受众对中国文化的兴趣。

2. 欧洲地区

欧洲民众对文化产品的品质和深度要求较高，喜欢深入探讨文化背后的历史、哲学和社会意义。中国文化传播可推出深度报道、学术研究成果。在欧洲学术期刊发表关于中国古代哲学思想对现代社会影响的论文，如探讨儒家“仁”的思想对当代欧洲社会人际关系构建的启示，道家“道法自然”观念对欧洲生态保护理念的借鉴意义等，并邀请欧洲学者参与讨论。制作讲述丝绸之路历史的纪录片，深入挖掘其在不同历史时期对东西方文化交流、经济发展的重要影响，包括贸易往来、文化传播、科技交流等方面，以严谨的学术态度和丰富内容满足欧洲受众需求。

3. 亚洲的印度

印度宗教文化在社会生活中占据重要地位，宝莱坞电影影响力广泛。中国文化传播可与印度电影产业合作，创作融合中印文化元素的影视作品。以中印古代文化交流为背景拍摄电影，融入中国佛教文化、武术文化与印度宗教文化、舞蹈文化，在剧情中展现两国古代人民的文化交流故事，如印度高僧来华传教、中国武术家赴印交流技艺等，借助宝莱坞的传播渠道和影响力，扩大中国文化在印度及周边地区的传播范围。

4. 拉丁美洲地区

拉丁美洲地区热情奔放，民众热爱音乐、舞蹈、狂欢节等活动。中国文化传播可举办融合双方文化元素的活动。在巴西狂欢节期间，组织中国文化表演团队，将舞龙舞狮、传统戏曲与巴西桑巴舞、狂欢节音乐相结合，打造独特表演形式。举办“中国—拉丁美洲音乐狂欢节”，邀请双方音乐家共同演出，中国音乐家演奏古筝、二胡、唢呐等传统乐器，拉丁美洲音乐家展示森巴鼓、吉他等特色乐器，相互交流合作，融合音乐特色，让拉丁美洲民众在欢乐氛围中感受中国文化的独特魅力。

5. 大洋洲的澳大利亚和新西兰

澳大利亚和新西兰民众关注户外运动、自然生态保护。中国文化传播可围绕这些兴趣点，介绍中国自然景观、生态保护成果及相关文化传统。制作关于中国自然保护区的纪录片，展示保护大熊猫、金丝猴等珍稀动物和壮丽自然景观的努力，包括保护区建设过程、保护措施和成果，同时介绍中国古代“天人合一”哲学思想对现代生态保护的启示。在澳大利亚自然风景区举办太极拳户外表演和教学活动，让当地民众在亲近自然的同时，体验中国传统武术的魅力，感受其强身健体、修身养性的理念。

二、多样化互动方式提升传播效果

（一）社交媒体互动策略的区域化运用

1. 欧美地区

在欧美，Facebook、Twitter、Instagram、TikTok 等平台用户众多。在 TikTok 发起“中国文化挑战”活动，鼓励用户模仿中国传统舞蹈、武术动作，或用中国传统乐器演奏流行音乐并制作短视频分享，利用话题标签扩大传播，吸引欧美年轻群体关注中国文化。在 Facebook 和 Twitter 上，与文化名人、意见领袖合作开展线上直播。邀请中国文化学者与欧美汉学家、文化评论家对话，探讨中国文化发展、特点及在全球文化交流中的地位，设置提问环节，增强欧美受众对中国文化的理解和认同。

2. 亚洲地区

在亚洲，微信在马来西亚、新加坡等地的华人社群及部分当地民众中广泛使用，LINE 在日本和韩国流行，KakaoTalk 在韩国备受欢迎。在 LINE 创建“中国书法爱好者俱乐部”群组，邀请书法大师线上教学，组织作品展示和互评，提升成员对中国书法文化的热爱。在 KakaoTalk 推出中国文化主题聊天表情包，融入传统节日和动漫形象元素，增加中国文化传播的趣味性。

3. 非洲地区

随着互联网在非洲普及，Facebook、Twitter 等国际平台及一些本土社交平台用户增多。在 Facebook 举办“我眼中的中国”摄影比赛，鼓励非洲用户拍摄与中国文化相关照片，分享故事，激发他们对中国文化的兴趣，让他们成为文化传播参与者。

（二）线下活动互动的区域特色打造

1. 欧美地区

欧美文化节、艺术展览、音乐节丰富，民众参与度高。在法国戛纳电影节举办中国电影周，展映各类中国电影，邀请导演和演员与法国电影人交流创作理念和发展历程。在德国柏林国际音乐节组织中国传统音乐专场演出，设置互动环节让德国观众体验演奏中国传统乐器，感受中国音乐韵味。

2. 亚洲地区

中国与亚洲周边国家文化交流历史悠久。与日本、韩国举办“东亚文化论坛”，促进文化交流与合作。在东南亚结合当地宗教节日和民俗活动举办中国文化庙会，设置美食、表演、手工艺品展示区，让东南亚民众体验中国传统文化。

3. 非洲地区

非洲国家有独特部落文化和传统节日。在肯尼亚马赛部落节日期间举办“中非文化融合节”，中国文化团队与马赛艺术家共同表演，融合双方舞蹈特色，展示中国手工艺品和科技产品，介绍中国在农业、医疗领域的发展成果，促进中非文化交流。

4. 拉丁美洲地区

狂欢节是拉丁美洲盛大节日。在巴西里约热内卢狂欢节组织中国文化方阵游行，展示传统舞蹈和武术。在墨西哥狂欢节举办“中国—墨西哥美食文化节”，交流两国美食文化，让拉丁美洲民众感受中国饮食文化魅力。

5. 大洋洲地区

澳大利亚和新西兰多元文化社会为中国文化传播提供良好环境。在当地举办“中国文化节”，涵盖艺术、美食、科技等领域。举办当代艺术展览展示绘画、雕塑等作品，开设美食街提供地道中国美食，举办科技创新成果展展示中国在5G、人工智能领域的成就，让大洋洲民众全方位了解中国文化和发展现状。

（三）文化教育互动的区域定制与实施

1. 欧美地区

欧美教育注重培养批判性思维和创新能力。与美国中小学合作开设“中国文化与创新思维”课程，介绍中国古代科技发明和现代创新成就，培养美国学生创新思维。与欧洲大学合作开设“中国哲学与当代社会”课程，探讨中国哲学思想对解决当代社会问题的启示，激发欧洲学生对中国文化的研究兴趣。

2. 亚洲地区

亚洲许多国家对中国文化学习热情高。在亚洲设立更多文化教育机构，如孔子学院，除教授汉语外，开展戏曲表演、武术教学等文化活动。与亚洲国家学校合作编写中国文化教材，根据不同国家文化特点和学生认知水平，融入相关文化交流内容，提高教材适用性和吸引力。

3. 非洲地区

非洲教育发展相对滞后，但对教育重视程度不断提高。与非洲国家教育部门合作开展教育援助项目，为学校援建图书馆，派遣教师教授中国文化课程，如传统音乐、舞蹈、手工艺课程。举办“中非青少年文化交流营”，邀请非洲青少年到中国参观交流，增进中非青少年的了解和友谊。

4. 拉丁美洲地区

拉丁美洲文化教育注重培养艺术素养和民族自豪感。在阿根廷学校开设“中国民间艺术与拉丁美洲艺术比较”课程，比较双方民间艺术特点。在墨西哥举办“中国文化与拉丁美洲文化融合创意工作坊”，邀请双方艺术家指导学生创作，促进文化融合创新。

5. 大洋洲地区

澳大利亚和新西兰教育注重培养全球视野和跨文化交流能力。举办“中澳青年文化使者计划”，选拔两国优秀青年学生进行文化交流。在新西兰学校开展“中国文化走进校园”活动，邀请中国文化专家和艺术家举办讲座、表演和工作坊，增强新西兰学生对中国文化的认知和兴趣。

三、受众反馈驱动的传播策略优化

（一）多渠道受众反馈收集机制的构建

1. 欧美地区

在欧美，社交媒体虽为反馈收集提供了便利，但仅靠平台自带功能不够全面。除借助 Facebook、Twitter、Instagram 的评论、私信功能，还应与专业市场调研机构合作。例如与美国皮尤研究中心合作，定期开展中国文化在美国传播效果的专项调查。设计多维度问卷，涵盖美国受众对中国传统文化、现代科技、流行文化等领域的认知程度，对视频、图文、线下活动等传播形式的喜好，以及对中国文化价值观的理解与接受程度。运用科学抽样方法，确保调查结果能准确反映不同群体的观点，为传播策略调整提供有力数据支持。

在欧洲，各国文化存在差异，需针对不同国家开展细分调查。与英国益普索、法国哈瓦斯等当地调研机构合作，深入了解各国受众需求。对英国受众，调查其对中国茶文化、文学作品的喜好；对法国受众，研究他们对中国时尚文化、艺术展览的反馈；对德国受众，了解其对中国工业科技文化、传统手工艺的看法。通过这些详细调查，精准把握欧洲不同国家受众的差异，为制定针对性传播策略提供依据。

2. 亚洲地区

亚洲地区文化相近、交流便利，借助当地合作伙伴收集反馈是高效途径。在中国与日本、韩国的文化交流项目中，与当地文化机构、学校、企业紧密合作。在文化机构和学校设置专门反馈邮箱或意见箱，鼓励受众分享对中国文化传播活动的看法、建议及期望了解的内容。同时利用日本的 Limesurvey、韩国的 Soompi 等线上问卷调查平台，针对不同受众开展全面调查。问卷设计结合当地文化特点和受众兴趣，深入了解韩国受众对中国流行文化与传统文化融合的接受度，以及日本受众对中国动漫文化中传统元素的关注重点。

在东南亚地区，华人社团和商会影响力广泛。与马来西亚中华总商会、新加坡中华总商会合作，通过其与当地民众的紧密联系收集反馈。在社团和商会组织的活动中设置反馈环节，收集关于中国文化传播的意见。此外利用印尼的 Tokopedia、泰国的 LINEThailand 等流行社交平台开展线上调研，了解当地民众对中国文化的认知、态度和期待，为传播策略调整提供有力支持。

3. 非洲地区

在非洲，与当地政府部门、文化组织、媒体机构合作建立多渠道反馈收集机制。与非洲国家文化部门合作，在文化活动现场设置反馈点，安排专业人员收集观众对中国文化活动的评价、建议，了解他们对活动内容、形式的满意度及对未来活动的期望。与南非的eNCA、尼日利亚的ChannelsTelevision等媒体机构合作，开展中国文化传播民意调查，借助媒体渠道广泛收集非洲民众对中国文化的认知和态度。同时利用肯尼亚的M－Changa、埃及的JadoPado等当地社交平台和移动应用程序，开展线上反馈收集活动，鼓励非洲民众分享对中国文化的感受和想法，全面了解非洲受众需求。

4. 拉丁美洲地区

拉丁美洲借助当地文化活动、教育机构和社交媒体平台收集受众反馈。在举办中国文化活动时，设置丰富现场互动环节，如在墨西哥中国文化节上，邀请观众参与问卷调查、现场访谈，分享对活动和中国文化的认识。与拉丁美洲学校和大学合作，开展关于中国文化传播的调查研究，如在巴西学校通过课堂讨论、布置学生作业收集学生对中国文化课程的反馈，了解其兴趣点和理解难点。利用阿根廷的Tuenti、巴西的Orkut等社交媒体平台，开展话题讨论和问卷调查，收集当地民众对中国文化的反馈信息，深入了解他们的印象、期望和需求。

（二）基于反馈的传播策略动态调整

1. 欧美地区

若欧美受众对中国传统文化的现代演绎更感兴趣，传播策略应做出相应调整。加大创作融合现代元素的传统文化作品的力度，如制作以中国古代神话为背景的科幻电影，将传统神话与现代科幻元素相结合。通过美国的 Netflix、Hulu，欧洲的 BBCiPlayer、Canal + 等主流影视发行渠道进行发行，并利用社交媒体、影视宣传活动推广，突出作品中的中国文化元素和创新故事内容，吸引欧美受众关注。

若欧美受众对中国科技创新成果关注度上升，应增加相关传播内容和活动。制作系列科普视频，介绍中国在 5G 通信、人工智能、航天技术等领域的成就，通过 YouTube、Vimeo 等视频平台发布。与欧美当地科技媒体、行业展会合作，举办中国科技成果线上线下展览和研讨会，邀请中国科技专家与欧美同行、媒体、公众交流互动，提升中国科技创新文化在欧美的传播效果。

2. 亚洲地区

在亚洲，若日本和韩国受众希望更多了解中国当代流行文化，传播策略应聚焦于此。加强与中国流行文化产业合作，推动中国流行音乐、影视、时尚作品在日韩市场推广。例如组织中国流行音乐团体在日韩举办巡回演唱会，通过当地音乐媒体、票务平台宣传。与日韩影视制作公司合作，拍摄融合两国流行文化元素的影视作品，借助其成熟发行渠道传播，满足当地受众对中国当代流行文化的需求。

在东南亚地区，如果受众对中国传统手工艺和美食文化兴趣浓厚，可举办更多相关线下活动。在马来西亚、新加坡等国举办中国传统手工艺展览和美食节，展示剪纸、刺绣、陶瓷等作品，邀请手工艺人现场展示制作过程。在美食节设置丰富美食摊位，提供各地特色美食，举办烹饪讲座和美食比赛，增加互动性，提升中国传统手工艺和美食文化在东南亚的影响力。

3. 非洲地区

在非洲，若受众对中国农业技术和职业技能培训需求较高，传播策略应围绕这些方面调整。制作涵盖种植技术、养殖技术、农业机械化等内容的农业技术教学视频，通过非洲当地电视台、农业推广机构、社交媒体平台传播。与非洲当地教育机构、职业培训中心合作，举办农业技术和职业技能培训讲座、工作坊，邀请中国专家现场指导，为非洲民众提供技术支持和培训服务，传播中国在农业发展和职业技能培养方面的经验和文化。

4. 拉丁美洲地区

在拉丁美洲，若受众对中国文化与本土文化融合的艺术形式反响良好，可进一步深化此类活动。持续举办融合两国文化元素的艺术展览、音乐演出和舞蹈表演。如在阿根廷举办中国—阿根廷艺术融合展览，展示融合两国风格的绘画、雕塑作品；在巴西举办融合中国传统音乐与巴西桑巴音乐的音乐会，创造独特音乐风格，促进文化深度融合，提升中国文化在拉丁美洲的吸引力和影响力。

5. 大洋洲地区

在大洋洲，若澳大利亚和新西兰受众对中国自然生态保护和户外运动相关内容关注度高，可进一步挖掘此类题材。制作关于中国自然保护区和生态旅游的纪录片、宣传册、短视频等宣传资料，通过当地环保组织、旅游机构、社交媒体平台传播。举办徒步旅行分享会、登山经验交流、太极拳与户外瑜伽融合体验活动等户外运动文化交流活动，邀请当地民众参与，让他们感受中国自然生态保护文化和户外运动文化的魅力。

第五节　构建国际传播话语体系，提升文化话语权

构建国际传播话语体系，提升中国文化话语权是一个长期而复杂的系统工程。在区域国别视域下，通过基于区域差异定制话

语策略、挖掘文化共性促进共鸣、塑造特色话语符号体系、借助区域合作传播话语以及培养专业传播人才等多方面的努力，能够不断提升中国文化在国际传播中的影响力和话语权。

一、基于区域国别差异的话语策略定制

（一）历史文化维度的话语调适

不同国家和地区有着独特的历史发展轨迹和文化传统，这深刻影响着当地受众对中国文化的接受程度和理解方式。以欧洲为例，其历史上经历了古希腊、古罗马文明的辉煌，以及中世纪的变革和文艺复兴的洗礼，形成了强调理性思维、个体主义和人文主义的文化传统。在向欧洲传播中国文化时，可将中国古代哲学中的思辨元素与欧洲哲学进行对比和联系。例如把道家的“道”与古希腊哲学中对宇宙本源的探索相类比，引发欧洲受众对中国哲学思想的兴趣。同时利用欧洲人对历史文化的浓厚兴趣，讲述中国历史上的文化交流故事，如马可·波罗来华，展示中国文化在历史上对世界的吸引力，增强欧洲受众对中国文化的认同感。

在亚洲地区，尤其是东亚和东南亚部分国家，由于历史上深受中国文化的影响，在传播中国文化时可强调文化的同源性和传承性。拿韩国来说，儒家文化的影响深远，可围绕儒家文化在当代中国的传承与创新进行传播，如中国传统礼仪在现代社会的演变和应用，让韩国受众感受到中国文化的亲近感和时代活力。而对于西亚地区，其文化主要受伊斯兰教影响，在传播中国文化时，要充分尊重当地的宗教信仰和文化习俗。例如在传播中国艺术作品时，避免出现与伊斯兰教教义相悖的内容，同时挖掘中国文化与伊斯兰教文化在价值观上的共通之处，如对慈善、公正的追求，以此促进文化交流与理解。

（二）政治经济视角的话语调整

不同国家的政治体制和经济发展水平差异，决定了其对中国文化传播内容的关注点不同。在西方发达国家，民众通常对民主、人权等政治议题较为关注，在传播中国文化时，可客观介绍中国的政治制度和发展道路，突出中国特色社会主义民主的本质和优势。通过讲述中国在基层民主建设、公民权利保障等方面的实践案例，如村民自治制度的发展，让西方受众了解中国民主的真实面貌，打破西方对中国政治制度的偏见。

对于经济发展水平不同的国家，传播话语应有所侧重。在向发展中国家传播时，可分享中国在经济发展、脱贫攻坚、基础设施建设等方面的成功经验。比如中国在高铁建设、5G 技术应用等领域的成果，以及这些成果如何改善人民生活、促进经济增长的案例，为发展中国家提供借鉴和启示。在与发达国家交流时，强调中国在科技创新、绿色发展、全球经济治理等方面的积极贡献。如中国在新能源汽车研发、应对气候变化方面的努力，展示中国在全球经济可持续发展中的重要作用，提升中国文化在国际经济领域的影响力。

二、挖掘区域文化共性，促进话语共鸣

（一）情感共鸣的唤起

人类在情感层面有着许多共通之处，如对亲情、友情、爱情的珍视，对美好生活的向往等。中国文化中蕴含着丰富的情感元素，在国际传播中可以通过讲述这些情感故事，唤起不同国家和地区受众的共鸣，以此撩拨海外受众内心深处的特殊情感，促进理解中国话语（刘俊、江玮，2025）。例如中国的春节文化，其

核心是家庭团聚，传递着亲情的温暖。在向欧美国家传播时，可将春节与西方的感恩节、圣诞节等节日进行类比，强调这些节日在促进家庭情感交流方面的相似性，让西方受众更容易理解春节的文化内涵。同时借助现代媒体手段，制作以家庭团聚为主题的短视频、微电影等，通过生动的画面和感人的情节，触动西方受众的情感神经。

在亚洲地区，由于文化传统和价值观的相似性，情感共鸣更容易达成。可以通过举办文化活动，如亚洲文化艺术节，展示中国文化中关于友情、爱情的经典故事和艺术作品，如《梁山伯与祝英台》的故事，引发亚洲各国人民对美好情感的共同追求，进一步加强亚洲地区的文化纽带。

（二）价值共识的寻求

和平、发展、公平、正义、民主、自由的全人类共同价值，与中国文化的价值理念高度契合。在国际传播中，要围绕这些共同价值，结合中国的实践和贡献进行传播。中国一直是世界和平的坚定维护者，在国际传播中可以讲述中国参与联合国维和行动、推动地区和平稳定的故事，展示中国文化中“和为贵”的价值追求。针对不同区域的特点，传播重点可有所不同。在非洲地区，由于当地国家对发展的需求迫切，可重点传播中国在帮助非洲国家发展经济、改善民生方面的努力，如中国援建的基础设施项目、农业技术合作等，体现中国文化中对共同发展的重视。

在欧洲地区，人们对公平、正义等价值较为关注，可强调中国在推动全球治理体系变革中，对公平、正义原则的坚守，如中国在世界贸易组织中为维护发展中国家权益所做的努力，以及在国际司法合作中秉持公平正义的立场，与欧洲国家在国际事务中的价值追求相呼应，促进价值共识的形成。

（三）历史记忆的呼应

不同区域的国家在历史发展进程中，存在着诸多相互关联的记忆片段，这为中国话语传播提供了切入点。在东亚地区，中国与日本、韩国等国家有着悠久的文化交流历史。传播中国文化时，可提及古代丝绸之路贸易往来、汉字文化圈形成等历史事实，唤起东亚国家对共同历史记忆的认同。比如举办“东亚文化交流史”展览，展示古代中国与东亚各国在科技、艺术、宗教等领域的交流成果，像中国造纸术、印刷术对日本、韩国文化发展的促进作用，让东亚地区民众意识到彼此文化根源的紧密联系。

在中东地区，古代丝绸之路曾连接中国与中东各国，商贸与文化的交流源远流长。讲述丝绸之路历史故事，重现当时贸易繁荣景象，如中国丝绸、瓷器等商品在中东市场的受欢迎程度，以及中东香料、珠宝传入中国的历程，使中东地区民众感受到与中国历史上的深厚渊源。此外利用历史文献、考古发现等作为依据，制作相关纪录片或出版书籍，以丰富详实的内容呼应中东地区民众的历史记忆，拉近中国文化与中东地区民众的距离，促进文化交流与理解，进而推动中国话语在这些区域的传播与认同。

三、塑造具有中国特色的话语符号体系

（一）语言符号的创新与阐释

语言是传播文化的重要载体，打造具有中国特色的语言符号体系，关键在于对中国文化概念的准确翻译和创新阐释。对于一些难以在西方语言中找到直接对应词汇的中国文化概念，如“仁”“礼”“中庸”等，需要采用灵活的翻译策略。可以采用音译加意译的方式，如将“仁”译为“Ren – the Confucian virtue of benevolence and kindness”，既保留了中国文化的特色，又让西方受众能够理解其大致含义。同时通过编写权威的文化术语词典、发布官方翻译规范等方式，确保这些文化概念在国际传播中的准确使用。

在日常传播中，要注重语言的生动性和感染力。运用形象化的语言表达方式，将抽象的文化理念转化为具体可感的表述。像在介绍中国的生态文明理念时，用“绿水青山就是金山银山”这样简洁而富有诗意的表述，让国际受众更容易理解中国在生态保护与经济发展之间的平衡追求。此外利用社交媒体平台、短视频等新兴传播渠道，创造具有中国特色的网络流行语，如“给力”“yyds（永远的神）”等，通过年轻人的传播，使中国语言符号更具时代活力。

（二）视觉与听觉符号的运用

视觉和听觉符号在文化传播中具有直观、感染力强的特点（秦瑾，2016）。在视觉符号方面，中国的传统艺术元素，如书法、绘画、剪纸、京剧脸谱等，都具有独特的艺术魅力。可以将这些元素融入文化产品和宣传资料中，打造具有中国特色的视觉形象。如在设计国际文化交流活动的海报时，运用书法字体和剪纸图案，展现中国文化的独特韵味。同时利用现代数字技术，对传统视觉符号进行创新设计，如制作以中国传统神话为主题的动画电影，将传统故事与现代动画技术相结合，吸引全球观众的目光。

在听觉符号方面，中国的传统音乐，如古筝、二胡、京剧唱腔等，具有鲜明的民族特色。可以通过举办音乐会、在影视作品中融入传统音乐元素等方式，传播中国的音乐文化。例如电影《卧虎藏龙》中，谭盾创作的配乐巧妙地融合了中国传统音乐元素和西方交响乐，在国际上获得了广泛赞誉，让更多人感受到了中国音乐的魅力。此外利用网络音乐平台，推广中国的原创音乐作品，培养具有国际影响力的中国音乐人和乐队，提升中国音乐在国际乐坛的地位。

四、借助区域平台与合作，传播中国话语

（一）区域组织与多边合作平台的利用

区域组织和多边合作平台为中国文化的传播提供了重要契机。在亚洲，中国积极参与和推动亚洲文化理事会、亚洲文明对话大会等组织和活动的开展。在亚洲文化理事会的框架下，中国可以与其他亚洲国家共同举办文化展览、艺术交流活动等，展示中国文化的独特魅力。例如，举办“亚洲文化艺术展览”，将中国的传统绘画、雕塑与其他亚洲国家的艺术作品一同展出，促进亚洲各国之间的文化交流与互鉴。

在全球层面，联合国教科文组织等国际组织为中国文化传播提供了广阔的舞台。中国可以借助这些平台，参与制定国际文化规则和标准，推动中国文化理念在全球的传播。例如在联合国教科文组织的非物质文化遗产保护项目中，中国积极申报并成功入选了多项非物质文化遗产，如太极拳、京剧等，通过国际组织的认可和推广，提升了这些中国文化项目在全球的知名度和影响力。

（二）国际文化产业合作的推进

文化产业是文化传播的重要载体，通过国际文化产业合作，可以将中国文化产品推向更广阔的国际市场。在影视产业方面，中国可以与不同国家和地区的影视公司开展合作拍摄。与好莱坞

合作拍摄具有中国文化元素的电影，如《功夫熊猫》系列电影，巧妙地将中国功夫、熊猫等文化元素与好莱坞的电影制作技术和叙事方式相结合，在全球范围内取得了巨大的成功。在动漫产业方面，中国可以与日本、韩国等动漫强国开展合作，学习其先进的制作技术和运营经验，同时将中国的动漫作品推向亚洲市场。比如中国动漫《一人之下》在日本等亚洲国家受到了广泛关注，通过与当地动漫企业的合作，进一步提升了其在国际市场的影响力。

此外在出版、音乐、游戏等领域，也可以加强国际合作。中国的出版企业可以与国际知名出版社合作，翻译出版中国的优秀文学作品和学术著作，让更多的国际读者了解中国文化和学术成果。在音乐领域，中国音乐人可以与国际音乐人合作创作，将中国音乐元素融入国际流行音乐中，拓展中国音乐的国际传播渠道。在游戏领域，中国游戏企业可以与国际游戏公司合作开发具有中国文化特色的游戏，如以中国古代神话为背景的角色扮演游戏，吸引全球游戏玩家，传播中国文化。

（三）区域文化志愿服务的开展

开展区域文化志愿服务，是扩大中国话语传播范围的有效方式。在南美洲地区，中国可组织文化志愿者团队奔赴当地，开展形式多样的文化传播活动。志愿者们可以深入当地社区，举办中国文化体验营，教孩子们学习中国书法、制作中国结、学唱中文歌曲等，让南美洲的民众尤其是青少年在亲身体验中感受中国文化的乐趣与魅力。

在文化教育资源相对匮乏的地区，志愿者们可以援建小型文化图书馆，捐赠大量涵盖中国历史、文学、艺术等方面的书籍以及多媒体资料，为当地民众打开了解中国文化的窗口。同时志愿者还能与当地学校合作，开展短期的中国文化课程教学，以生动有趣的方式向学生们介绍中国的传统节日、古代科技发明等知识。

另外，借助重大文化活动的契机，如南美洲的狂欢节等，文化志愿者积极参与其中，设立中国文化展示点，展示中国传统服饰、特色美食，表演中国传统舞蹈和杂技等，吸引大量当地民众和游客的关注。通过这些文化志愿服务活动，将中国文化传播到南美洲的各个角落，提升中国文化在南美洲普通民众中的认知度，以亲切、友好的方式扩大中国话语的传播范围，促进双方民间文化的交流与互动，为中国文化在南美洲的广泛传播营造良好氛围。

五、培养专业传播人才，提升话语传播能力

（一）跨文化传播人才的培养

跨文化传播人才是构建国际传播话语体系的关键力量。高校和研究机构应加强跨文化传播专业的建设，开设相关课程和培训项目。在课程设置上，除了传统的传播学理论课程外，还应增加区域国别研究、跨文化交际、外语等课程内容。例如开设“欧洲文化研究”“东南亚跨文化交际”等课程，让学生深入了解不同国家和地区的文化特点和传播环境。同时，注重实践教学，通过组织学生参与国际文化交流活动、海外实习等方式，提高学生的跨文化传播能力。

在社会层面，应加强对跨文化传播人才的培训和认证。行业协会和专业机构可以举办各类跨文化传播培训讲座、研讨会等活动，邀请国内外专家学者分享经验和最新研究成果。此外，建立跨文化传播人才认证体系，对具备相关知识和技能的人才进行认

证，提高跨文化传播人才的专业素质和社会认可度。

（二）语言与文化专业人才的储备

精通多种语言和熟悉不同文化的专业人才，是传播中国话语的重要保障。在语言人才培养方面，加大对小语种人才的培养力度，除了常见的英语、日语、韩语等语种外，加强对阿拉伯语、波斯语、斯瓦希里语等小语种的教学和研究。高校可以设立小语种专业，培养具备扎实语言基础和文化知识的专业人才。比如开设阿拉伯语专业，不仅教授语言知识，还深入讲解阿拉伯国家的历史、文化、宗教等方面的内容。

在文化专业人才培养方面，注重培养具有深厚中国文化底蕴和国际视野的人才。这些人才能够准确理解和阐释中国文化，并将其与国际文化进行有效对接。可以通过举办中国文化研究培训班、国际文化交流项目等方式，培养和储备文化专业人才，如举办“中国传统文化国际传播高级研讨班”，邀请国内外专家学者和文化传播从业者共同探讨中国文化的国际传播策略和方法，提高文化专业人才的传播能力。

（三）提升传播人才的数字传播技能

在数字化浪潮席卷全球的当下，传播人才必须具备过硬的数字传播技能。高校和专业培训机构应构建完备的数字传播课程体系，开设“新媒体传播技术”“大数据与传播分析”等课程。在“新媒体传播技术”课程中，学生能够系统学习社交媒体平台的运营策略，熟练掌握短视频制作、直播策划等技能，并依据不同平台的算法机制和用户画像，制定精准有效的传播策略。

同时实践教学不可或缺。高校应积极与新媒体企业建立合作关系，为学生提供实习机会，让他们在实际项目中锻炼数字传播能力。行业协会和企业也应定期举办数字传播技术培训和研讨会，分享最新技术应用案例和行业发展趋势，促进传播人才不断更新知识，提升技能水平，从而在国际传播中充分发挥数字平台的优势，让中国话语借助数字技术实现更广泛、更深入的传播。

（四）加强传播人才的批判性思维与创新能力培养

批判性思维和创新能力是传播人才在复杂国际传播环境中脱颖而出的关键素质。高校在教学过程中，应采用案例分析、学术辩论等多样化教学方法，培养学生对不同文化和传播现象的批判性分析能力，引导学生理性审视西方传播理念，结合中国实际和国际传播需求，探索具有中国特色的传播路径。

在创新能力培养方面，鼓励传播人才突破传统思维的束缚。在传播内容上，深入挖掘中国文化的独特内涵，结合时代热点进行创新性表达；在传播形式上，大胆运用虚拟现实（VR）、增强现实（AR）等新兴技术，打造沉浸式传播体验，增强中国文化的吸引力和感染力。

此外通过举办创意工作坊、创新竞赛等活动，为传播人才搭建交流创意、激发灵感的平台，促使他们在思维碰撞中不断探索中国文化国际传播的新方法、新途径。只有具备批判性思维和创新能力，传播人才才能在国际传播中推陈出新，以新颖独特的方式传播中国话语，提升中国文化的国际影响力。

第八章 促进中国文化国际传播发展的建议

第一节　加强专业人才培养，提供智力支持

一、优化高校相关专业设置与课程体系

（一）细分专业方向

在全球化与数字化深度融合的时代背景下，高校对中国文化国际传播相关专业的设置需具备前瞻性与精准性。增设“中国文化国际传播（数字媒体方向）”，该专业致力于培养能够驾驭前沿数字技术，为中国文化传播开辟全新路径的专业人才。在课程规划上，除数字媒体技术基础、数字内容创作等常规课程外，还应紧跟技术发展趋势，纳入人工智能辅助文化创作、区块链技术在文化版权保护与传播中的应用等前沿课程。通过这些课程，学生不仅能掌握数字技术的基本操作，还能深入理解如何运用这些技术挖掘中国文化元素的独特魅力，如利用人工智能算法生成具有中国传统美学风格的艺术作品，借助区块链技术构建透明、可信的中国文化数字资产交易平台，提升中国文化在数字领域的传播效率与影响力。

“中国文化国际传播（文化创意产业方向）”的设立，旨在聚焦中国文化元素在全球创意经济中的价值转化。专业课程应涵盖文化创意产业商业模式创新、全球文化市场品牌战略等内容。

在文化创意产业商业模式创新课程中，引导学生探索将中国传统手工艺与现代设计、电商平台相结合的创新模式，像将苏绣、蜀绣等传统刺绣技艺与时尚服装设计融合，通过线上线下联动的销售模式推向国际市场；全球文化市场品牌战略课程则着重培养学生为中国文化产品打造国际品牌的能力，从品牌定位、形象塑造到市场推广，全方位提升中国文化产品在国际市场的竞争力。

（二）整合课程内容

构建科学系统的课程体系是培养专业人才的核心环节。基础课程阶段，中国文化概论课程应突破传统的知识罗列，采用跨学科的研究方法，结合考古学、历史学、社会学等多学科视角，深入解读中国文化的多元起源与发展脉络。以良渚文化的研究为例，不仅要介绍良渚文化的玉器、陶器等物质文化遗产，还要从社会学角度分析其社会组织结构、宗教信仰体系，使学生深刻理解中国文化的深厚底蕴。世界文化史课程应强化全球文化交流与互动的内容，探讨丝绸之路、大航海时代等历史时期不同文化之间的相互影响，帮助学生树立全球文化视野，理解文化多样性的重要性。

专业课程阶段，跨文化传播理论课程要引入最新的研究成果，如跨文化传播中的文化适应理论、文化认同理论等，并结合实际案例进行分析。通过分析韩剧、日本动漫在全球的传播策略，探讨其如何在跨文化传播中实现文化元素的巧妙融合与创新表达，为中国文化国际传播提供借鉴。国际传播实务课程应加强实践教学，与国际媒体机构、文化企业合作，开展实地调研、项目策划等实践活动。学生参与国际媒体的新闻报道、文化活动策划等工作，亲身体验国际传播的实际操作流程，提升实践能力。中国文化外译课程应注重培养学生的文化翻译能力，不仅要求语言准确，更要注重文化内涵的传递。通过翻译中国古典诗词、民间故事等文化文本，让学生掌握文化翻译的技巧与策略，提高中国文化在国际传播中的可读性与可接受性。

高级课程阶段，中国文化国际传播前沿研究课程应定期邀请国内外知名专家学者举办讲座、研讨会，分享最新的研究成果和行业动态。学生参与学术讨论，撰写学术论文，培养独立思考和研究创新的能力。国际文化市场分析课程应引导学生运用大数据分析、市场调研等方法，对国际文化市场进行深入分析。通过分析全球文化消费趋势、不同国家文化市场的政策法规等，为中国文化产品的国际市场推广制定精准的营销策略。

（三）强化实践教学环节

实践教学是连接理论知识与实际应用的桥梁。高校应积极拓展海外实习基地，与国际知名媒体机构、文化企业建立长期稳定的合作关系。除美国、英国等传统市场的媒体机构外，还应关注新兴市场，如与东南亚、非洲、拉丁美洲等地的媒体和文化企业合作，为学生提供更广阔的实践平台。学生在实习期间，参与国际媒体的日常运营、文化项目的策划与执行等工作，深入了解不同国家和地区的文化市场需求、传播渠道和受众特点。

校内实践平台的建设同样重要。校园国际传播中心应配备先进的多媒体设备和专业的指导教师，为学生提供实践机会。学生可以制作面向海外受众的短视频、音频节目等，通过社交媒体平台、国际网络广播等渠道进行传播，收集反馈数据，不断优化传播内容和形式。文化创意实验室应鼓励学生开展创意项目，如设计具有国际市场竞争力的文化产品、策划跨文化交流活动等。通过实践，培养学生的创新能力和解决实际问题的能力。同时高校应建立实践教学评价体系，对学生的实践成果进行全面评估，及时反馈问题，促进学生实践能力的提升。

（四）加强课程国际化融合与拓展

在课程设置方面，进一步强化国际化元素的融入，促进中外文化知识的深度交融。一方面，引入更多国外优质课程资源，尤其是在国际传播、文化创意产业等领域具有领先理念和实践经验的课程。与国外知名高校开展课程合作，引进其在数字媒体传播、全球文化市场营销等方面的课程体系，进行本土化改造，使其适应中国文化国际传播人才培养需求。通过学习这些课程，学生能够接触到国际前沿的知识体系和教学方法，拓宽国际视野。另一方面，开设中外文化比较与融合的专题课程。系统对比中国文化与西方主流文化、新兴经济体文化在价值观、审美观念、传播习惯等方面的差异，引导学生挖掘文化共性，探索跨文化传播中的契合点，如在课程中深入分析中国传统“和”文化与西方“和谐”理念的异同，以及如何在国际传播中运用这些文化共通之处，提升中国文化的亲和力和吸引力。组织学生开展跨文化研究项目，鼓励他们以不同国家文化为样本，研究中国文化在特定文化语境中的传播效果和适应性策略，培养学生跨文化研究和实践能力。

此外加强语言课程与专业课程的协同发展。在提升学生外语语言能力的基础上，强化专业外语教学，使其能够精准、流畅地进行专业领域的国际交流。针对不同专业方向，开发相应的专业外语课程，如“数字媒体专业英语”“文化创意产业法语”等，课程内容紧密结合专业知识和国际行业动态，提高学生在专业领域的外语应用能力。同时鼓励学生学习多门外语，尤其是与中国文化国际传播重点区域相关的小语种，如阿拉伯语、西班牙语、葡萄牙语等，满足不同地区文化传播的语言需求，增强学生在国际文化传播市场的竞争力。

二、创新人才培养模式与教学方法

（一）推行产学研协同培养模式

产学研协同培养模式是培养适应市场需求的专业人才的有效途径。高校与文化企业的合作应实现深度融合，共同制定人才培养方案、开发课程体系。例如，与影视制作企业合作，根据国际影视市场的发展趋势和需求，共同开发“国际影视传播与中国文化表达”课程。企业参与课程内容的设计，提供实际项目案例和行业前沿信息，使课程内容更加贴近市场需求。在项目式教学中，企业提出具体的中国文化国际传播项目，如在欧洲市场推广中国科幻电影。学生在教师和企业导师的共同指导下，完成项目策划、市场调研、宣传推广等工作。通过项目实践，学生不仅能够将所学理论知识应用于实际工作中，还能了解行业的实际运作流程和市场需求，提高就业竞争力。

高校与科研机构的合作应聚焦于中国文化国际传播领域的关键问题和前沿技术研究。例如与科研机构合作开展“基于大数据的国际文化传播效果评估体系研究”项目。学生参与项目研究，通过数据分析、模型构建等工作，深入了解国际文化传播的规律和影响因素，掌握先进的研究方法和技术手段。在研究过程中，学生与科研人员密切合作，拓宽学术视野，培养科研创新能力，同时科研成果可以及时转化为教学资源，丰富课程内容，提升教学质量。

（二）运用多元化教学方法

多元化教学方法能够激发学生的学习兴趣和创新思维。案例教学应注重案例的多样性和时效性，不仅要选取中国文化国际传播的成功案例，如李子柒的短视频在海外的火爆传播、故宫文创产品在国际市场的热销等，还要分析一些失败案例，如某些中国文化产品在海外市场遭遇文化误解的情况。通过对正反案例的深入分析，引导学生总结经验教训，培养批判性思维和解决问题的能力。在分析李子柒短视频的成功案例时，学生可以从内容选题、表现形式、传播渠道等方面进行剖析，探讨其如何巧妙地将中国传统文化与现代生活相结合，吸引全球受众的关注；在分析失败案例时，学生可以思考如何避免文化冲突，提高文化传播的有效性。

项目式教学应注重项目的综合性和挑战性，鼓励学生跨专业组队，共同完成复杂的中国文化国际传播项目。比如组织学生开展“中国文化在‘一带一路’沿线国家的数字化传播策略研究”项目。学生需要综合运用传播学、计算机科学、外语等多学科知识，进行项目策划、技术开发、市场调研等工作。在项目实施过程中，学生通过团队协作，相互学习，提高综合能力，同时项目成果可以为中国文化在“一带一路”沿线国家的传播提供实际参考。

情境教学应注重情境的真实性和互动性，利用虚拟现实（VR）、增强现实（AR）等技术手段，创建高度仿真的国际传播场景。例如创建虚拟的国际文化交流展会场景，学生在场景中扮演不同角色，如参展商、媒体记者、观众等，进行跨文化交流和传播活动。通过身临其境的体验，学生能够更好地理解不同文化背景下的传播规则和受众需求，提高跨文化交际能力。同时教师可以在场景中进行实时指导和评价，及时纠正学生的错误行为，提升教学效果。

（三）利用现代教育技术辅助教学

现代教育技术为教学提供了丰富的资源和创新的手段。在线课程平台应整合优质教学资源，不仅包括课程视频、课件、作业等常规资源，还应引入虚拟实验室、在线互动社区等功能。虚拟实验室可以为学生提供模拟国际传播实践的环境，如模拟国际新闻报道、文化活动策划等场景，学生在虚拟环境中进行实践操作，提高实践能力。在线互动社区应鼓励学生、教师和行业专家之间的交流与互动，学生可以在社区中分享学习心得、提出问题，教师和专家及时给予解答和指导。同时利用人工智能技术，对学生的学习数据进行分析，为学生提供个性化的学习建议和资源推荐，提高学习效果。

虚拟仿真技术在教学中的应用应不断拓展和深化。除创建虚拟的国际传播场景外，还可以利用虚拟仿真技术开展文化遗产数字化保护与传播教学。如通过虚拟仿真技术对敦煌莫高窟进行数字化还原，学生可以在虚拟环境中参观莫高窟的洞窟，了解壁画的艺术特色和历史文化价值，学习文化遗产数字化保护的技术和方法。同时学生可以利用虚拟仿真技术设计文化遗产的数字化传播方案，如开发虚拟展览、互动游戏等，提高学生的创新能力和实践能力。此外虚拟仿真技术还可以应用于跨文化交际教学，通过模拟不同文化背景下的社交场景，让学生在虚拟环境中练习跨文化交际技巧，减少文化误解，提高跨文化交际能力。

（四）开展国际联合培养与交流项目

积极开展国际联合培养与交流项目，为学生提供国际化的学习环境和多元文化体验，是创新人才培养模式的重要举措。高校应与国外知名院校建立长期稳定的合作关系，开展双学位、交换生、短期访学等多种形式的联合培养项目。

在双学位项目中，学生在国内高校完成部分专业课程学习后，前往合作院校继续深造，修读对方学校与中国文化国际传播相关的专业课程。例如与美国某高校合作开展双学位项目，学生在国内学习中国文化基础课程和部分传播理论课程后，赴美学习美国文化传播策略、全球媒体市场分析等课程。毕业时学生可获得国内高校和国外合作院校的双学位，不仅拓宽了国际视野，还拥有更丰富的知识体系和国际认可度。

交换生项目则让学生在国外院校进行为期一学期或一学年的学习交流。在交换期间，学生完全融入当地的学习和生活环境，参与国外高校的课程学习、学术研究和校园文化活动。这有助于学生深入了解国外的教育模式和学术氛围，增强跨文化适应能力。同时交换生项目还为学生提供了与国外师生交流合作的机会，建立国际学术人脉关系。

短期访学项目针对特定的学术主题或实践活动展开，时间通常在数周左右。比如组织学生前往欧洲参加“欧洲文化创意产业实践访学项目”，学生在访学期间参观欧洲知名的文化创意企业、艺术工作室，与行业专家进行面对面交流，参与实际的创意项目策划和执行。通过这种短期但高强度的访学活动，学生能够快速了解国际文化创意产业的前沿动态和实践经验，将所学知识与国际实际情况紧密结合。

此外高校还应积极举办国际学术会议、文化交流活动，并鼓励学生参与其中。在国际学术会议上，学生可以聆听国际知名学者的研究报告，参与学术讨论和交流，展示自己的研究成果，提升学术水平和国际影响力。文化交流活动如国际文化节、中外学生文化交流营等，为学生提供了与不同国家和地区学生互动交流的平台，促进文化的相互理解和融合，培养学生的全球意识和跨文化交际能力。通过参与这些国际联合培养与交流项目，学生能够接触到不同的教育理念、教学方法和文化背景，在多元文化的碰撞中激发创新思维，提高综合素质，为未来从事中国文化国际传播工作奠定坚实基础。

三、提升教师的跨文化教学能力与专业素养

（一）开展教师培训与进修项目

教师的专业发展是提高教学质量的关键。高校和教育主管部门应制订系统的教师培训与进修计划，培训内容应涵盖跨文化交际理论的前沿研究、国际文化市场的最新动态、中国文化的创新性研究成果等方面。邀请国际知名学者举办跨文化交际理论前沿讲座，介绍跨文化传播中的文化身份认同、文化适应策略等最新研究成果；组织教师参加国际文化市场调研培训，深入了解全球文化市场的发展趋势、消费需求和竞争态势；开展中国文化创新性研究成果分享会，鼓励教师分享自己在研究中国文化过程中的新发现和新观点。

海外进修是提升教师跨文化教学能力的重要途径。高校应积极与海外知名高校、研究机构建立合作关系，选派教师进行短期进修。教师在海外进修期间，深入了解国际先进的教学理念和教学方法，参与国际学术交流活动，与国际同行建立合作关系。例如选派教师到美国的高校进修，学习其在文化传播教学中运用项目式学习、案例教学等先进教学方法的经验；到欧洲的研究机构参与中国文化研究项目，拓宽学术视野，提升科研能力。同时教师在海外进修期间，还可以收集国外优秀的教学资源，如教材、课件、案例等，回国后应用于教学实践中，提高教学质量。

（二）鼓励教师参与国际学术交流与合作

国际学术交流与合作能够促进教师的专业成长和学术创新。高校应鼓励教师积极参加国际学术会议，为教师提供参会经费和时间支持。教师在国际学术会议上发表高质量的学术论文，展示中国文化国际传播领域的研究成果，与国际同行进行深入交流和探讨。通过参会，教师了解国际研究前沿动态，掌握最新的研究方法和技术手段，拓宽学术视野。如在国际传播学大会上，教师可以了解到全球传播学领域的最新研究热点和趋势，学习国际同行在跨文化传播、新媒体传播等方面的研究成果，为自己的教学和科研工作提供新的思路和方法。

参与国际合作研究项目是提升教师科研能力和国际影响力的重要方式。高校应积极搭建国际合作平台，鼓励教师与国际知名学者合作开展研究项目，如与欧洲的学者合作开展“中国文化在欧洲社交媒体平台的传播效果研究”项目。在项目合作过程中，教师与国际学者共同制定研究方案、开展研究工作、撰写研究报告，学习国际先进的研究方法和技术手段，如大数据分析、社交媒体舆情监测等。同时通过国际合作，教师可以建立广泛的国际学术合作网络，提升学校和个人的国际影响力。

（三）建立教师教学能力评价与激励机制

建立科学合理的教师教学能力评价与激励机制是促进教师专业发展的重要保障。评价指标体系应全面、客观、科学，涵盖教学内容、教学方法、教学效果、学生评价等多个维度。在教学内容方面，考察教师是否将中国文化的最新研究成果融入教学中，是否注重培养学生的跨文化传播能力；在教学方法方面，评估教师是否采用多样化的教学方法，如案例教学、项目式教学、情境教学等，激发学生的学习兴趣和创新思维；在教学效果方面，关注学生的知识掌握程度、实践能力提升情况以及对中国文化国际传播的理解和认同；在学生评价方面，收集学生对教师教学的反馈意见，了解学生的学习需求和满意度。

根据评价结果，对教学能力突出的教师给予表彰和奖励。设立教学优秀奖、科研成果转化奖等，对在教学和科研方面取得突出成绩的教师进行奖励。奖励不仅包括物质奖励，还应包括荣誉表彰、晋升机会等。同时对教学能力有待提高的教师，提供针对性的指导和培训。组织教学经验丰富的教师对其进行一对一的指导，帮助他们改进教学方法，提升教学质量；安排他们参加教学培训课程，学习先进的教学理念和方法。通过评价与激励机制，激发教师的教学积极性和创造性，促进教师的专业发展，为中国文化国际传播专业人才培养提供有力的师资保障。

（四）促进教师跨文化教学实践与反思

鼓励教师积极投身跨文化教学实践，将理论知识转化为实际教学成果。学校应为教师提供跨文化教学实践的平台与资源，支持教师开展跨文化教学实验项目。例如设立专门的跨文化教学创新基金，教师可申请资金用于设计并实施创新性的跨文化教学方案，如开发融合中外文化元素的特色课程、组织跨国文化交流实践活动等。在教学过程中，教师要注重收集教学数据，包括学生的学习表现、反馈意见以及教学过程中的各类现象等，以便后续进行深入分析。

定期组织教师开展跨文化教学反思活动，通过教学研讨、案例分析等形式，引导教师对教学实践进行总结与反思。教师们分享在跨文化教学中的成功经验与遇到的问题，共同探讨解决方案。比如针对在跨文化案例教学中如何更好地引导学生理解文化差异这一问题，教师们可以交流各自的教学方法与技巧，互相学习借鉴。同时鼓励教师撰写教学反思报告，对教学目标的达成情况、教学方法的有效性、学生的学习体验等方面进行深入剖析，总结经验教训，不断优化教学实践。

此外推动教师之间的跨学科协作教学，打破学科界限，整合不同学科的知识与方法，提升跨文化教学的综合性与创新性。如文学、传播学和外语专业的教师共同设计一门关于“中国文学在国际传播中的文化内涵解读”的课程，从不同学科视角引导学生理解中国文学作品在国际传播中的特点与挑战。通过跨学科协作教学，教师能够拓宽教学视野，丰富教学内容，提高自身的跨文化教学能力。

（五）推动教师文化研究与传播实践的融合

高校应鼓励教师将文化研究成果应用于中国文化国际传播实践，促进学术研究与实际传播工作的深度融合。教师在进行文化研究时，要紧密关注国际传播的现实需求，以问题为导向开展研究工作，例如在研究中国传统节日文化时，深入分析其在国际传播中的受众接受度和传播策略，为中国传统节日文化走向世界提供理论支持。

支持教师参与各类中国文化国际传播活动，如文化交流项目、国际文化展览的策划与组织等。教师凭借自身的专业知识和研究成果，为传播活动提供专业指导，提升活动的文化内涵与传播效果。同时教师在参与传播活动的过程中，能够获取第一手的实践资料，进一步丰富和完善自己的研究内容。

加强教师与文化传播机构、企业的合作，建立产学研用协同创新机制。教师可以为文化传播机构提供专业咨询服务，参与文化产品的策划与制作，将学术研究成果转化为具有市场竞争力的文化产品。例如教师与影视制作公司合作，为中国文化主题的影视作品提供文化顾问服务，确保作品准确传达中国文化的内涵与价值。通过这种合作，教师不仅能够推动中国文化的国际传播，还能提升自身的实践能力和社会影响力，为培养适应时代需求的中国文化国际传播人才积累丰富的实践经验。

第二节　深化国际合作交流，拓展传播资源

一、加强教育领域国际合作，搭建文化传播桥梁

（一）开展联合办学与交换生项目

1. 联合办学

大力推进与国外高校的联合办学，是促进教育领域国际合作、传播中国文化的重要举措。以与英国某高校合作开设的“中国语言与文化研究”联合学位项目为例，其课程体系深度融合中国文化元素。在专业课程设置上，涵盖了中国古代文学、现代中国社会、中国哲学思想等多门课程。中国古代文学课程中，学生不仅研读经典诗词、散文、小说，还深入探讨作品背后的历史背景、社会文化环境，领略中国古代文人的精神世界；现代中国社会课程则聚焦当代中国的社会变迁、经济发展、文化现象等，帮助学生理解中国的现代化进程；中国哲学思想课程介绍儒家、道家、法家等思想流派，剖析其核心观念对中国社会和文化的深远影响。教学过程采用中英双语教学，这不仅有助于学生掌握专业知识，更提升了他们的跨文化交流能力。双语环境使学生能够在不同语言思维模式中切换，更好地理解和表达中国文化的内涵。

在讲解中国哲学概念时，学生既能用中文深入领会其精髓，又能用英文准确地与国际同行交流探讨。

近年来，联合办学项目不断创新。部分项目引入企业实习模块，为学生提供将中国文化知识应用于实践的机会。学生在实习中，将中国文化元素融入工作内容中，例如在国际市场营销实习中，运用中国文化中的审美观念和价值取向，为产品设计具有中国特色的推广方案，既提升了就业竞争力，也为中国文化在国际职场中的传播创造了契机。

2. 交换生项目

交换生项目为中外学生提供了直接交流与互动的平台。中国学生在国外学习期间，成为中国文化的传播使者。以中国人民大学“一带一路”领袖人才国别调研项目为例，参与项目的学生前往多个国家的高校交流学习（张毅博，2021）。在交流过程中，学生们积极组织各类文化活动。他们成立中国文化俱乐部，定期举办中国文化讲座，向当地师生介绍中国传统节日，如春节、中秋节的由来和习俗，让外国友人了解到春节蕴含的团圆、迎新等美好寓意，以及中秋节所承载的思乡、亲情等情感内涵。

传统艺术表演也是他们传播中国文化的重要方式。学生们展示中国书法、绘画、武术等传统艺术的魅力。在书法展示中，学生们现场挥毫泼墨，讲解书法的笔法、结构和意境；绘画展示则呈现中国山水画、花鸟画的独特韵味；武术表演让外国友人领略到中国功夫的刚劲有力与博大精深。同时中国学生也积极参与当地的文化活动，深入了解当地的文化习俗、社会风貌。他们参加当地的节日庆典，体验不同文化背景下的生活方式，增进了对不同文化的理解与尊重，促进了中外文化的交流与融合。

（二）举办国际学术会议与文化交流活动

1. 国际学术会议

定期举办以中国文化为主题的国际学术会议，对于汇聚全球学者共同探讨中国文化的内涵、价值以及传播策略具有重要意义。在“中国传统文化的当代价值与国际传播”国际学术会议上，来自不同国家的专家学者围绕多个议题展开深入讨论。

在“中国传统文化在当代社会的传承与创新”议题中，学者们分享了各自的研究成果，探讨如何在现代社会中传承和发展中国传统文化，如将传统文化元素与现代科技、艺术相结合的创新实践。在“中国文化国际传播的理论与实践”议题下，学者们交流了中国文化在国际传播中的有效策略和面临的挑战，为中国文化更好地走向世界提供了理论支持和实践经验。会议不仅为学者们提供了交流学术成果的平台，还吸引了众多媒体的关注。通过媒体报道，进一步扩大了中国文化在国际学术界的影响力。此外会议设置的青年学者论坛，为年轻一代的学者提供了展示研究成果的机会，激发了他们对中国文化国际传播研究的热情，培养了一批致力于该领域研究的新生力量。

2. 校园文化交流活动

在校园内举办丰富多彩的文化交流活动，是吸引国外学生了解中国文化的有效途径。许多高校举办中国文化节，活动内容丰富多样。

在中国传统艺术展览中，展示中国的书法、绘画、剪纸等艺术作品。专业艺术家现场讲解和演示创作过程，让国外学生近距离感受中国传统艺术的魅力。在书法演示中，艺术家讲解毛笔的使用方法、笔画的书写技巧，以及书法作品所传达的情感和意境；绘画展示则让学生了解中国绘画的独特技法和审美观念；剪纸艺术的演示让学生体验到民间艺术的精巧与趣味。

民俗体验活动是文化节的重要组成部分。组织国外学生参与包饺子、写春联、制作中国结等活动，让他们亲身感受中国民俗文化的魅力。在包饺子活动中，学生们学习包饺子的技巧，了解饺子在中国饮食文化中的特殊意义；写春联时，他们感受汉字书法的美感，了解春联所蕴含的祝福和期望；制作中国结则让他们体会到中国传统手工艺的精致和寓意。

美食节也是备受欢迎的活动之一。提供各种中国特色美食，如饺子、汤圆、烤鸭、火锅等，让国外学生品尝中国美食的同时，了解中国的饮食文化。通过介绍美食的制作方法、食材选择以及饮食礼仪，使他们深入了解中国饮食文化的丰富内涵。这些活动为国外学生提供了沉浸式的中国文化体验，激发了他们对中国文化的兴趣和热爱。

（三）加强海外中文教育支持

1. 教材编写

加大对海外中文教育的投入力度，编写具有针对性和适应性的中文教材至关重要。根据不同国家和地区的文化背景、教育体系以及学生的学习需求，编写融入当地文化元素的中文教材。

在东南亚地区，由于华人众多，中文教材中增加当地华人的历史和文化内容，让学生在学习中文的同时，了解华人在当地的贡献和文化传承。讲述华人移民的历史故事，介绍华人社区的文化传统和风俗习惯，使学生对中文学习更有亲切感和认同感。在欧美地区，中文教材注重将中国文化与西方文化进行对比和联系。在介绍中国传统节日时，与西方类似节日进行对比，帮助学生更好地理解中国文化的独特之处，同时通过对比中西方的价值观、思维方式，让学生在跨文化的视角下学习中文和中国文化。

此外通过线上线下相结合的方式，为海外中文教师提供专业培训。线上平台提供丰富的教学资源和培训课程，教师可以随时随地学习；线下培训则邀请专家进行面对面的指导和交流，提升教师的教学水平和文化素养。

2. 师资派遣与社区合作

鼓励高校和社会组织积极参与海外中文教育项目，派遣优秀的中文教师和志愿者赴海外任教。这些教师和志愿者不仅传授中文语言知识，还通过课堂教学、课外活动等方式传播中国文化。在课堂教学中，教师将中国文化融入语言教学内容，通过讲解汉字的演变、成语故事、古诗词等，让学生了解中国文化的博大精深。在课外活动中，他们组织学生开展中国文化主题活动，如举办中文演讲比赛、中国文化知识竞赛、中国传统节日庆祝活动等，激发学生对中国文化的学习兴趣。

许多海外中文教育项目还注重与当地社区的合作，开展社区中文课程和文化活动。通过与社区合作，扩大中文教育的覆盖面，让更多人了解和喜爱中国文化。在社区举办中国文化讲座、展览，组织中国文化体验活动，如茶艺表演、武术体验等，使中国文化走进当地社区，增进当地居民对中国文化的了解和认知。

二、推动媒体领域国际合作，拓宽文化传播渠道

（一）与国际媒体机构合作制作文化节目

1. 合作模式与选题策划

中国积极与国外知名媒体开展合作，形式多样，联合制作是其中重要的一种。以和英国广播公司（BBC）合作的《美丽中国》为例，选题策划阶段，中方团队凭借对本土的了解，提供了包含自然风光、人文景观、文化传统等丰富素材。BBC 团队则从

全球观众视角，筛选出既具中国特色又能引发共鸣的内容。双方多次沟通协商，确定以展示中国自然、文化以及人与自然和谐关系为主题。除了《美丽中国》，中国还与美国探索频道合作制作关于中国科技发展的纪录片，聚焦航天、人工智能等领域的突破；和法国电视台合作介绍中国美食文化，展现各地美食的工艺和背后的地域文化。这些合作项目在选题上都充分结合了双方优势，为全球观众呈现多元的中国文化。

2. 拍摄与制作过程

拍摄时，双方发挥各自技术专长。中方协助国际媒体深入中国各地，获取珍贵素材。BBC 运用无人机航拍、水下摄影、高清特写等技术，全方位展示中国风貌。比如拍摄长城，无人机展现其雄伟气势；水下摄影记录南方水乡生活；高清特写捕捉传统手工艺细节。后期制作中，在剪辑、配乐、解说等环节双方紧密合作。剪辑借鉴国际流行节奏和手法，使节目符合国际观众习惯；配乐融合中国传统与国际流行元素；解说词通俗易懂且准确传达文化内涵，还邀请有国际影响力的配音演员，提升节目品质。

3. 传播效果与文化影响

借助国际媒体的传播网络，合作制作的节目广泛传播。《美丽中国》在多个国家和地区播出，覆盖不同观众群体，引发强烈反响。许多观众表示通过该节目对中国文化有了新认识，对中国的自然和人文历史产生兴趣。据统计，在欧洲部分国家播出时，收视率在同类节目中领先，社交媒体上相关话题热度高。这些节目提升了中国文化的国际知名度，促进了文化交流与理解，为全球观众打开了解中国文化的窗口，让更多人认识到中国文化的价值和魅力，赢得了国际认可和尊重。

（二）利用社交媒体平台开展文化传播活动

1. 内容创作与发布

故宫博物院在社交媒体传播方面表现突出，其团队精心制作丰富内容，涵盖故宫建筑、文物展览、宫廷文化等。介绍故宫建筑时，不仅展示外观，还通过3D建模、虚拟游览让海外用户感受布局特色，配以文字说明建筑用途、风格和故事，帮助用户理解文化内涵。这种深入的互动性传播模式，为中国文化国际传播提供了更具科技感和智慧性的途径（唐智为，2024）。文物展览方面，提前在社交媒体发布预告，展示文物图片并介绍背景和价值。展览期间，通过直播“云参观”，由专业讲解员讲解作品风格、技巧和背后故事。如一次书画展览直播，吸引数万名全球观众观看，评论区互动频繁，很多观众表示对中国书画艺术产生兴趣。

2. 与博主、网红合作

故宫博物院积极与海外社交媒体博主和网红合作，邀请他们体验宫廷文化活动。美食博主参与宫廷美食制作，感受传统饮食文化；时尚博主以故宫元素进行时尚创作。这些博主和网红在自己账号分享经历，用生动语言和独特视角介绍故宫文化，引发粉丝对中国文化的兴趣。不少粉丝看到分享后，对故宫产生向往，甚至计划来中国参观。一些知名博主发布的内容，点赞和分享量达数十万次，有效扩大了故宫文化在海外的传播。

3. 互动与反馈

社交媒体的互动性为文化传播提供新方式。海外用户可通过评论、点赞、分享参与。故宫博物院及时回复用户评论和私信，解答疑问，增强用户参与感和认同感。通过分析用户反馈，了解他们的兴趣点，调整传播策略和内容。比如根据反馈增加宫廷服饰文化介绍，推出相关短视频和图片，受到用户好评。

（三）加强国际新闻传播合作

1. 节日与活动报道

春节、中秋节等传统节日期间，中国与国际新闻机构合作紧密。新华社与路透社、法新社等合作推出专题报道，介绍节日起源、习俗，挖掘团圆、祈福等文化内涵。通过采访不同地区的人，展示各地多样的庆祝方式，如北方冰雕节、南方舞龙舞狮，让国际受众感受中国传统节日文化的魅力。在重大文化活动中，如中国国际文化产业博览交易会、中国国际进口博览会的文化展区，国际新闻媒体深入报道。BBC、CNN 等媒体记者关注中国文化产业创新成果，采访企业和创作者，了解创作理念和规划。这些报道让世界更好地了解中国文化产业，促进了国际交流与合作。

2. 传播效果与影响

国际新闻报道使世界对中国文化活动、成果和发展有了更多了解。许多外国友人看到春节报道后，对春节文化产生兴趣，甚至在当地组织庆祝活动。文化产业从业者和消费者通过报道认识到中国文化产业的发展，为双方合作奠定基础。调查显示，受报道影响，越来越多外国企业愿意与中国文化企业合作，这些报道还提升了中国文化的美誉度，营造了良好的国际舆论环境。

三、促进文化产业国际合作，提升文化传播实力

（一）推动文化贸易与投资合作

1. 国际文化产业展会的作用与成果

国际文化产业展会是文化贸易与投资合作的重要平台。中国

国际文化产业博览交易会作为国内规模最大、影响力最强的文化产业盛会之一，在促进文化贸易与投资方面发挥着关键作用。每届文博会都吸引了来自全球各地的文化企业参展，中国文化企业借此机会展示了丰富多样的文化产品，涵盖影视、动漫、游戏、艺术品、文创产品等多个领域。在影视板块，中国的影视制作公司展示了具有中国特色的影视作品，从古装历史剧到现代都市题材，多样的风格吸引了国际买家的目光；在动漫领域，中国动漫企业展示了融合传统文化与现代创意的动漫作品，如以中国神话故事为蓝本创作的动漫角色和精彩剧情，引发国际同行的关注；在艺术品和文创产品展区，精美的传统手工艺品、富有创意的文化衍生品琳琅满目，展现了中国文化的深厚底蕴和创新活力。

在文博会期间，中国文化企业积极与国外企业开展对接洽谈。据不完全统计，每年文博会促成的文化贸易合作项目达数百个，涉及金额数亿元，这些合作不仅促进了中国文化产品和服务的出口，还推动了中国文化企业与国际市场的深度融合。许多中国文创产品通过文博会的平台进入国际市场，在欧美、亚洲等地区的文化市场上受到消费者的喜爱，提升了中国文化的国际知名度。

2. 文化企业“走出去”的发展态势

近年来，中国文化企业“走出去”的步伐不断加快，在海外设立分支机构或开展合作项目成为一种重要趋势。一些中国影视企业在海外设立制作公司，充分利用当地的人才和资源，拍摄具有国际影响力的影视作品。例如某中国影视公司在好莱坞设立制作公司，聘请当地优秀的编剧、导演和演员，结合中国的文化故事和国际先进的制作技术，拍摄了一系列融合东西方文化元素的电影。这些作品在国际电影节上屡获殊荣，不仅传播了中国文化，还提升了中国影视产业的国际竞争力。

除了影视企业，中国的动漫、游戏等文化企业也积极拓展海外市场。一些中国动漫企业在东南亚、欧洲等地设立分支机构，深入了解当地文化和市场需求，开发符合当地受众口味的动漫作品。同时，中国文化企业在海外的投资并购活动也日益活跃。通过投资并购，中国文化企业能够整合国际资源，获取先进的技术和品牌，进一步提升自身的国际影响力。某中国游戏企业收购了一家欧美知名游戏开发公司，借助其技术和市场渠道，成功将中国的游戏产品推向国际市场，取得了良好的经济效益和文化传播效果。

3. 吸引外资促进文化产业多元化

吸引国外文化企业来华投资，对于促进中国文化产业的多元化发展具有重要意义。国外动漫企业与中国企业合作，共同开发动漫作品，融合了不同文化的创意和元素。例如，一家日本动漫企业与中国企业合作，将日本动漫的独特风格与中国传统文化元素相结合，开发出了一部深受两国观众喜爱的动漫作品。在合作过程中，中国企业学习到了日本动漫在角色设计、剧情编排和制作工艺等方面的先进经验，同时也将中国的文化特色融入其中，为中国文化传播注入了新的活力。此外国外文化企业的投资还带来了先进的管理经验和运营模式。一些欧美文化企业在中国设立分支机构或与中国企业合作，引入了国际化的管理理念和市场营销策略，推动了中国文化产业的规范化和国际化发展。通过与国外文化企业的合作，中国文化产业能够更好地适应国际市场的需求，提升整体发展水平。

（二）加强文化创意产业合作

1. 跨国文化创意产品的开发与成功案例

与国外文化创意企业开展深度合作，是提升中国文化创意产业竞争力的重要途径。中国的文化企业与法国的设计公司合作，推出了一系列以中国传统元素为灵感的时尚产品，取得了显著的成果。在这些合作项目中，中国企业提供丰富的传统文化元素，如丝绸文化、刺绣工艺等，法国设计公司则运用其时尚设计理念和精湛的设计技巧，将中国元素与现代时尚完美融合。以一款融合丝绸文化与法国时尚设计的服装系列为例，该系列选取了中国传统丝绸面料，运用精美的刺绣工艺展现中国传统图案，同时结合法国时尚的剪裁和设计风格，使服装既具有中国文化的韵味，又符合国际时尚潮流。这一系列服装在国际时装周上一经展示，便受到了广泛关注和好评，订单纷至沓来。这种跨国合作的文化创意产品，不仅在国际市场上获得了商业成功，还成为传播中国文化的重要载体，让更多国际消费者通过时尚产品了解和喜爱中国文化。

2. 文化创意人才的国际交流与培养

在文化创意人才培养方面，加强国际交流与合作至关重要。选派优秀的创意人才到国外学习先进的创意理念和技术，能够拓宽人才的视野，提升其创意能力。许多中国文化创意人才前往欧美等文化产业发达的国家，学习当地在广告设计、数字艺术、影视制作等领域的先进技术和创新理念。他们在国外的学习和实践中，了解到国际前沿的创意趋势和设计方法，将这些知识带回国内，为中国文化创意产业的发展注入新的活力。

同时邀请国外专家来华讲学和指导，也为中国文化创意人才提供了学习和交流的机会。国外专家带来了国际先进的创意理念和实践经验，通过举办讲座、工作坊等形式，与中国的文化创意人才进行面对面的交流和指导。在一次由国外知名动画导演举办的工作坊中，中国的动画从业者学习到了国际先进的动画制作流程和创意方法，对提升自身的创作水平起到了积极的推动作用。通过这种国际交流与合作，中国文化创意产业的整体水平得到了显著提高。

（三）促进文化旅游合作

1. 跨国文化旅游线路的开发与特色

加强与各国旅游机构的合作，共同开发文化旅游产品和线路，是促进文化旅游发展的重要举措。与“一带一路”沿线国家合作推出的“丝绸之路文化之旅”“海上丝绸之路风情游”等跨国文化旅游线路，具有独特的魅力。这些线路将中国的历史文化名城、世界文化遗产与沿线国家的特色文化景点串联起来，让游客在旅游过程中感受不同文化的交融与碰撞。以“丝绸之路文化之旅”为例，游客从中国西安出发，沿着古代丝绸之路的路线，游览敦煌莫高窟、吐鲁番火焰山等中国的历史文化景点，感受中国古代文明的辉煌；然后进入中亚、西亚等国家，参观撒马尔罕古城、波斯波利斯古城等，领略不同国家和地区的文化特色。在旅游过程中，游客不仅可以欣赏到壮丽的自然风光，还能深入了解各国的历史文化、民俗风情，体验不同文化之间的交流与融合。这种跨国文化旅游线路，为游客提供了丰富多样的旅游体验，吸引了众多国际游客的关注。

2. 文化旅游宣传推广的策略与成效

加强文化旅游宣传推广，是吸引国际游客的关键。通过国际旅游展会、旅游网站、社交媒体等渠道，向世界宣传中国的文化旅游资源。在国际旅游展会上，中国的旅游机构和企业展示了丰富的文化旅游产品和线路，吸引了众多国际旅游从业者和游客的关注。制作精美的旅游宣传资料，如宣传册、海报、视频等，展示中国的自然风光、历史文化和民俗风情。一些宣传中国云南文化旅游的视频，通过展示云南的大理古城、丽江古城、石林等景点，以及彝族、傣族等少数民族的民俗文化，吸引了大量国际游客前往云南旅游。同时利用社交媒体进行文化旅游宣传推广也取得了显著成效。通过在 Facebook、Twitter、Instagram 等国际社交媒体平台上发布中国文化旅游的图片、视频和文字信息，吸引了大量海外粉丝的关注和互动。一些旅游博主在社交媒体上分享自己在中国的旅游经历和感受，引发了粉丝们对中国文化旅游的浓厚兴趣，有效扩大了中国文化旅游的影响力。通过多种宣传推广策略的实施，中国文化旅游在国际上的知名度和吸引力不断提升，吸引了越来越多的国际游客前来体验中国文化。

四、借助国际组织平台，扩大文化传播影响力

（一）积极参与联合国教科文组织相关项目

1. 世界文化遗产申报与保护推广

联合国教科文组织在世界文化遗产保护领域发挥着核心作用，中国拥有丰富的文化遗产资源，积极参与世界文化遗产申报工作意义重大。故宫作为明清两代的皇家宫殿，是中国古代建筑艺术的瑰宝，其规模宏大、布局严谨，蕴含着深厚的历史文化价值。在申报世界文化遗产过程中，中国相关部门精心整理资料，向世界展示故宫的建筑特色、宫廷文化以及在历史发展中的重要地位。通过详细的图文资料、专业的学术报告以及实地考察展示等方式，让国际专家深入了解故宫的独特魅力。

长城作为世界上最伟大的建筑工程之一，绵延万里，见证了中国古代的军事防御体系和民族融合历程。在申报时，突出其工程的浩大、建造技术的精湛以及在文化交流中的重要意义。敦煌莫高窟则以其精美的壁画和彩塑闻名于世，这些艺术作品跨越了多个朝代，反映了不同时期的社会风貌和艺术风格。中国通过对莫高窟的数字化保护成果展示、学术研究成果分享等，向国际社

会展示其在文化遗产保护方面的努力和成就。

成功申报世界文化遗产不仅提高了中国文化遗产在国际上的知名度，也促使中国加大对文化遗产的保护力度。以丽江古城为例，申遗成功后，当地政府加强了对古城建筑、民俗文化的保护，同时完善了旅游设施和管理机制，使得丽江古城在保护中发展，在发展中更好地传承文化。

2. 文化多样性促进与经验分享

除了文化遗产申报，中国还积极参与联合国教科文组织的文化多样性促进项目。中国是一个多民族国家，拥有丰富多样的民族文化，如蒙古族的那达慕大会、傣族的泼水节等。中国在参与项目过程中，向世界展示各民族文化的独特魅力，促进不同民族文化之间的交流与融合。同时中国也积极分享在文化保护和传承方面的经验和成果。在传统手工艺保护方面，中国通过建立手工艺传承基地、培养传承人等方式，让许多濒临失传的手工艺重新焕发生机。例如，苏绣作为中国四大名绣之一，通过与现代设计相结合，开发出了一系列具有时尚感的绣品，既传承了传统技艺，又满足了市场需求。中国将这些经验分享给其他国家，共同推动全球文化的多元发展。

此外中国还参与了联合国教科文组织的文化交流活动，如举办文化展览、学术研讨会等。在文化展览中，展示中国的绘画、书法、音乐等艺术形式，让各国观众感受中国文化的博大精深。学术研讨会上，中国学者与国际同行交流文化保护和传承的理论和实践，共同探讨文化发展的新路径。

（二）与国际文化组织开展合作交流

1. 与国际博物馆协会的合作

国际博物馆协会是全球博物馆领域的重要组织，中国的博物馆积极与该协会开展合作交流。在国际博物馆协会组织的活动中，中国的博物馆充分展示独特的馆藏文物和创新的展览理念。故宫博物院拥有大量的珍贵文物，通过参与国际博物馆协会的活动，将故宫的馆藏文物以数字化的形式展示给全球观众。同时故宫博物院还推出了一系列创新的展览，如“数字故宫”展览，利用虚拟现实、增强现实等技术，让观众身临其境地感受故宫的历史文化氛围。

中国的地方博物馆也积极参与国际交流。陕西历史博物馆以其丰富的历史文物馆藏闻名，在国际博物馆协会的活动中，展示了陕西地区的历史文化发展脉络，通过文物展示和讲解，让国际观众了解中国古代文明的起源和发展。通过与国际博物馆协会的合作，中国博物馆不仅提高了自身的国际知名度，还学习到了国际先进的博物馆管理经验和展览策划理念，促进了中国博物馆事业的发展。

2. 与国际戏剧协会的合作

国际戏剧协会为全球戏剧艺术的交流与发展提供了重要平台。中国的戏剧团体通过与国际戏剧协会的合作，参加国际戏剧节，向世界展示中国戏剧的魅力。京剧作为中国的国粹，以其独特的唱腔、表演形式和丰富的剧目闻名于世。中国京剧团在国际戏剧节上表演了《霸王别姬》《贵妃醉酒》等经典剧目，演员们精湛的表演、华丽的服饰和精彩的武打场面，赢得了国际观众的热烈掌声和高度评价。

除了京剧，中国的地方戏剧如越剧、豫剧等也积极参与国际交流。越剧以其婉约细腻的风格受到国际观众的喜爱，中国越剧剧团在国际戏剧节上展示了《梁山伯与祝英台》等经典剧目，让国际观众感受到中国爱情故事的浪漫与凄美。通过与国际戏剧协会的合作，中国戏剧艺术在国际上的传播范围不断扩大，影响力不断提升。

3. 其他国际文化组织合作拓展

中国还与国际音乐理事会、国际舞蹈理事会等国际文化组织开展合作。在音乐领域，中国的音乐家通过参与国际音乐比赛、音乐节等活动，展示中国音乐的独特魅力。中国的传统音乐如古筝、二胡等乐器演奏，以及现代音乐创作，都在国际舞台上获得了广泛关注。在舞蹈领域，中国的舞蹈团体通过参加国际舞蹈节，展示中国民族舞蹈和现代舞蹈的风采，促进了中外舞蹈文化的交流与融合。

（三）在国际组织中推广中国文化活动

1. 国际会议期间的文化展示

在世界经济论坛、世界互联网大会等国际会议期间，中国积极举办中国文化之夜、中国文化主题展览等活动。在世界经济论坛期间举办的中国文化之夜活动中，以中国传统音乐演奏、舞蹈表演、茶艺展示等形式，向各国代表展示中国文化的优雅与魅力。音乐演奏中，悠扬的古筝曲和激昂的二胡曲，让各国代表感受到中国音乐的独特韵味；舞蹈表演中，古典舞的优美舞姿和民族舞的热情奔放，展现了中国舞蹈的多样性；茶艺展示环节，茶艺师精湛的泡茶技艺和对茶文化的讲解，让各国代表领略了中国茶文化的博大精深。

中国文化主题展览则以图片、实物、多媒体等形式，展示中国的传统文化和现代文化成果。在展览中，展示了中国古代的四大发明、传统绘画、书法作品，以及现代的科技创新成果、文化产业发展成就等。通过这些展示，让各国代表全面了解中国文化的发展历程和现状，增进对中国文化的认识和理解。

2. 文化交流活动的互动与影响

这些在国际组织平台上举办的文化活动，不仅是单向的展示，还注重与各国代表的互动交流。在文化之夜活动中，设置了互动环节，邀请各国代表参与中国传统手工艺制作，如剪纸、中国结编织等。通过亲身体验，各国代表更加深入地了解了中国文化的内涵和魅力。在文化主题展览中，安排了专业的讲解员为各国代表进行讲解，并设置了问答环节，解答各国代表对中国文化的疑问。

这些文化活动促进了中国文化与世界文化的交流与融合，提升了中国文化的国际地位。许多参加活动的各国代表表示，通过这些活动，他们对中国文化有了全新的认识和理解，对中国的兴趣也更加浓厚。一些代表还表示，愿意在自己的国家推广中国文化，促进两国之间的文化交流与合作。同时这些活动也为中国文化产业的发展提供了机遇，一些中国文化企业通过与国际代表的交流合作，拓展了国际市场，推动了中国文化产业的国际化发展。①

第三节　完善政策支持体系，保障传播发展

一、优化文化产业扶持政策，增强传播动力

（一）资金支持政策

1. 加大财政投入力度

在文化产业国际传播的征程中，政府的财政支持是关键驱动力。设立“中国文化国际传播专项基金”势在必行，且规模需具

① 唐智为．数智化时代汉语国际传播的资源建设现状与思考［J］．传媒，2024（19）：57－59.

备足够的影响力。这笔基金的设立旨在精准扶持那些具有国际传播潜力的文化项目，为其提供全方位的资金保障。

以中国传统民间故事改编的动画电影项目为例，前期创意策划是奠定项目成功的基石。基金可投入资金用于挖掘民间故事的文化内涵，邀请民俗学专家、文化学者参与，确保故事在保留原汁原味的同时，能够符合国际市场的审美和价值观。在故事改编过程中，充分考虑不同国家和地区的文化差异，融入普世价值元素，使故事更具吸引力。

中期的技术研发环节，基金可助力动画制作团队引进国际先进的动画技术，如更逼真的 3D 建模技术、流畅的动作捕捉技术等。同时，支持团队自主研发适合中国文化特色表达的技术，如基于中国传统绘画风格的渲染技术，让动画画面更具中国韵味。通过资金支持，邀请国际知名的动画制作团队参与合作，与国内团队相互学习、交流，提升整体制作水平。

后期的市场推广同样离不开资金支持。基金可以用于在国际知名电影节、动画节上举办项目推介会，吸引国际发行商和观众的关注。在全球范围内进行广告投放，利用社交媒体、影视宣传平台等渠道，发布精彩的预告片和宣传海报，提高项目的知名度。

除了动画电影项目，基金还应大力支持文化遗产数字化保护与传播项目。中国拥有丰富的文化遗产，如故宫、敦煌莫高窟等。通过数字化手段，将这些文化遗产以全新的形式呈现给全球观众。利用虚拟现实（VR）、增强现实（AR）技术，让观众足不出户就能身临其境般地参观文化遗产。基金可用于技术研发、数据采集、平台搭建等方面，确保数字化项目的高质量完成。同时，支持文化遗产数字化成果的国际推广，与国际文化机构、数字平台合作，让中国的文化遗产走向世界。

2. 完善税收优惠政策

完善税收优惠政策是促进文化产业国际传播的重要手段。对于从事文化国际传播业务的企业，在企业所得税方面给予一定比例的减免，这不仅减轻了企业的负担，还激励企业积极拓展国际市场。企业可以将节省下来的资金投入到国际业务拓展、文化产品创新等方面。一家专注于中国传统文化对外传播的出版企业，减免的企业所得税可以用于引进国际先进的出版技术，提升图书的印刷质量和装帧设计水平，或者用于聘请国际知名的翻译团队，将中国的经典文学作品翻译成多种语言，提高作品在国际市场的接受度。

对于出口文化产品的企业，全额退还其在生产环节缴纳的增值税，这直接降低了文化产品的出口成本，增强了其在国际市场上的价格竞争力。以中国的影视制作公司为例，退还的增值税可以用于购买更先进的拍摄设备、聘请国际知名的演员和导演，提升影视作品的质量。同时，降低的成本可以使影视作品在国际市场上以更合理的价格销售，吸引更多的国际观众。

对进口用于文化创作、生产和传播的关键设备和技术，减免关税和进口环节增值税，这有利于促进文化产业的技术创新和升级。文化企业可以更轻松地引进国际先进的设备和技术，如高清拍摄设备、数字剪辑软件、虚拟现实制作技术等。一家新兴的数字艺术公司，通过减免关税和增值税，能够以更低的成本引进国外先进的数字艺术创作设备，提升公司的创作能力，创作出更具创意和吸引力的数字艺术作品，推动中国文化在数字艺术领域的国际传播。

（二）产业融合发展政策

1. 促进文化与科技融合

鼓励文化企业加大对新兴技术的应用，是推动中国文化国际传播的重要途径。以故宫博物院为例，利用VR技术开发沉浸式的线上虚拟展览，为全球观众提供了全新的参观体验。观众通过佩戴VR设备，仿佛置身于故宫的宫殿之中，能够近距离欣赏珍贵文物，了解故宫的历史和文化。在虚拟展览中，运用高精度的建模技术，还原故宫的建筑细节和文物的真实面貌。同时，添加丰富的语音讲解和互动环节，让观众能够深入了解文物背后的故事和文化内涵。

运用AI技术对文化遗产进行数字化修复和保护，能够提高修复效率和准确性。AI技术可以对文物的破损部分进行智能分析，预测其原本的形态，为修复工作提供参考。在敦煌莫高窟的数字化修复项目中，AI技术通过对大量壁画图像的分析，识别出褪色、破损的区域，并根据周边的图案和色彩信息，推测出原本的样子，帮助修复人员更精准地进行修复。

支持文化科技企业开展技术研发合作，共同攻克文化传播中的技术难题，推动文化科技产业的发展。国内的文化企业和科技企业可以联合成立研发中心，针对文化传播中的技术瓶颈，如跨文化传播中的语言翻译、文化理解等问题，研发智能翻译系统和文化解读软件。通过合作，整合双方的优势资源，提高技术研发的效率和质量。

2. 推动文化与旅游融合

整合文化和旅游资源，开发具有吸引力的文化旅游精品线路，是促进中国文化国际传播的有效方式。结合中国的历史文化名城和世界文化遗产，打造如“丝绸之路文化之旅”“长城文化探秘之旅”等线路。在“丝绸之路文化之旅”中，游客沿着古代丝绸之路的路线，参观敦煌莫高窟、吐鲁番火焰山等历史文化景点，感受中国古代文明的辉煌。在敦煌莫高窟，游客可以欣赏到精美的壁画和佛像，了解佛教文化在中国的传播和发展。

在吐鲁番火焰山，游客可以体验当地独特的地理风貌和民俗文化。

加强文化旅游配套设施建设，提高旅游服务质量，为游客提供更好的文化旅游体验。在旅游景点周边，建设高品质的酒店、餐厅和交通设施，方便游客的出行和住宿。培养专业的导游队伍，他们不仅具备丰富的历史文化知识，还能够用流利的外语为国际游客讲解，让游客更好地理解中国文化。同时，开发具有特色的文化旅游纪念品，让游客在旅游结束后，能够带走一份对中国文化的美好记忆。

通过旅游宣传推广中国文化，让国际游客在旅游过程中深入了解中国文化的内涵和魅力。在国际旅游展会上，展示中国文化旅游的特色线路和景点，吸引国际游客的关注。利用社交媒体、旅游网站等平台，发布精美的图片和视频，宣传中国的文化旅游资源。邀请国际知名的旅游博主、网红来中国体验文化旅游线路，通过他们的影响力，吸引更多的国际游客。

（三）品牌建设与推广政策

1. 培育国际文化品牌

政府应挑选具有中国特色和市场潜力的文化品牌，如华为的科技文化品牌、比亚迪的新能源汽车文化品牌等，给予重点扶持。组织专业团队为企业制定品牌国际化战略，包括品牌定位、品牌形象塑造和品牌传播策略等。对于华为这样的科技企业，品牌定位可以是“创新驱动、连接世界”，强调其在5G通信、人工智能等领域的技术领先地位，以及为全球用户提供便捷、高效的科技服务。在品牌形象塑造方面，设计具有国际辨识度的品牌标识和宣传口号，展示华为的科技实力和创新精神。

支持国内文化企业与国际知名展览、出版中介机构或经纪人开展合作（毛倩倩、单世联，2022），帮助企业提升品牌的国际知名度和美誉度，展示中国文化品牌的创新成果和独特魅力。华为可以在国际消费电子展（CES）上展示其最新的科技产品和技术，吸引全球媒体和消费者的关注。在展会上，设置互动体验区，让观众亲身体验华为产品的功能和优势。支持企业开展国际品牌营销活动，提高品牌在国际市场上的占有率。华为可以在全球范围内进行广告投放，与国际知名的体育赛事、文化活动合作，提升品牌的知名度和影响力。

2. 加强品牌国际推广

积极组织文化企业参加国际文化产业展会，如法国戛纳电视节、德国法兰克福书展等，为企业搭建展示和交流的平台。在国际文化产业博览会上，设立中国文化品牌专区，集中展示中国优秀文化品牌的产品和服务。在专区内，通过精心设计的展位布局、精彩的产品展示和专业的讲解服务，吸引国际观众的关注。举办中国文化品牌推广活动，邀请国际媒体、文化机构和企业代表参加，通过新闻发布会、产品展示、文化体验等形式，向世界宣传中国文化品牌。在新闻发布会上，介绍中国文化品牌的发展历程、创新成果和未来规划，展示品牌的实力和潜力。

利用社交媒体、网络平台等渠道，开展线上品牌推广活动，扩大品牌的国际影响力。文化企业可以在 Facebook、Twitter、YouTube 等国际社交媒体平台上开设官方账号，发布品牌相关的图片、视频和文章，吸引粉丝关注。制作精美的短视频，展示中国文化品牌的产品制作过程、文化内涵和使用场景，提高品牌的知名度和美誉度。同时，利用网络广告投放、搜索引擎优化等手段，提高品牌在国际网络平台上的曝光率。

二、强化文化传播人才培养政策，夯实传播基础

（一）教育体系构建政策

1. 高校专业设置优化

高校作为培养高素质人才的重要阵地，应紧密围绕文化国际传播的需求，合理调整和优化专业设置。开设跨文化传播、国际文化贸易等相关专业，为学生提供系统学习文化国际传播知识的平台。

在课程设置上，注重理论与实践的深度融合。国际传播学课程应系统介绍国际传播的基本理论、发展历程以及当前的传播格局，使学生了解不同国家和地区的传播体系和文化特点。跨文化交际课程则着重培养学生对不同文化的理解和适应能力，通过案例分析、模拟对话等教学方法，让学生掌握跨文化交流的技巧和策略。文化产业概论课程帮助学生全面认识文化产业的内涵、外延、发展模式以及在国际市场中的地位和作用。国际文化贸易实务课程则聚焦于国际文化贸易的政策法规、交易流程、市场分析等内容，培养学生的实际操作能力。

增加实践教学环节是提高学生专业技能的关键。高校应积极与文化企业建立广泛的实习基地合作关系。以中国传媒大学国际为例，其与国内外众多知名媒体、文化机构展开深度合作（中传外院，2025）。学生在实习过程中，能够参与到实际的文化传播项目中。在一家国际知名的传媒集团实习时，学生有机会参与到国际新闻报道的策划与制作过程中，了解国际新闻传播的流程和规范，学习如何从不同文化视角进行新闻选题和报道。通过这样的实践锻炼，学生不仅能够将课堂上学到的理论知识应用到实际工作中，还能在实践中发现问题、解决问题，进一步加深对专业

知识的理解和掌握。

2. 职业教育协同发展

职业院校在培养实用型文化传播人才方面具有独特的优势。应根据市场需求，精准开设文化创意设计、文化市场营销等专业。

在教学过程中，采用项目驱动、案例教学等先进的教学方法。与广告公司合作开展文化创意项目实践教学，让学生全程参与广告策划、设计和制作。在一个为推广中国传统手工艺的广告项目中，学生深入了解传统手工艺的文化内涵和特色，从创意构思、文案撰写到设计制作，充分发挥自己的创意能力。通过这样的项目实践，学生能够迅速掌握文化创意设计的流程和技巧，提高解决实际问题的能力。

加强职业院校与高校的合作，实现资源共享和优势互补。高校拥有丰富的理论教学资源和科研力量，职业院校则在实践教学和与企业的紧密联系方面具有优势。双方可以开展师资交流，高校教师到职业院校进行实践指导，职业院校教师到高校进修理论知识。在课程共建方面，共同开发跨校选修课程，让学生能够接触到更广泛的知识体系。还可以联合开展科研项目，针对文化传播领域的实际问题进行研究，为行业发展提供理论支持和实践解决方案，共同培养适应文化国际传播需求的高素质人才。

（二）人才激励与引进政策

1. 完善人才激励机制

设立文化国际传播人才奖是激励人才积极投身文化传播事业的重要举措。该奖项应涵盖文化创作、传播推广、理论研究等多个方面。在文化创作领域，对于创作出在国际上具有广泛影响力的文学作品、影视作品、艺术作品等的个人或团队给予表彰。一部以中国传统文化为背景的动画电影在国际电影节上获奖，其创作团队就应获得相应奖励。在传播推广方面，对于成功将中国文化项目推广到国际市场，提升中国文化国际知名度的团队，给予高额奖金和荣誉称号。那些通过创新的营销手段，将中国的文化旅游项目推向国际市场，吸引大量国际游客的团队，值得获得这样的认可。

在职称评定、职务晋升等方面，对文化传播人才给予倾斜。在高校和科研机构中，对于从事文化国际传播研究和教学的教师，在职称评定时，充分考虑其在国际文化传播领域的成果和贡献。在文化企业中，为文化传播人才提供更广阔的职业发展空间，让他们能够在企业中担任重要职务，提高他们的待遇水平，从而激发他们的工作积极性和创造力。

2. 引进海外高层次人才

制定优惠政策积极引进海外高层次文化传播人才，是提升中国文化国际传播水平的重要途径。为海外专家提供住房补贴、子女教育优惠等，解决他们的生活后顾之忧。在住房方面，为其提供舒适的公寓或给予相应的住房补贴，确保他们能够安心工作。在子女教育上，协助解决入学问题，提供优质的教育资源，让他们能够全身心地投入到工作中。

为海外人才提供良好的工作环境和发展平台。在科研设备方面，配备先进的实验设备和研究工具，满足他们开展文化传播研究的需求。在项目支持上，设立专项科研基金，鼓励他们开展创新性的文化传播研究和实践项目。鼓励海外人才与国内人才开展合作，共同推动中国文化国际传播的发展。海外知名文化传播专家与国内团队合作开展关于跨文化传播效果评估的研究项目，将国际先进的研究方法和理念引入国内，同时国内团队的本土文化优势也能为研究提供丰富的素材，双方相互学习、共同进步。吸引海外知名文化传播专家来华讲学、举办讲座，分享国际先进的文化传播理念和技术，拓宽国内人才的视野，提升国内文化传播领域的整体水平。

（三）实践能力提升政策

1. 加强实践教学环节

高校和职业院校应与文化企业建立更加紧密的实习基地合作关系，为学生提供丰富多样的实践机会。与影视制作公司合作，让学生参与电影、电视剧的制作全过程。在剧本创作阶段，学生可以参与选题策划、故事编写，学习如何将中国文化元素巧妙地融入剧情中，以吸引国际观众。在拍摄过程中，学生协助拍摄团队进行场地布置、设备操作等工作，了解拍摄技巧和现场管理。在后期制作环节，学生参与剪辑、特效制作、配音等工作，掌握后期制作的流程和技术。

加强实践教学的指导和管理至关重要。为每个实习学生配备专业的指导教师，教师不仅具备扎实的专业知识，还有丰富的实践经验。指导教师在学生实习过程中，及时给予指导和反馈，帮助学生解决遇到的问题。建立科学的实习考核机制，从实习态度、工作成果、专业技能提升等多个方面对学生进行全面评价，确保学生在实践中能够真正学到知识和技能。

2. 鼓励参与国际项目

鼓励学生参与国际文化交流项目是提升他们跨文化传播能力的有效途径。组织学生参加国际文化志愿者活动，如在海外孔子学院担任志愿者教师，传播中国语言和文化。在海外孔子学院，学生可以教授汉语课程，举办中国文化活动，如书法、绘画、剪纸等工作坊，让外国学生和民众亲身体验中国文化的魅力。通过与外国学生和民众的交流互动，学生能够锻炼自己的跨文化沟通能力，了解不同文化背景下人们对中国文化的认知和需求。

支持学生参与国际文化竞赛，如国际广告创意大赛、国际文化创意产品设计大赛等。在这些竞赛中，学生与国际学生同场竞技，通过交流和竞争，能够接触到国际前沿的创意理念和设计方法，提高自己的创新能力和国际视野。在国际广告创意大赛中，学生需要针对国际市场的需求和文化特点进行广告创意，这促使他们深入了解不同国家的文化差异和消费心理，从而提升自己的跨文化传播能力。同时，为学生参与国际项目提供必要的支持和保障，如资金支持、培训指导等。设立专项基金，为学生参与国际项目提供差旅费、参赛费用等经济支持。在培训方面，组织专业教师对学生进行赛前培训、项目指导，帮助学生做好充分准备，更好地参与国际项目，提升自身能力。

三、健全文化国际传播监管政策，规范传播秩序

（一）内容审核与引导政策

1. 建立审核机制

建立科学合理的文化内容审核机制是规范文化国际传播的基础。审核标准的制定需全面且细致，涵盖文化内容的思想性、艺术性、科学性等多个维度。思想方面，传播的内容应符合社会主义核心价值观，倡导积极向上的价值观念，坚决抵制低俗、暴力、迷信等不良思想的传播。在文艺作品中，杜绝宣扬极端个人主义、拜金主义等有害思想，确保文化传播有助于提升公众的道德素养和精神境界。

艺术性上，鼓励传播具有较高艺术水准的作品，推动文化创新和艺术繁荣。对于文学、影视、音乐等各类文化产品，评估其在艺术表现形式、创作手法等方面的创新性和专业性，促进文化

产业的高质量发展。科学性要求文化内容在知识传播、信息表达等方面准确无误，避免传播伪科学、误导性信息。尤其在科普类文化作品中，要确保知识的准确性和权威性。

对于涉及历史文化题材的作品，审核时必须保证历史事实的准确性。以历史剧为例，严格审查剧情、人物塑造等是否尊重历史事实，避免出现歪曲历史、戏说历史等问题。一些以古代王朝为背景的电视剧，在剧情设置上随意篡改历史事件和人物关系，这不仅误导观众对历史的认知，也损害了中国历史文化的严肃性和权威性。审核流程的设计要严谨，初审阶段主要对作品的基本内容、主题方向进行初步筛查，排除明显不符合审核标准的作品；复审则侧重于对作品的深度和质量进行评估，邀请相关领域的专家学者对作品的思想性、艺术性等进行专业评判；终审综合各方意见，做出最终审核决定，确保审核的公正性和严谨性。

2. 加强内容引导

加强对文化传播内容的引导是提升中国文化国际影响力的重要举措。设立文化创作引导基金，为以中国传统文化为主题的文艺创作提供有力支持。以中国传统节日为题材的动画电影，通过生动有趣的故事和精美的画面，向世界展示中国传统节日的文化内涵和独特魅力。春节主题的动画电影可以融入春节的起源、习俗，如贴春联、放鞭炮、吃年夜饭等元素，让国外观众在欣赏动画的同时，了解中国春节的文化价值。以中国历史故事为背景的电视剧，通过精彩的剧情展现中国历史的波澜壮阔和古人的智慧，增进国际社会对中国历史文化的了解。

引导文化创作者关注现实生活同样重要。当代中国正处于快速发展的时期，社会发生着深刻变革，这些现实素材为文化创作提供了丰富的源泉。鼓励创作者深入生活，挖掘普通人的奋斗故事、社会发展的新风貌，创作出反映当代中国社会发展和人民精神风貌的作品。讲述中国科技创新成果背后科研人员故事的影视作品，展现中国在脱贫攻坚过程中基层干部和群众努力奋斗的纪录片等，这些作品能够让国际社会更好地了解真实的中国，增强中国文化在国际上的吸引力和感染力，改变部分国外受众对中国的刻板印象。

（二）知识产权保护政策

1. 完善法律法规

完善知识产权法律法规是保护文化产业创新成果的关键。明确文化产品的知识产权归属和保护范围，对于文化创意、文化品牌、文化技术等方面的知识产权给予充分保护。在文化创意领域，对于文学作品、音乐作品、美术作品等的版权归属做出清晰界定，确保创作者的合法权益。对于文化品牌，加强对品牌名称、商标等的保护，防止他人恶意抢注和侵权。一些具有中国特色的文化品牌，如老字号品牌，其品牌价值不仅在于商业利益，更承载着中国的历史文化，需要通过法律手段进行保护。在文化技术方面，对数字文化产品的技术创新，如虚拟现实（VR）、增强现实（AR）在文化展示中的应用技术，给予专利保护，鼓励企业和个人进行技术创新。

加大对侵权行为的打击力度，对于抄袭、盗版等侵权行为，依法追究侵权人的法律责任。提高侵权成本，通过经济赔偿、行政处罚甚至刑事处罚等手段，遏制侵权行为的发生。加强知识产权法律法规的宣传和培训，针对文化企业和从业者开展定期培训，提高他们的知识产权保护意识。举办知识产权保护专题讲座，邀请法律专家讲解相关法律法规和案例，帮助文化企业和从业者了解如何维护自身权益，以及避免侵犯他人知识产权。

2. 加强国际合作

加强国际知识产权合作是应对文化产业全球化发展的必然要求。与美国、欧盟等国家和地区签订知识产权保护协议，建立知识产权保护合作机制，加强信息共享和执法协作。在打击跨国侵权行为方面，双方可以共享侵权线索、侵权企业信息等，提高执法效率。针对跨境网络盗版问题，通过合作开展联合执法行动，打击非法传播文化产品的行为。

积极参与国际知识产权规则的制定，是维护中国文化企业合法权益的重要途径。在国际知识产权组织的框架下，中国应积极发声，推动建立更加公平合理的国际知识产权规则体系。在数字文化产品的知识产权保护规则制定中，充分考虑中国文化产业的发展需求和特点，争取在国际规则制定中拥有更多话语权。鼓励文化企业在国际市场上积极申请知识产权保护，提高企业的核心竞争力。文化企业在海外推出新的文化产品或技术时，及时申请专利、商标和版权保护，防止他人侵权，确保企业在国际市场上的利益。

（三）传播渠道监管政策

1. 规范传统媒体渠道

传统媒体在文化传播中仍占据重要地位，加强对其传播渠道的监管意义重大。对广播电视、报纸杂志等传统媒体进行定期审查，检查其传播的文化内容是否真实、准确、合法。审查新闻报道是否存在虚假信息、文化节目是否传播不良价值观等。规范其传播行为，确保媒体在文化传播中发挥积极作用。

建立传统媒体传播效果评估机制，从传播内容、传播方式和传播效果等方面进行全面评估。传播内容方面，评估其是否具有文化价值、是否符合社会主流价值观；传播方式方面，考察媒体是否采用了合适的传播手段，是否能够吸引受众的关注；传播效果方面，通过调查受众的反馈、分析传播的影响力等，评估媒体的传播效果。通过评估，引导传统媒体改进传播策略，提高文化传播的质量和水平。加强对传统媒体从业人员的职业道德教育，定期开展职业道德培训和考核，提高他们的责任意识和专业素养，确保他们在工作中坚守职业道德底线，传播优质文化内容。

2. 强化新媒体渠道监管

随着新媒体的快速发展，其在文化传播中的影响力日益增大，强化对新媒体传播渠道的监管刻不容缓。加强对社交媒体平台、网络视频平台等新媒体的监管，防止不良文化内容的传播。建立新媒体内容审核机制，利用人工智能和人工审核相结合的方式，对新媒体上的文化内容进行实时监测和审核。通过人工智能算法对大量的文字、图片、视频等内容进行初步筛选，标记出可能存在问题的内容，再由专业的审核人员进行人工审查，及时删除违法违规内容。

规范新媒体传播秩序，加强对新媒体账号的管理。建立新媒体账号注册审核制度，对账号的主体信息、注册目的等进行严格审核，防止虚假账号的注册。打击恶意传播行为，对于故意传播谣言、低俗内容等行为的账号，依法进行封禁和处罚。通过这些措施，营造健康、有序的新媒体文化传播环境，保障中国文化在新媒体平台上的正向传播。

参考文献

［1］北大区域国别研究编委会主编．区域国别研究的理论与实践 基于北大的探索［M］．南京：江苏人民出版社，2022.12.

［2］本书编写组编．中央关注的若干重大问题［M］．北京：中共中央党校出版社，2004.12.

［3］陈平原，袁一丹编．漫说文化丛书 国学浮沉［M］．长沙：湖南人民出版社，2023.06.

［4］陈华文．文化学概论新编 第5版［M］．北京：首都经济贸易大学出版社，2024.03.

［5］曹意强，孔令伟主编．艺术哲学与史学理念［M］．杭州：中国美术学院出版社，2015.05.

［6］蔡颂，邓雅川．从跨文化传播看“文化折扣”与“西方配方”现象［J］．武陵学刊，2020，45（01）：98.

［7］陈欣．全媒体时代国际传播人才的跨文化能力培养［J］．中国广播电视学刊，2020（09）：82.

［8］陈孝柱，雷小磊，张燕．社交媒体下中国文化的跨文化传播研究［J］．新闻研究导刊，2018，9（24）：37.

［9］黄民兴．区域国别研究的历史、特点、理论与方法再探讨［J］．南亚问题研究，2024（00）：16.

［10］黄会林．关于中国文化国际传播的思考［J］．山西大学学报（哲学社会科学版），2012，35（03）：306.

［11］侯迎忠，梁炎贞，唐洁．区域国别研究与国际传播研究：历史

渊源与融通互鉴［J］．对外传播，2024（07）：15.

［12］何瑞梅．区域国别视域下岭南音乐文化在马来西亚的传播与发展研究［J］．肇庆学院学报，2024，45（06）：25.

［13］贾旭东．全球化背景下的中国文化产业政策及其影响［J］．同济大学学报（社会科学版），2009，20（03）：49.

［14］蒋中琪．智媒时代如何“讲好中国故事”促进国际文化传播的内容抵达［J］．文化产业，2023（18）：64.

［15］寇佳婵，董关鹏．跨文化传播中的信息消费满足：一个消费文化的分析框架［J］．新闻爱好者，2020（08）：75.

［16］李国栋著．比较文学与区域研究：危机、挑战与整合［M］．重庆：重庆大学出版社，2024.01.

［17］李惠国，何培忠主编．面向21世纪的国外社会科学［M］．武汉：武汉大学出版社，2003.02.

［18］李利平．探究当代中国文化发展价值［J］．中国出版，2024（20）：69.

［19］刘敏仪．海外社交媒体平台视域下中国文化的国际传播［J］．嘉应文学，2024（20）：110.

［20］娄红立．跨文化视域下新闻网站联合数字技术助推中国文化对外传播［J］．新闻爱好者，2020（05）：48.

［21］李宝贵，刘家宁．区域国别中文国际传播研究：内涵、进展与优化策略［J］．语言文字应用，2022（01）：45－46.

［22］刘俊，江玮．中国国际传播话语体系构建论：战略、内容与渠道［J］．新闻与写作，2025（01）：65.

［23］马晓欢．全球化视阈下的中国文化发展趋势分析［J］．智库时代，2019（32）：3.

［24］毛倩倩，单世联．我国文化国际传播的政策提升路径探究［J］．青年记者，2022（14）：41.

［25］孟根龙，杨永岗，贾卫列著．绿色经济导论［M］．厦门：厦门大学出版社，2019.11.

［26］逄增玉．当代中国文化国际传播的现状与路径述论［J］．现代传播（中国传媒大学学报），2018，40（05）：15.

［27］裴琳娜．浅析西方文化霸权对我国文化的影响［J］．科教导刊（上旬刊），2011（21）：248.

［28］钱文韬．“一带一路”倡议下中国文化传播的研究［J］．国际公关，2024（04）：26.

［29］秦瑾．图形创意设计与实践［M］．北京：北京工业大学出版社，2016.

［30］任晓，孙志强．区域国别研究的发展历程、趋势和方向——任晓教授访谈［J］．国际政治研究，2020，41（01）：149.

［31］任晓．再论区域国别研究［J］．世界经济与政治，2019（01）：71.

［32］孙文迪，刘畅，李欣．大型国际活动视角下国家形象跨文化传播研究［J］．管理观察，2016（11）：13.

［33］孙学美．中国区域国别研究：探索、实践与发展历程［J］．黑河学院学报，2024，15（12）：16.

［34］佟秋华．浅析跨文化交际中的文化误读现象［J］．齐齐哈尔大学学报（哲学社会科学版），2008（06）：104.

［35］唐智为．数智化时代汉语国际传播的资源建设现状与思考［J］．传媒，2024（19）：58.

［36］文晶．区域国别视角下的精准传播［J］．南方传媒研究，2024（02）：35.

［37］王滋．全球化时代的跨文化传播——经济发展水平与文化休克程度关系研究［J］．东南传播，2013（05）：33.

［38］王菲．国家品牌与对外文化传播［J］．文化产业，2024（29）：114.

［39］王吉栋．多渠道立体化国际传播格局的构建与实践［J］．新闻文化建设，2024（23）：8.

［40］王景云．中华文化国际传播效能的提升之策［J］．思想理论教

育，2023（12）：48.

［41］王海燕．从“AI赋能”到“行动者网络”：智能传播时代数字阅读互动的特征及影响因素［J］．河南大学学报（社会科学版），2025，65（02）：148.

［42］肖瑶瑶，许瑞娟，杨雯旭．汉语与东南亚语言的双向传播及其影响——以区域国别学研究为视角［J］．海南热带海洋学院学报，2024，31（06）：13.

［43］“寻境敦煌”——沉浸式感受莫高窟魅力［EB/OL］．丝绸之路（敦煌）国际文化博览会．https：//www.gswbj.gov.cn/a/2024/12/05/23466.html. 2024－12－05.

［44］杨宾．区域国别：影视国际传播的新理念与新策略［J］．艺术传播研究，2025（01）：29.

［45］朱翠萍．区域国别研究的难点与学术启示［J］．印度洋经济体研究，2023（01）：10.

［46］仲昭曦．中国文化外交的发展特点与创新路径［J］．长春师范大学学报，2019，38（11）：47.

［47］张伦，邓依林，吴晔．社交媒体时代中国文化国际传播的新进路［J］．对外传播，2022（12）：66.

［48］朱迪，杜朝举．人工智能赋能网络文化精准传播的现实样态、逻辑机理与技术省思［J］．湖北经济学院学报（人文社会科学版），2025，22（01）：111.

［49］张毅博．跨文化传播视域下高等教育国际交流合作中的主体构建和沟通策略探析——以中国人民大学“一带一路”领袖人才国别调研项目为例［J］．世界教育信息，2021，34（10）：31.

［50］中传外院携手外交部拉美司、央视总台研究院推进国际传播人才共育合作［EB/OL］．中传外院 多语国传．https：//mp.weixin.qq.com/s?_biz＝MjM5NDI5NzUwNg＝＝&mid＝2658974698&idx＝1&sn＝47f9a310c40529424fba1f0dd3b083bd&chksm＝bc3f3452e51330a73d750329d7acbcc34dba5a0371064bc5bab85a3061f625c0bf587ea47ec8#rd. 2025－04－08.